高等职业教育新形态系列教材

大学生职业生涯发展规划

主　编　宋俊骥　周　玮

主　审　晏　斌

北京理工大学出版社

BEIJING INSTITUTE OF TECHNOLOGY PRESS

内 容 简 介

教育部办公厅在 2007 年印发《大学生职业发展与就业指导课程教学要求》文件，要求高校尽快开设大学生职业生涯规划类必修课或选修课。十余年来，这些工作在促进学生的生涯规划和求职就业方面产生了良好的效果。总结过往的经验，我们清晰地看到，十余年前用来指导大学生职业生涯规划的人职匹配理论及其实务应用在今天已经越来越不适用了，那种通过静态地探索自我、探索职业然后加以匹配来设定长远发展目标的理论模型在充满不确定性的人工智能时代已经很难指导大学生做好就业工作。

本教材紧扣教育部文件要求，力求体现思想性，用习近平新时代中国特色社会主义思想铸魂育人，引领就业价值，帮助大学生理性地规划当下和未来。本教材共六个模块，内容涵盖专业认知、产业行业探索、自我认知、生涯决策、行动规划与调整等，力求体现实践性，每个模块配套设计丰富的体验活动和实践活动，让学生在参与中主动学习、体验学习，真正让课程"实"起来、"活"起来、"动"起来。

图书在版编目（CIP）数据

大学生职业生涯发展规划／宋俊骥，周玮主编.
北京：北京理工大学出版社，2024.6（2024.8 重印）.
ISBN 978-7-5763-4156-0

Ⅰ. G647.38

中国国家版本馆 CIP 数据核字第 2024BW2119 号

责任编辑：赵　岩　　　　**文案编辑：**赵　岩
责任校对：周瑞红　　　　**责任印制：**李志强

出版发行 ／ 北京理工大学出版社有限责任公司
社　　址 ／ 北京市丰台区四合庄路 6 号
邮　　编 ／ 100070
电　　话 ／ （010）68914026（教材售后服务热线）
　　　　　　（010）68944437（课件资源服务热线）
网　　址 ／ http://www.bitpress.com.cn

版 印 次 ／ 2024 年 8 月第 1 版第 2 次印刷
印　　刷 ／ 涿州市新华印刷有限公司
开　　本 ／ 787 mm×1092 mm　1/16
印　　张 ／ 14.5
彩　　插 ／ 1
字　　数 ／ 341 千字
总 定 价 ／ 47.50 元

前　言

随着社会经济结构的快速变化和新兴行业的不断涌现，职业选择的多样性和不确定性达到了前所未有的程度。大学生作为未来社会的中坚力量，面临的不仅仅是专业知识的积累，更是个人潜能的挖掘、职业兴趣的探索以及终身学习能力的培养。因此，系统地学习职业生涯规划知识，对于提升个人竞争力、实现自我价值具有不可估量的意义。

本教材融合了最新的职业教育理念与职业发展理论，结合我国经济社会发展的实际情况以及区域的行业发展方向，精心设计了多个模块项目。从外部环境的分析到自我认知的深化，从职业目标的确立到行动计划的制定，并通过丰富的案例分析、实用的工具方法和互动的思考练习，力求使得学生从教材中获得启示，找到适合自己的职业发展路径。本教材包含六个模块，分别是：唤醒篇——唤醒意识·摆脱迷茫；家国篇——同频共振·职志报国；职场篇——迎接变革·探索职业；知己篇——发现自我·认识自我；决策篇——生涯决策·规划行动；实践篇——夯实动力·评估调整。

职业生涯规划是一个持续一生的过程，我们希望，本书能够成为同学们大学生活中的良师益友，更能成为指引方向的北极星。在此，衷心祝愿每一位翻开这本书的同学，都能够在未来的职业道路上，成就一番属于自己的精彩人生！

本教材由江西外语外贸职业学院晏斌担任主审，江西外语外贸职业学院宋俊骥、周玮担任主编，江西外语外贸职业学院陈倩、李超、唐胜蓝、魏芳、刘凑阳、刘霞担任副主编，北京万学教育科技有限公司张强、广州红海人力资源集团股份有限公司王佳以及江西外语外贸职业学院杨蕾、吕美佳担任参编。编写组均来自教学和企业第一线，具有丰富的教学和实践经验，他们的专业背景和经验使得他们能够从教学和企业实践的角度出发，为读者提供具有实际应用价值的书籍内容。具体来说，项目一由周玮编写，项目二由宋俊骥、李超编写，项目三由魏芳、周玮编写，项目四由唐胜蓝、刘霞编写，项目五由陈倩编写，项目六由宋俊骥、刘凑阳、编写，全书的修改、总纂由周玮、陈倩负责，审核、定稿由晏斌、宋俊骥负责，张强、王佳对就业市场的人才分布、行业企业对人才的要求等提供了详细的素材。

本书编写，得到东北师范大学刘海滨教授的帮助和指导，同时参阅国内外大量的文献资料，我们尽可能地做了说明或者列入参考文献中，在此向学术前辈和专家表示由衷感谢！限于编者的水平和经验，书中难免存在疏漏和不妥之处，恳请同行和读者批评指正！

为进一步推进信息技术与教育教学深度融合，创新线上教学模式，发挥优秀案例引领示范作用，以下是本课程配套在线教学课程平台连接：https://coursehome.zhihuishu.com/courseHome/1000104334#onlineCourse

编　者

目录
Contents

模块一　唤醒篇

——唤醒意识·摆脱迷茫

【模块任务】绘制《我的大学九宫格》

【知识导图】

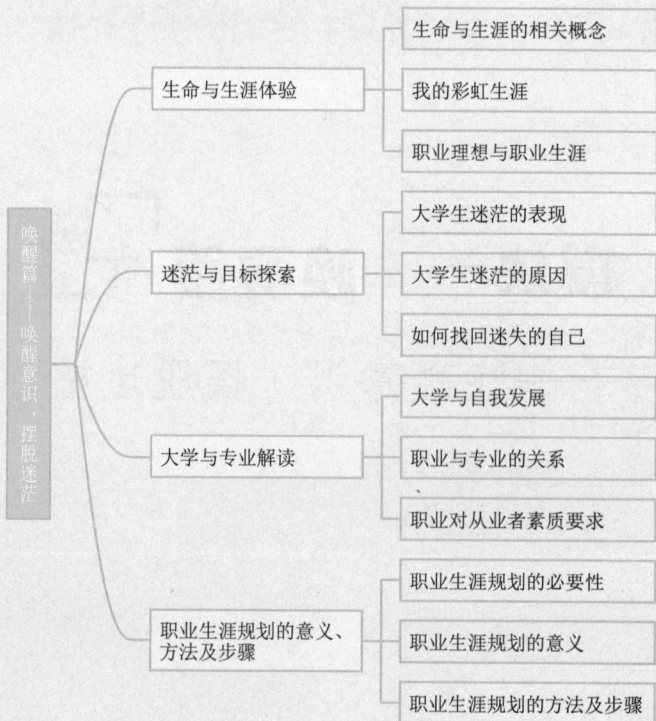

【学习目标】

知识目标：

1. 了解生涯的基本概念，理解生涯发展的不同阶段及其特点。

2. 了解职业规划的概念、意义及基本步骤等。

3. 理解职业发展对于生命发展、生涯体验的意义和价值。

能力目标：

1. 能够说明生涯发展不同阶段的任务，认识到个人成长与社会发展的关系。

2. 能够搜集到有关学业和职业发展的信息，并分析这些信息，从而做出明智的决策。

3. 能够客观、理性分析每个人成长发展的独特性，正确对待个人生涯。

素养目标：

1. 增强职业规划意识和主动解决问题的意识。

2. 树立终身学习的理念，不断更新知识和技能以适应职业发展的需要。

3. 树立小我融于大我的理念，将自我发展与国家需要、社会发展相结合。

项目 1.1　生命与生涯体验

"我的成就事件"分享：请同学们细细回想过去那些自己做过的、自认为比较成功或是感觉很不错的事件，可以是一件或多件，可以是学业上的事件、课外活动上的事件，也可以是与家人生活中发生的事件。这里的"成就事件"不一定是惊天动地的大事件，也可以只是一次默默品尝的胜利，比如组织了一场班级聚会、体重减少了 10 斤，这些都可以成为成就事件。

知识储备

一、生命与生涯的相关概念

（一）生命与生涯的关系

生命是一种状态，而生涯是一种概念。换句话说，生命是一个自然发生的事情，而生涯是人为创造出来的概念。而这个概念，是在定义一种有意识的状态，这种意识是指生涯的意识。生涯依赖于生命而存在，换句话说，如果没有生命，那就谈不上生涯。所以说先有生命，人作为生命的一个载体。当然，生命不只指人的生命，现在只是把它聚焦到一点，只说人这件事。在这个前提下，很多人其实不只是有了生命即不只是活着，他们开始有如何过好、活好这一生的想法，然后慢慢地出现了生涯的意识。作为主体的人能够有生涯意识，这个时候他的生涯才会出现；如果没有，他的生涯可能也有，但是这种生涯就是一种被动的、被他人所定义的生涯。真正的生涯是从人们有自己的生涯意识、有自己对于生涯的主动的定义开始的。只有有了自己的意识，有了自己的主动定义，生涯才能称为真正的生涯。

（二）生涯的含义

生涯的英文是 career，源自拉丁语 via carraria 和 carrus，原指古代的战车。在西方文化中，career 一词象征着在马场上的竞技，代表着探索未知和冒险的精神。它不是指一份普通的工作，而是指一个人毕生追求的事业，是个人在持续努力的过程中寻找生命意义的体现。从汉字的角度来解析，"生涯"中的"生"代表生存或活着，而"涯"则意味着界限或范围。广义而言，"生"关联个体的生命本身；"涯"则涉及人生的界限，涵盖了个人的生活经历、成长路径以及职业的发展。一个人的一生通常被划分为童年、少年、成年和老年四个阶段，其中成年阶段尤为关键，因为它是职业生活的主要时期，是实现个人价值的重要阶段。在这一阶段，那些愿意为生涯投入努力的人将拥有丰富多彩的人生体验；而那些漫无目的地生活的人，在回顾往昔时，可能会感到遗憾和后悔。在早期，生涯被定义为工作、职业或角色。现在，有些人认为"生活便是工作，工作便是生活"；另一些人则主张"工作是为了更好地生活"。这两种观点虽然不同，但都认同一个理念：如果能够从事自己热爱的工作，人们将更容易实现个人的梦想和目标。

在中国人的概念中，生涯通常与生计、志向、事业或命运等词的概念有些相通，但又不能画上等号。在研究这些词时，可以发现这些词通常都包含着未来的意义。中国人对未来的重视，可以从新生儿抓周的习俗中看出。抓周的习俗源自江南，后来渐渐在各地流行。北齐颜之推《颜氏家训》里有这样的记载：

知识链接：中国人概念中的"生涯"

江南风俗，儿生一期，为制新衣，盥浴装饰，男则用弓矢纸笔，女则刀尺针缕，并加饮食之物，及珍宝服玩，置之儿前，观其发意所取，以验贪廉愚智，名之为试儿。亲表聚集，致宴（燕）享焉。

拓展学习

生活是一场旅行，是你采取行动或不采取行动的结果。生涯是一场故事，你可以选择成为编剧、导演、主角或是配角。

从1岁到而立之年的理想生涯

1岁饿了、渴了、哭了，马上就有人满足我，家里人都爱我。

2岁自己吃饭，不挑食，试图自己干很多事情。

3岁自己擦屁屁（不干净也自己擦）。

4岁能够说出想当科学家、动物家、植物家、警察、医生等10种职业。

5岁表现出对成年人的羡慕，常说"以后长大了我也会……"。

6岁能说出自己跟"小时候"的不同，可以做很多事情，不喜欢被人叫"小朋友"。

7岁会用5项以上的"工作内容"来描述职业。

8岁能做流利、内容全面的自我介绍，包括我是谁、喜欢什么、专长是什么等。

9岁能够以小记者的身份，通过几个问题去"访谈"工作的人（搜集工作信息），如老师、食堂的师傅等。

10岁知道几乎所有家庭成员的职业，能对这些职业作出评价，且表示出个人的好恶。

11岁能用比较多的抽象词语形容自己，可以对自己进行多角度评价。

12岁养成了主动做学习计划的"好"习惯，而且努力完成计划。

13岁发现自己和朋友的不同之处，也能欣赏朋友与自己的不同之处。

14岁能用例子说出学业成就与未来发展之间的关系：高水平能有更多的选择。（而不是简单的"学习好，挣钱多"这种肤浅的逻辑。）

15岁能说出5个新兴职业，也能说出2个正受到冲击的传统行业及原因。

16岁清晰地、周全地知道了解一个大学的专业需要了解至少5方面内容，知道了解大学专业有至少3种方式。

17岁对自己感兴趣的专业能做45分钟以上的讲解。

18岁能说出大学生与高中生的本质区别。

19岁知道什么是工作说明书，并且能说出自己感兴趣职业的工作内容。（对自己感兴趣的职业也能讲解45分钟以上。）

20岁清晰了解自己"想要追求"的是什么，并以此决定大学毕业后的去向，而不是随大流。

21岁能够以信息为基础，做出"经得起论证的""理智"的决策。

22岁知道未来目标对人才的要求，清晰地知道个人现实与理想的差距，有计划地用行动弥补这种差距。

23岁形成了个人时间管理和精力管理的方法，保证自己忙而不乱、不拖延、身体健康。

24岁能将困难或复杂的项目分解成可操作、可实现的行动步骤。

25岁熟练运用目标管理、会议管理、团队合作、问题解决的方法论。

26岁养成了内省的习惯，对自己和周围事物有洞察，每天都有进步。

27岁有危机意识，在无人监督的情况下，有规律地自主学习，定期更新知识和技能。

28岁逐渐形成了具有个人特色的行事风格，让周围的人觉得自己有魅力。

29岁对自己感兴趣的行业（趋势、人才要求、定位对个人生活的影响等）如数家珍，至少"纸上谈兵"的时候是个"专家"。

30岁有了为之奋斗一生的使命和追求。

相信每个人的生涯都有自己的故事，每个人所经历的生涯路径都是独一无二的，我们在生活中的努力和所获得的体验都是各不相同的。生涯的发展是一个持续终生的过程，从学校毕业步入职场，直至退休，职业生活虽然占据了我们生命中的大量时间，但它并不是生活的全部。个人是其生涯的主导者，面对一个充满变化和发展的动态过程，我们需要用一个宏观的视角来理解和审视。

二、我的彩虹生涯

子曰："吾十有五而志于学，三十而立，四十而不惑，五十而知天命，六十而耳顺，七十而从心所欲，不逾矩。"（出自《论语》）这段话简洁有力地描述了孔子的生涯发展以及在不同的时间点上的发展重心。在西方生涯发展理论的推演中，影响最大的是唐纳德·休珀（Donald Super），他用生涯彩虹图（见图1-1）非常形象地展示了我们在人生中扮演的各种角色之间的相互关系。

在生涯彩虹图中，贯穿一生的彩虹，即生活广度，是彩虹图最外层的环形，代表我们人生的广度，分为五个生涯阶段。

成长期：0~14岁；

探索期：15~24岁；

建立期：25~44岁；

维持期：45~64岁；

衰退期：65岁以上。

纵贯上下的彩虹，即生活空间，是彩虹图的内层环形，代表了我们人生的不同空间，涵盖子女、学生、休闲者、公民、工作者和持家者这六种角色。一个人在扮演某种角色时所投入的精力越多，颜色面积也就越大。不同阶段和角色的组合，构成我们每个人独特的人生发展轨迹，我们正是通过扮演这些角色来寻求人生的满足感，从而实现个人的成长和发展。

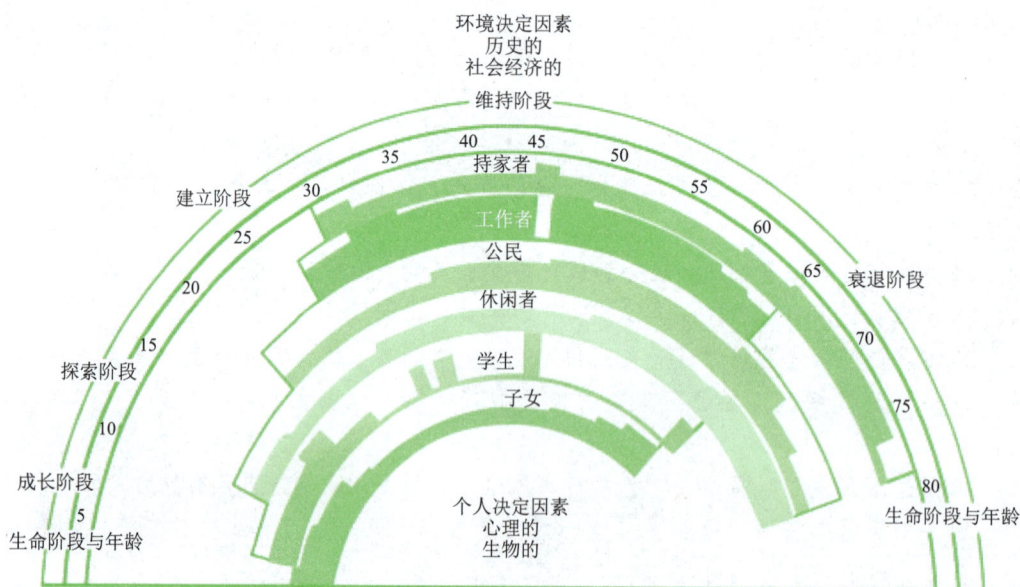

图1-1　生涯彩虹图（见彩插）

休珀的生涯彩虹图向我们揭示了人生成功的多维性。它告诉我们，一个成功的人生至少应该包含身心健康、家庭和睦、事业有成以及子女能够自立成才四个方面。只有当这四个方面协调发展时，我们才能说拥有了一个成功的人生。此外，生涯彩虹图还提醒我们，为了实现人生的成功，我们必须根据不同的人生发展阶段，合理地安排和扮演好各种角色，不能偏废。因为这些角色之间是相互影响、相互促进的，一个角色的成功可以为其他角色的成功奠定基础。例如，在成长和探索阶段扮演好学生角色，可以为我们未来在职场上扮演工作者角色打下坚实的基础。反之，如果在某个角色上投入过多的精力而忽略了其他角色，可能会对整个人生的发展产生不利影响。比如，有些人可能因为过分专注于工作而忽视了家庭生活，导致家庭关系紧张，这无疑会给他们的人生带来负面的影响。因此，平衡地扮演好每个角色，是我们走向成功人生必须要经历的。

拓展学习

　　参照休珀的概念，同学们可以尝试画出自己过去、现在及未来的生涯彩虹图。承担的角色越多，彩虹带数量越多；承担同一角色的时间段越长，彩虹带的跨度也会越大；同一时点上承担的角色少，彩虹带就可以相对描绘得越粗。图1-2所示是某位学生的生涯彩虹图。

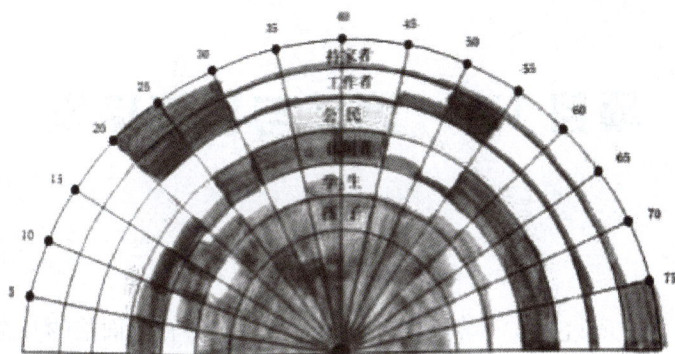

图 1-2 某位学生的生涯彩虹图

三、职业理想与职业生涯

职业生涯被视作一个不断演变的历程，涵盖个人在其工作生涯中所经历的与职业相关的连续性事件。它超越了对职业成功与否或发展速度的评价，意味着无论在职业上的成就如何，每个人都有其独特的职业生涯。职业生涯被视为个人在职业领域内的成长和发展的历程，它是一个个体化、职业化、有时间跨度、动态且不涉及价值判断的概念。职业生涯规划是个人对自己一生职业发展道路的设想和谋划，是对职业前途的瞻望，是实现职业理想的前提。

案例链接：青春在机床前闪光，我的职业故事

职业理想是个人对未来所从事的职业的向往和追求，是职业生涯发展的动力。职业理想对人的事业发展具有导向、调节、激励作用，一个人选择什么样的职业，以及为什么选择某种职业，通常都是以其职业理想为出发点的。如果你的职业生涯规划目标是成为一个拥有上亿元资产的公司的总经理，你就要把这个规划分成几个更具体的规划，如什么时候成为一个部门的主管、什么时候成为一个部门的经理，然后再把这些规划进行进一步的细分，使它成为直接的、可操作的具体计划。

项目反馈

请完成下面的项目反馈内容。

发现问题
改正措施
经验心得

项目 1.2 迷茫与目标探索

项目导入

自律打卡：在个人成长和发展的过程中，迷茫是许多年轻人面临的常见问题。为了帮助大家找到方向，培养自律，设定并实现个人目标，本项目设计了一周的自律实践活动。要求：必须每天按时完成打卡，逾期不补；打卡内容须真实有效。

🔒 案例链接

来自一位大一学生的迷茫

刚刚步入大学的我，对于大学的一切都感到很新奇。新的生活方式，新的同学、老师，新的学习方式，仿佛一切都要从零开始……

（一）

严格紧张的军训结束后，随之而来的是让人眼花缭乱的社团招新，每天晚上都有师兄师姐来宿舍宣传。游泳池旁两排长长的社团摊点，吸引着我的眼球。一时间，我报了四五个社团，还竞选了班上的宣传委员，充满干劲儿。

（二）

但是，自正式开课一两周后，好像有些事情慢慢变得不一样了。八点上课，七点半才拖拖拉拉地起床，胡乱收拾一通后，匆忙赶去教室，早餐也来不及吃。

由于晚上熬夜刷剧、打游戏，导致白天上课无精打采、哈欠连天、发呆走神，甚至课后作业也不会做。加入的社团里接二连三地举办活动，让我有些招架不住。有时我一周要交三篇新闻稿，因为开会、忙社团的工作而错过午饭时间和与室友聚会已是家常便饭。我好像一整天都在忙，可是，我却不知道我自己到底忙了些什么，不知道自己收获了什么。

（三）

以前总听高中老师说："再坚持会儿，等考上了大学，你们想怎么玩就怎么玩，也没人会约束你们了"。可上了大学后，我才发现，所有的一切并不像高中老师所说的那样。社团的工作接踵而来，与此同时，高中老师一个星期甚至是好几个星期的讲授内容，在大学老师这里一节课就讲完……

无论是在白天还是在夜晚，在校园里总能看到师兄师姐们认真学习。这让我的心情十分复杂，一时间我不知道自己究竟要什么？大学四年之后，我将成为什么样的人？四年后是考研，还是参加工作？我开始有些迷茫了，好像对社团工作、学习都提不起兴趣了。

（四）

某天在冒着小雨赶去上早课的路上，我突然有点烦躁。心里在疑惑：这就是我梦寐以求的大学生活？这就是高中三年挑灯夜战换来的大学生活？答案很显然。我理想中的大学生活应该是充实的、积极向上的，我应该是在不断努力追求自己的梦想。可是理想的大学生活和现在比差别也太大了吧。那天夜里我失眠了，辗转反侧。老师上课提的问题，为什么有些同学对答如流，我一个也不会。周末我到底要不要去图书馆学习，还是和同学在宿舍玩游戏？同学都在玩，我一个人去学习是不是太……到底是随大流还是做一个与众不同的人？下学期专业分流时我是选择师范方向还是非师范方向？别人都说大学一定要谈一次恋爱，我要不要也谈恋爱？

（五）

我总说要减肥，可是，我要先把这盘麻辣小龙虾吃完再减。

我总说要作息规律，可是，我要先把这个剧追完再睡。

我总说要早起跑步，可是，我的智能手环还没买，所以今天先不跑了。

…… ……

我心里有些焦虑和不安，想了大半夜也没有得到明确的答案。最终抵不过上下眼皮打架，沉沉地睡了过去。

知识储备

一、大学生迷茫的表现

1. 没有目标

对未来没有目标，不知道自己想做什么，不清楚自己未来的工作规划，所以每天看剧、刷抖音、打游戏，过着浑浑噩噩的生活。

2. 没有学习动力

不想学习，上课玩手机，甚至逃课，觉得老师讲的内容没有意义。

3. 没有自律性

空有想法，不能付诸实践。前一天晚上才下定决心第二天要早起到图书馆学习，结果第二天仍然是一觉睡到下午。

4. 缺乏提升意识

不愿意挑战自己，想要成为班干部，却因为竞选演讲而退缩；想要参加社团，却因为面试而退却，最终成为一个每天宅在寝室的佛系青年人。

5. 对生命的过度思考

觉得自己的生活很无聊，日复一日上课，却感觉不到收获。不敢面对挫折，不能正视自己，觉得前途一片迷茫。

二、大学生迷茫的原因

大学生迷茫现象是一个多维度问题，涉及心理、社会、教育等多个层面。其主要原因通常包括以下几个方面。

1. 环境适应不良

大学生从高中进入大学，面临从家庭到独立生活的转变，这不仅是物理环境的变化，还包括学习方式、社交模式、生活习惯等多方面的变化。大学生活要求学生自我管理，包括时间管理、财务管理等，这些都需要学生在短时间内适应，对于一些适应能力较弱的学生来说，可能会感到迷茫和压力。

2. 学习方式差异

大学教育强调自主学习和批判性思维，学生需要自己制订学习计划，自己寻找学习资源，自己解决问题。这种学习方式与高中时期的被动接受教育有很大不同，需要学生有较强的自我驱动力和自我管理能力。一些习惯被动学习的学生，可能会感到不适应，不知道如何开始自主学习，从而产生迷茫。

3. 缺乏职业规划

大学生在面临未来职业选择时，可能会感到迷茫。首先，他们可能对不同职业的特点和要求缺乏了解，不清楚自己适合做什么，喜欢做什么；其次，他们可能对自己的能力和潜力缺乏信心，担心自己无法胜任未来的工作；最后，社会对大学生的期望也越来越高，这可能会给学生带来额外的压力。

4. 社会压力剧增

大学生面临着来自社会各方面的压力，包括就业压力、经济压力、人际关系压力等。在就业方面，随着大学毕业生数量的增加，就业市场竞争越来越激烈，学生会担心自己可能找不到满意的工作；在经济方面，学费、生活费等经济负担可能会给学生带来压力，特别是对于家庭经济条件不好的学生；在人际关系方面，如何在大学中建立良好的人际关系，也是一些学生面临的挑战。

5. 知识更新过快

在知识更新换代极快的今天，大学生可能会感到所学知识很快就会过时，担心自己的知识是否足够应对未来的挑战。此外，大学教育与社会需求之间可能存在脱节，学生可能会担心自己所学的知识与社会需求不匹配，无法满足用人单位的要求。

6. 心理发展变化

大学时期是个体心理发展的关键阶段，学生在这一时期会经历自我认知的深化和价值观的形成。这个过程可能会伴随着自我探索和不确定性，从而产生迷茫感。此外，大学生活中的一些挑战，如学业压力、人际关系问题等，也可能会对学生的心理健康产生影响。

7. 时间管理不当

大学生活相对自由，学生需要自己管理时间，平衡学习、休闲和社交活动。缺乏时间管理能力的学生可能会感到无所适从，导致生活和学习的混乱。他们可能会在一些不重要的事情上浪费大量时间，而在重要的事情上却没有投入足够的时间。

8. 情感人际问题

大学期间的情感经历，如恋爱、友情等，也可能给学生带来一定的困扰和迷茫。恋爱关系中的一些问题，如分手、背叛等，可能会给学生带来情感上的伤害；友情关系中的一些问题，如误解、冲突等，可能会影响学生的情绪和人际关系。

三、如何找回迷失的自己

大学生活对于青年大学生来说是一段非常特别、充满机遇和挑战的时期，而对这个阶段的迷茫，我们可以通过打造"四圈"，让自己走出迷茫，找回自己最好的状态。

1. 养成"健康圈"

一是做好饮食管理。大学生活中，有时候可能会因为熬夜或其他原因而导致饮食不规律，这样容易影响我们的身体健康。因此，我们需要注意均衡饮食，每天合理摄取蛋白质、碳水化合物、脂肪等营养成分。二是做好运动。适量的运动是保持身体健康的关键。在大学里，我们可以参加各种文体活动或去健身房健身，也可以选择晨跑、散步等轻度体育锻炼。通过运动可以增强体质、减少压力、提高免疫力等。三是做好心理健康管理。大学生活中，可能会面临很多挑战和压力，如学业压力、经济压力等。在这种情况下，我们需要注意自己的心理健康，合理调节情绪，寻找适合自己的缓解压力方式，如听音乐、看电影、与朋友聊天等，以保持良好的精神状态。

2. 拓宽"社交圈"

一是积极参加校内外活动。大学里有很多社团组织、学生会等学生组织及志愿服务等活动，这些都是交友的好机会，通过参加这些组织或活动，我们可以结识不少志趣相投的朋友，拓宽自己的社交圈；二是与同学建立联系。在大学里我们不仅要多和班级同学打交道，也要和不同班级、不同年级、不同专业的同学们沟通交流。建立友好的人际关系，可以帮助自己更好地融入集体和提升自己。三是加强与他人的沟通。通过开通社交媒体账号，与朋友、同学保持联系，分享生活点滴，与他们交流、互动，提升自己的口才和灵活应变能力。

3. 珍惜"时间圈"

一是养成制订计划表的习惯。制订一个合理的计划可以帮助我们更好地珍惜和运用时间。可以根据自己的日常安排，制订一份清晰的计划表，如学习计划表、运动计划表、就业计划表等，将每项任务分配到不同的时间段内，以此来规划好每天的时间。二是对任务设置优先级。在制订计划时，需要考虑哪些事情是对自己更重要的，比如学业、实践、个人目标等是我们大学时期比较重要的任务，可以给这些事情设置更高的优先级，同时还要考虑哪些事情是有时间限制的，根据截止时间来设置优先级。在完成事情的时候可能也会遇到干扰、诱惑、困难等，但是只要设置好事情的优先级，就能比较顺利地完成任务。三是避免拖延症。拖延症是影响工作效率的"天敌"，许多大学生喜欢把学习、作业、工作等都推迟到最后一刻才开始进行，特别是期末考试时候，常常出现第二天考试，前一天晚上熬夜学习的情况，这样会导致精神压力过大，睡眠质量不好，因而产生负效应。作为大学生我们要拒绝拖延，及时完成任务，避免任务堆积。

4. 参加"实践圈"

一是可以申请加入学生组织。我们可以选择符合自己兴趣爱好或者专业方向的学生会部门或社团，积极参与其中，完成各种实践活动，提升个人履历。二是参加社会实践。我们可以利用寒暑假、周末或平时的空余时间等去寻找实习机会和参加社会实践。通过实习和实践可以更早地了解到职场所需的技能和知识面，提升自身的专业技能和竞争力，并且能更好地了解自己的职业规划和兴趣爱好。三是参与志愿活动。参与志愿者活动可以帮助我们更全面地了解社会，了解还有哪些人比较困难因而需要我们的帮助，通过志愿服务我们可以锻炼自己的沟通交流能力，也能看到许多社会现象、了解面临的现实挑战。四是利用学校资源。大学校园里有很多资源，如图书馆、实验室、教师、同学等，我们可以利用这些资源更好地参与实践，例如到图书馆阅览书籍、主动参与各类专业研究项目或相关大赛等。

项目反馈

请完成下面的项目反馈内容。

发现问题
改正措施
经验心得

项目 1.3　大学与专业解读

项目导入

专业望远镜：在大学阶段，每个人都将拥有至少一个专门研究的方向或领域，我们称之为"专业"。那么问题来了：

（1）你对自己的专业了解有多少？

（2）你所学的专业包括哪些学习内容？

（3）你所学的专业与你将来从事的职业有何种关联？

现在，让我们对自己的专业进行分析。

请同学们以小组为单位对本专业人才培养方案中的培养目标、课程学习、实践教学、师资队伍等内容进行解读，谈谈自己的看法与思考，见表1-1。

表1-1　我的专业我知道

姓名：	专业：	班级：	小组名称：
专业培养目标			
专业必修课			
专业选修课			
专业实践教学			
师资队伍			
师兄师姐毕业去向			
我的思考			

（解读指导：可查看专业所属院系的人才培养方案和教学计划。）

一、大学与自我发展

何谓大学？我们为何要上大学？相信这两个问题曾经出现在很多大学生的脑海中。四书五经之《大学》里记录道："大学之道，在明明德，在亲民，在止于至善。"联大校长梅贻琦先生曾在联大开学典礼上说："所谓大学者，非谓有大楼之谓也，有大师之谓也。"大学是教学书育人的地方、是传道授业的地方……关于大学的说法有很多，其中中国台湾当代作家龙应台将大学与自我发展相联结，她在给儿子安德烈的信中曾写道：

"孩子，我要求你读书用功，不是因为我要你跟别人比成绩。

而是因为，我希望你将来会拥有选择的权利，选择有意义、有时间的工作，而不是被迫谋生。

当你的工作在你心中有意义，你就有成就感。当你的工作给你时间，不剥夺你的生活，你就有尊严。成就感和尊严，给你快乐。"

这段话让我们知道读书用功不仅仅是为了获取好成绩，更是为了给自己创造更多的机会和可能。通过努力学习，我们能够提升自己的能力和素养，因而拥有更多选择的权利，实现自己的人生价值。而大学是大家学习的场所，在这我们健全自我人格、提升自我能力、丰富精神生活，我们学会独立思考，能够结交挚友，也不断发现人生的意义和价值。

课堂训练：列出我上大学的十个理由。

我之所以上大学，是希望/因为_____；

我之所以上大学，是希望/因为_____；

…… ……

二、职业与专业的关系

专业和职业之间有着密切的关系，专业是一种知识领域或者技能方向，而职业则是在特定领域或行业中从事的具体工作。一个人所学习的专业，往往对于他/她未来从事的职业产生重要影响，在职业选择中，专业成为一种重要考虑因素。

专业与职业的关系，可以大致概括为以下三种关系。

1. 一对多关系

一对多即一个专业对应多个职业，考生在大学毕业之后，具有较为宽广的职业选择范围。因为这类专业一般在大学里面学习的内容比较宽泛，专业性、技术性相对来说低一些，所以毕业之后可以选择的职业比较多。但是，这也并不意味着就业比较容易，如果想要更好地就业，需要结合本专业所学知识以及自己的职业规划，有针对性地再学习一些职业技能。自己本身的专业加上独特技能，可以让自己毕业之后的竞争力大大提升。这类专业包括哲学、历史、中文、经济学等。例如，经济学毕业之后，可以从事新闻记者、高校教师、企业管理等工作。

2. 多对一关系

多对一即大学里面的很多个专业，毕业之后都可以从事一个相同的职业，比如新闻专业、中文专业、经济学专业等，毕业之后都可以从事记者这个职业。这类职业，可能更加需要个人的领悟能力和在实践中学习的能力，在具体工作的过程中，结合自己的专业知识，不断总结经验，提高技能。

3. 一一对应关系

专业与职业一一对应关系在工、农、医学等特色专业类学校中比较常见，在这类大学里面所学专业的技术性比较强，可以说，就是为了专门培养某一个职业的学生而专门设置的专业，例如，学医学专业的学生未来从事医生职业的概率会偏大；在技术技能人才培养学校中学习汽车美容专业，未来从事汽车相关工作概率更高。

以上是从宏观角度来描述专业与职业的对应关系，随着产业结构发展变化，信息技术的发展等，未来职业发展的趋势是综合化、复合型，自由职业、零工经济、灵活工作模式等。随着人的自由而全面地发展，未来的职业界限可能会变得模糊。

课堂训练： 围绕专业与职业的三种关系，尽可能多地探索与本专业相关的职业。

我的专业是：_____。

专业可从事的职业有：_____。

三、职业对从业者的素质要求

1. 思想道德素质——灵魂

思想道德素质是指人们在政治上的信念或信仰及道德修养方面的状况和水平，包括世界观、价值观、人生态度、职业态度、道德修养的水平等。

2. 科学文化素质——基础

科学文化素质是指人们对自然、社会、思维、科学知识等人类文化成果的认识和掌握的程度。具体包括求知欲望、学习态度、学习方法、学习习惯，创新的科学精神、意识。

3. 专业技能素质——重点

专业技能素质是人们从事某种职业时，在专业知识和专业技能方面所表现出来的状况和水平，是我们获得稳定收入、立足于社会、提高生活水平等必不可少的素质。

4. 身体心理素质——关键

面临各种各样的挑战和压力，拥有良好的身心素质是我们应对这个充满竞争和变化的环境的关键，是每个职场人都需要磨炼和具备的。

案例链接：优秀外贸业务员炼成记

【知识链接】你了解这些专业相关的知识吗？

项目反馈

请完成下面的项目反馈内容。

发现问题
改正措施
经验心得

项目1.4 职业生涯规划的意义、方法及步骤

项目导入

规划抢先知：清晰的生涯规划可以帮助我们探索个人的发展路径，找到最适合自己的前进方向。趁刚读完高中，对大学的期待还在，请同学们用一句话来描述以下几个方向的初始规划。

（1）在学业上，我准备这样做：_____。

（2）在人际上，我准备这样做：_____。

（3）在情感上，我准备这样做：_____。

（4）在实践上，我准备这样做：_____。

把你的初心写下，然后和同学们一起分享看看。

知识储备

一、职业生涯规划的必要性

在上大学之前，同学们主动选择的机会较少，社会实践也极其有限，加之大学阶段课业压力远低于高中，因此很多学生到了大学阶段会突然觉得茫然无措，找不到目标。少部分学生开始广泛尝试，而另一部分学生则懈怠下来。他们平日追追影视剧，打打电子游戏，逛街聚会，考前突击复习基本也能应付考试。直到有一天，向往已久的企业要来学校招聘了，可是他们连简历都还没做；直到隔壁寝室有人签了工作，而他们的三方协议还在辅导员的办公室没有领取。他们这才惊觉大学时光已所剩无几，曾经的潜力被习惯所掩盖，被惰性所消磨，自己的心灵并没有因感悟和收获而丰盈起来，反而多了失落与焦躁。望着旁人附在简历上的各种附件——奖学金证书、优秀学生干部、各种比赛的获奖证书……他们开始反思自己以前的那些不屑和嘲笑，问自己时间都去哪儿了……

荷马史诗《奥德赛》中有句话令人印象深刻："There is nothing worse than being always ways on the tramp."。这句话意思是没有比漫无目的地徘徊更令人无法忍受。面对职业生涯规划，有人可能会说："如果我知道了我以后会做什么工作，过怎样的生活，变成怎样的人，那多无趣啊！况且计划总赶不上变化，规划了一定就能实现吗？"

没错，这世界确实千变万化，但如果没有规划，你将更加无所适从，对自己负责任的做法就是在这个不确定的世界中增加自己的确定性。有规划的人生，叫行程；没有规划的人生，叫闲逛。就像你要去旅行，你总要有个目的地，或者至少有个方向，不然怎么出发？如果你没想过以后要做什么，那么与机会擦身而过时，你甚至都不会皱眉，因为你浑然不觉那很可能是你人生的转折点。我们做一份计划，目的不仅仅是完成计划，还希望能够通过达成

目标，来完成计划背后的某种追寻。还记得小时候第一次被问到"长大以后想做什么？"你的回答吗？科学家、飞行员、医生、教师、电影明星？那时候的你并不完全知道以上这些到底是做什么的，更不知道需要什么样的努力和资质。也许你想知道更多别人不知道的事，解开世界的奥秘；也许你想自由自在地遨游太空，看看宇宙到底是不是图画书上的样子；也许你虽然很怕看医生，但又觉得他们很厉害……后来你和多数同龄人一样，开始上学，上补习班，争取更高的分数，努力挤进重点班，立志上名校，经过了中考、高考，到了现在这所大学，然后呢？继续升学、考公、考编、考出个未来？是什么时候，那些最初梦想渐渐被遗忘了呢？

➤ 二、职业生涯规划的意义

职业生涯规划，又称职业规划或生涯设计，是一种个人对自身职业发展进行系统设计和管理的实践。这一过程涉及个人根据自身的优势、技能、兴趣以及职业倾向，同时考虑时代背景、限制因素和可用机遇，来设定个人职业发展的最佳目标。它是一个动态的、持续的过程，要求个人根据既定目标，有意识地选择职业路径，明确行动的方针、时机和步骤。一个全面的职业生涯规划包括职业定位、目标设定和路径设计三个关键组成部分，它不仅是一个简单的决策过程，它还要求个人不断地自我反思和市场调研，以及对个人职业发展路径的持续评估和调整。通过有效的职业生涯规划，个人可以更主动地掌握自己的职业发展，适应快速变化的劳动市场，实现个人职业愿景和生活满意度的最大化。

课堂训练：请闭上眼睛，猜猜身边有多少人穿了红色衣服？红色很显眼，为什么没有注意到呢？

心理学中的一个名词叫"选择性注意"。简单说，就是人们在同时存在的两种或多种刺激信息中，选择一种进行注意而忽略其他的刺激信息。所以，当没有人提示要注意红色时，它被忽略了，因为它不是一个目标。当它成为目标时，也许你会格外注意。目标帮我们集中了注意力，也集中了能量。所以，当一个人的生涯发展有目标时，就容易集中能量与资源去实现，成功的可能性会更大。

生涯规划是一个过程，其功能在于为生涯设定目标，并找出达成目标所需采取的步骤。目标的制定是一个探索过程，这个过程帮助一个人逐渐厘清生命的价值与意义，并用行动实现它。如同在飘忽不定的大海上加了一个锚，无论风雨来自何方，人生之船都自有方向。图1-3中介绍了，生涯规划的三个积极目的：突破障碍、开发潜能、自我实现。

突破障碍：（内在障碍）恐惧不安、缺乏信心、缺少自觉、自视甚低、缺少技能；（外在障碍）就业政策不足、市场趋势不明、经济衰退、刻板印象、技能要求等。

开发潜能：自我觉知、积极进取、建立自信、培养实力、增强勇气、掌握沟通技巧等。

自我实现：以己为荣、圆融、丰足、喜悦、智慧、创造力等。

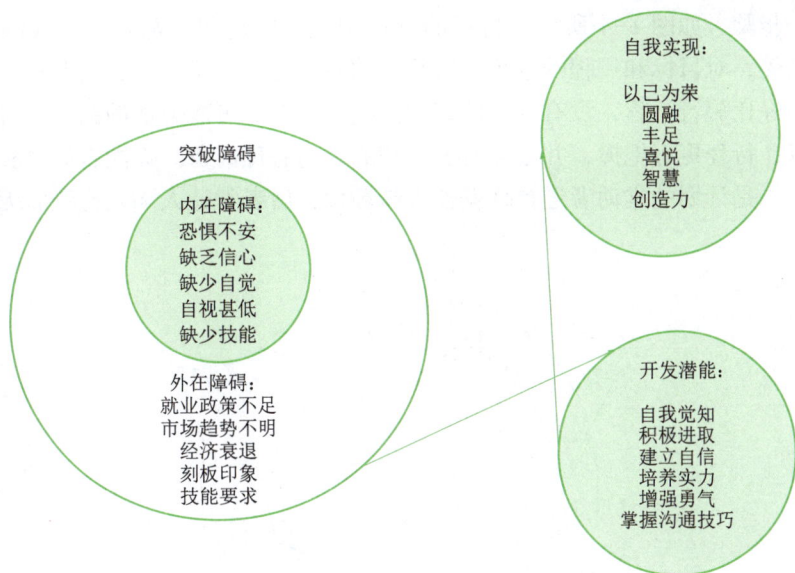

图 1-3 生涯规划的目的

三、职业生涯规划的方法及步骤

1. 职业规划五个 W 的思考模式

（1）**Who are you？**（你是谁？）

对自己进行一次深刻的反思，得到一个比较清醒的认识，优点和缺点都应该一一列出来。

（2）**What do you want？**（你想干什么？）

这是对自己职业发展的一个心理取向的检查。每个人在不同阶段的兴趣和目标并不完全一致，有时甚至是完全对立的。但随着年龄和经历的增长而逐渐固定，并最终锁定自己的终身理想。

（3）**What can you do？**（你能干什么？）

这个问题则是对自己能力与潜力的全面总结，一个人选择什么职业最根本的还要取决于个体的能力，个人职业发展空间的大小，则取决于自己的潜力。对于一个人潜力的了解应该从几个方面着手去认识：对事的兴趣、做事的韧劲、临事的判断力，以及知识结构是否全面、是否及时更新等。

（4）**What can support you？**（环境支持或允许你干什么？）

这个问题是对外部环境支持的全面梳理，应综合主、客观两方面加以分析，在客观方面包括本地的各种状态如经济发展、企业制度、人事政策、职业空间等，主观方面包括同事关系、领导态度、亲戚关系等。

（5）**What you can be in the end？**（你自己最终的职业目标是什么？）

明晰了前面四个问题的答案，就可以从各个问题中找到对实现有关职业目标有利和不利的条件，列出不利条件最少的、自己想做而且又能够做的职业目标，那么第五个问题自然就有了一个清楚明了的框架。

（二）职业生涯规划基本步骤

一个系统的生涯规划应当包括自我觉知与承诺、自我探索、探索工作世界、决策、行动和再评估六个步骤，如图1-4所示。目标的制订和实现的过程，都和一个人的兴趣爱好和自身条件等相关，对目标和过程的选择没有绝对的好坏之分。条条大路通罗马，不同的路有不同的风景。好比旅行行程，没有绝对的好的路线，只有尽可能合适的路线。对目的地信息的了解，可以让行程更有把握，并增强对风险和意外的心理准备。你能否如愿实现目标，很大程度取决于你是计划的推动者还是依赖他人与环境，后者常让人陷入抱怨而无所作为。

图1-4 职业生涯规划基本步骤

需要明白的是，职业生涯规划需要花时间，它是一个过程，是一种面对生涯发展的态度；它未必能立竿见影，马上为自己带来理想的工作。就好像我们所播下的种子，未必能马上开花结果一样。所以，对生涯规划要有合理的预期。

课堂训练：准备好开启你的职业生涯规划之门了吗？在今天课程结束后，你能给你的事业做的一件事情是_____。

项目反馈

请完成下面的项目反馈内容。

发现问题
改正措施
经验心得

综合项目1 绘制《我的大学九宫格》

项目导入

大学生活不仅可以丰富我们的人生视野，也能指导我们的行动方向，指引我们的未来规划。你是否曾畅想过理想的大学生活是怎样的，又应该如何度过。接下来，就让我们共同开启生涯九宫格，来规划自己理想的大学生活吧！

项目实施

《我的大学九宫格》是一个可以很好的量化、评估大学期间综合发展情况的工具，引导自己找到现阶段发展不足的方面，制定下一阶段的目标，并积极采取行动，最终将目标变为现实，将规划变为行动单。《我的大学九宫格》填写示例如图1-5所示。

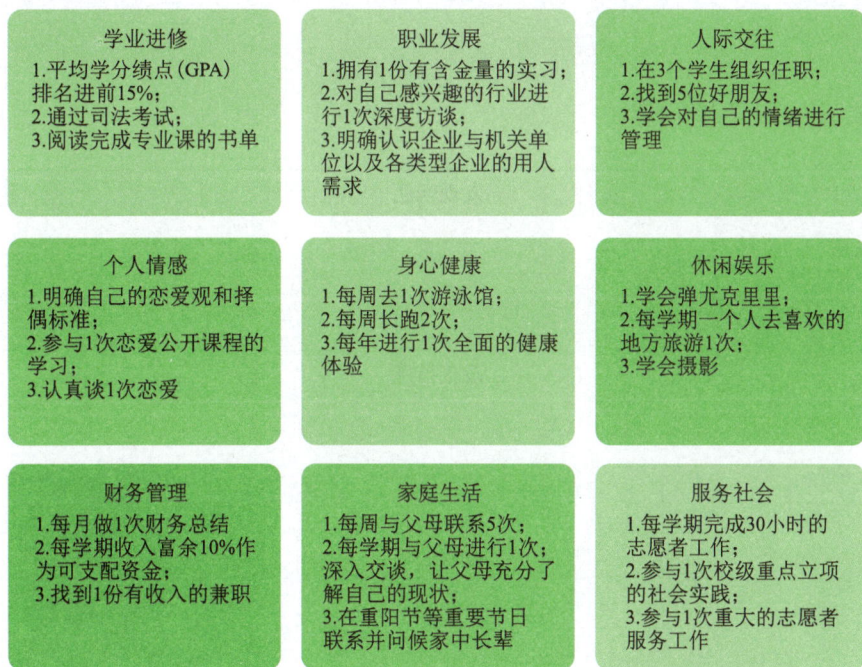

学业进修	职业发展	人际交往
1.平均学分绩点(GPA)排名进前15%； 2.通过司法考试； 3.阅读完成专业课的书单	1.拥有1份有含金量的实习； 2.对自己感兴趣的行业进行1次深度访谈； 3.明确认识企业与机关单位以及各类型企业的用人需求	1.在3个学生组织任职； 2.找到5位好朋友； 3.学会对自己的情绪进行管理
个人情感	**身心健康**	**休闲娱乐**
1.明确自己的恋爱观和择偶标准； 2.参与1次恋爱公开课程的学习； 3.认真谈1次恋爱	1.每周去1次游泳馆； 2.每周长跑2次； 3.每年进行1次全面的健康体验	1.学会弹尤克里里； 2.每学期一个人去喜欢的地方旅游1次； 3.学会摄影
财务管理	**家庭生活**	**服务社会**
1.每月做1次财务总结； 2.每学期收入富余10%作为可支配资金； 3.找到1份有收入的兼职	1.每周与父母联系5次； 2.每学期与父母进行1次深入交谈，让父母充分了解自己的现状； 3.在重阳节等重要节日联系并问候家中长辈	1.每学期完成30小时的志愿者工作； 2.参与1次校级重点立项的社会实践； 3.参与1次重大的志愿者服务工作

图1-5 《我的大学九宫格》填写示例

参考填写示例，既可以针对每个格子的主题，也可以自选大学期间最关注的九个维度，根据实际情况，在图1-6中列举出期待在大学阶段取得的成果或进步。（注意要客观且可量化。）

图 1-6　《我的大学九宫格》

项目反馈

请完成下面项目反馈内容。

发现问题
改正措施
经验心得

课外实践：一周自律实践活动打卡

由老师发放自律打卡任务，可是一周跑步自律打卡、一周早读自律打卡、一周健康饮食自律打卡等。

将打卡内容记录在表 1-2 中。

表 1-2　一周自律实践活动打卡记录

时间	打卡项目	打卡感受	调整计划
姓名：　　　　　　班级：　　　　　　学号：			
周一			
周二			
周三			
周四			
周五			
周六			
周日			

模块二 家国篇

——同频共振·职志报国

【**模块任务**】完成《我的职业心愿单》

【**知识导图**】

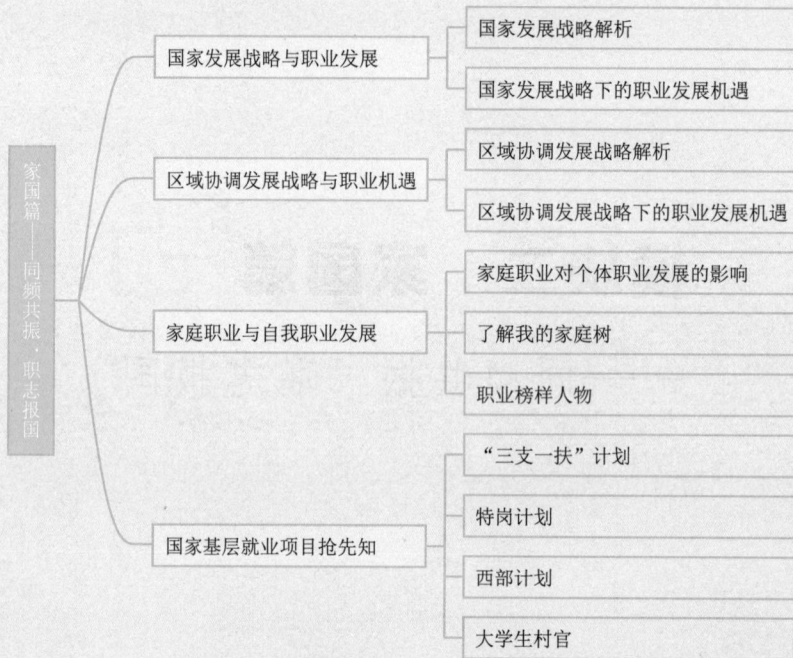

【**学习目标**】

知识目标：

1. 理解国家与社会发展战略的基本概念和内涵。

2. 掌握各项国家战略的主要内容、发展目标和实施措施。

3. 了解中国不同区域的发展现状、资源禀赋和经济结构。

能力目标：

1. 能够通过网络或图书资源等进行有效的信息搜集和资料整理。

2. 能够对收集到的信息进行分析和综合，提出自己的见解和建议。

3. 能够比较不同区域发展战略的异同，分析各自的优势和挑战。

素养目标：

1. 增强国家意识和社会责任感，理解个人在国家发展中的作用和价值。

2. 培养团队合作精神和沟通协调能力，认识到区域协调发展对国家整体发展的重要性。

3. 增强终身学习的意识，激发对区域经济政策和宏观经济政策的学习兴趣。

项目 2.1 国家发展战略与职业发展

项目导入

实践活动打卡：由老师发放自律打卡任务，参与社区或乡村志愿服务打卡，将打卡内容记录在表 2-1 中。

表 2-1 社区或乡村志愿服务打卡

姓名：		班级：	学号：
时间	打卡项目	打卡感受	调整计划

知识储备

一、国家发展战略解析

社会发展是个人发展的前提，个人发展是社会发展的目的。社会政治、经济、文化和技术的发展趋势和进程虽然决定着个人发展的趋势和进程，但是也需要通过个体的努力和突破来实现社会政治、经济、文化和技术的发展。认识到社会发展和个人发展辩证统一的关系，我们才能更加深刻地意识到始终与国家和社会发展保持同向同行，以及树立为国家振兴和民族复兴作出贡献这一目标的重要意义。国家和社会的不断发展需要个体贡献知识和才能，同时国家的各种发展战略、政策和趋势也给个体的职业发展提供了无穷的机遇。

对于大学生来说，大学只是人生中的一个站点，下一个站点该去向何处？是继续深造还是就业？是走学术型道路、专业型道路还是社会型道路？就业的时候应该去哪个地域发展，从事什么行业？读研究生应该选择哪个研究方向？在回答这些人生重大问题时，我们要有一个重要的决策依据，那就是国家的重点发展战略。要问问自己，哪些才是与国家和社会的发展同向同行的道路，哪些方向的提升才能满足未来国家和社会发展对人才的需要。关于国家和社会发展趋势的信息，我们可以通过学习党中央的历次全会精神、国家每年的两会工作报告、五年规划中的国家重大发展战略和区域经济发展战略、国家重大发展工程等重要会议精神和相关规划文件来获得。这些会议和文件明确了中国未来发展要实现的目标、各行业发展的关键指标、各领域和地区发展的重要举措等信息。只有深入了解这些文件中的国家与社会发展战略，大学生才能更加科学而理性地作出个人发展决策。

（一）制造强国战略

制造强国战略是中国为了转变经济发展方式、促进产业结构优化升级、增强制造业竞争力而制定的一项长期国家战略。随着全球化和技术革新的加速，中国制造业面临国际市场竞争加剧的挑战。同时，国内经济进入新常态，需要从劳动密集型向技术密集型转变。制造强国战略的提出，旨在通过技术创新和产业升级，推动中国制造业向全球价值链中高端迈进，实现由制造大国向制造强国的转变。

1. 战略目标

2025 年目标：加强关键核心技术攻关，提升创新能力，推动制造业数字化、网络化、智能化发展，形成具有国际竞争力的企业群体。

2035 年目标：实现制造业整体竞争力的显著增强，形成全球创新引领能力，全面实现工业化。

2045 年目标：综合实力进入世界制造强国前列，建成全球领先的技术体系和产业体系。

2. 战略任务

创新驱动：建立以企业为主体的创新体系，加强关键核心技术研发和成果转化。

产业结构优化：发展高端装备制造产业，推动传统产业改造升级，发展战略性新兴产业。

绿色制造：推广节能减排技术，构建绿色制造体系，实现可持续发展。

智能制造：加快智能制造的发展，推动制造业与互联网的深度融合。

3. 战略措施

政策支持：出台相关政策，提供税收、金融等支持，鼓励企业创新和技术改造。

人才培养：加强制造业人才培养，建立完善的职业教育和培训体系，提升劳动者技能。

市场环境：营造公平竞争的市场环境，加强知识产权保护，激发市场活力。

（二）服务强国战略

服务强国战略是中国为了适应经济发展新常态、推动经济结构优化升级而提出的一项重要国家战略。该战略旨在通过提升服务业的质量和效率，促进服务业与制造业的深度融合，加快构建以服务业为主导的现代产业体系，从而推动经济持续健康发展。随着经济发展和人民生活水平的提高，服务业在国民经济中的地位越来越重要。同时，全球经济服务化趋势明显，服务业成为推动经济增长的重要力量。中国政府提出服务强国战略，以适应这一趋势，加快服务业发展。

1. 战略目标

短期目标（到 2025 年）：显著提升服务业的规模和质量，形成一批具有国际竞争力的服务企业和品牌。

中长期目标（到 2035 年及以后）：服务业成为国民经济的主导产业，构建起结构优化、服务优质、创新活跃、安全可靠的现代服务体系。

2. 战略任务

加快发展生产性服务业，如研发设计、信息技术服务、金融服务等，提升对制造业的支撑能力。大力发展生活性服务业，如健康养老、文化教育、旅游休闲等，满足人民群众日益增长的服务需求。促进服务业与制造业深度融合，发展服务型制造，推动制造业转型升级。

3. 战略重点

创新驱动：加强服务业领域的技术创新和商业模式创新，提升服务效率和质量。

质量提升：提高服务标准化、品牌化水平，增强服务企业竞争力。

消费升级：适应居民消费升级趋势，发展高品质、个性化服务。

（三）数字中国战略

数字中国战略是中国为了适应全球数字化发展趋势、推动经济社会数字化转型而提出的一项国家战略。该战略旨在通过加快数字化发展，促进经济结构优化升级，提升国家治理现代化水平，实现经济社会高质量发展。随着信息技术的快速发展，数字化已成为推动经济社会发展的重要力量。中国政府提出数字中国战略，旨在把握数字化、网络化、智能化发展机遇，加快数字化发展步伐，推动中国在全球数字化竞争中占据有利地位。

1. 战略目标

短期目标（到 2025 年）：数字基础设施更加完善，数字经济成为经济发展的重要引擎，数字社会建设取得显著进展，数字政府建设成效明显。

中长期目标（到 2035 年及以后）：全面实现数字化转型，数字中国建设取得重大成就，数字经济、数字社会、数字政府相互促进，形成充满活力的数字化发展新格局。

2. 战略任务

加快数字基础设施建设，如 5G 网络、工业互联网、数据中心等。推动数字经济发展，促进数字产业化和产业数字化。推进数字社会建设，提升公共服务数字化、智能化水平。加强数字政府建设，提高政府治理能力现代化水平。

3. 战略重点

数字技术创新：加强关键数字技术的研发和应用，提升自主创新能力。数字经济培育：发展新业态新模式，推动数字经济与实体经济深度融合。

数字社会建设：利用数字技术提升教育、医疗、交通等社会事业的质量和效率。

数字政府转型：推进政府数字化转型，提高政府决策、服务、监管的智能化水平。

（四）乡村振兴战略

乡村振兴战略是中国为了实现农业农村现代化、推动城乡融合发展而提出的一项国家战略。该战略旨在通过一系列政策措施，促进农村经济、社会、文化、生态等全面进步，实现农业强、农村美、农民富的目标。随着中国经济进入新常态，城乡发展不平衡、农村发展不充分的问题日益凸显。为了实现全面建设社会主义现代化国家的目标，中国政府提出乡村振兴战略，以缩小城乡差距，推动农业农村优先发展。

1. 战略目标

短期目标（到 2025 年）：农业现代化取得重要进展，农村基础设施和公共服务水平显著提升，农村生态环境明显改善，农民生活质量不断提高。

中长期目标（到 2035 年及以后）：基本实现农业现代化，乡村全面振兴，农业强、农村美、农民富的目标全面实现。

2. 战略任务

加快农业现代化，提高农业综合生产能力，保障国家粮食安全。推动农村产业兴旺，发展多种形式的适度规模经营，促进农村第一、第二、第三产业融合发展。改善农村人居住环境，推进农村基础设施建设和公共服务提升。促进农民持续增收，提高农民的科技文化素质和就业创业能力。

3. 战略重点

产业振兴：发展特色农业，推动农业转型升级，提高农业质量效益和竞争力。

人才振兴：加强农村人才培养和引进，建立农村专业人才队伍。

文化振兴：传承发展乡村优秀传统文化，培育文明乡风。

生态振兴：推进农村生态文明建设，打造美丽乡村。

组织振兴：加强农村基层党组织建设，完善乡村治理体系。

（五）文化强国战略

文化强国战略是中国为提升国家文化软实力、推动社会主义文化繁荣兴盛而制定的一项长期国家战略。该战略旨在通过深化文化体制改革、促进文化创新、加强文化遗产保护、扩大文化国际交流等措施，建设具有强大凝聚力和引领力的社会主义文化强国。在全球化和信息化的时代背景下，文化成为国家综合国力竞争的重要因素。中国作为历史悠久的文明古国，拥有丰富的文化遗产和独特的文化优势。文化强国战略的提出，旨在推动中国文化的创造性转化和创新性发展，增强国家文化软实力。

1. 战略目标

短期目标（到 2025 年）：社会主义文化繁荣发展，文化创新活力显著增强，中华文化的影响力进一步提升。

中长期目标（到 2035 年及以后）：形成中华文化繁荣发展的新格局，文化成为推动社会主义现代化建设的重要力量，中国成为具有全球影响力的文化强国。

2. 战略任务

深化文化体制改革，激发文化创新活力。加强文化遗产保护，传承中华优秀传统文化。提升公共文化服务水平，满足人民群众日益增长的精神文化需求。推动文化产业高质量发展，增强文化产业竞争力。

3. 战略重点

文化创新：鼓励文化原创，支持文化与科技、旅游、体育等领域的融合创新。

文化传承：加强非物质文化遗产保护，振兴传统工艺，传承中华优秀传统文化。

文化自信：培育和践行社会主义核心价值观，增强全民族文化自信。

文化交流：加强国际文化交流与合作，提升中国文化的国际影响力。

课堂训练： 鼓励大家积极参与以下测试题的竞答，以加深对国家与社会发展宏观政策的理解和记忆。

（1）《"十四五"全国农业绿色发展规划》是我国首部农业绿色发展专项规划，对"十四五"农业绿色发展工作作出了系统部署和具体安排，下列与之相关的说法中错误的是（　　　　）。

A. 在长江中下游，西南地区等南方粮食主产区集中示范耕作压盐技术模式

B. 到 2035 年，农村生态环境根本好转，绿色生产生活方式广泛形成

C. 以果菜茶优势区为重点，推动粪肥还田利用，减少化肥用量

D. 在西北地区支持一批用膜大县，整县推进农膜回收

（2）根据《中华人民共和国国民经济和社会发展第十四个五年规划和 2035 年远景目标纲要》，下列不属于"十四五"规划重要目标的是（　　　）。

A. 保持制造业比重基本稳定，增强制造业竞争优势

B. 优化提升供给结构，促进农业、制造业、服务业、能源资源等产业协调发展

C. 健全农业支持保护制度，完善粮食主产区利益补偿机制

D. 关键核心技术实现重大突破，进入创新型国家前列

（3）下列关于我国国家发展重大战略和推动区域发展的重大举措，前后关系对应正确的是（　　　）。

A. 粤港澳大湾区建设——推动成渝地区双城经济圈建设

B. 黄河流域生态保护和高质量发展——坚持山水林田湖草综合治理、系统治理、源头治理

C. 京津冀协同发展——在维护好国家粮食安全的前提下促进人口向中心城市聚集

D. 长江经济带发展——打造中国最大的工业密集区

二、国家发展战略下的职业发展机遇

（一）制造强国战略下的职业发展机遇

1. 行业领域

制造业涉及的行业非常广泛。"十四五"规划纲要提出，要大力发展战略性新兴产业，谋划布局未来产业，抢占发展先机，培育先导性和支柱性产业，推动战略性新兴产业融合化、集群化、生态化发展，构筑产业体系新支柱。所以，在巩固传统制造行业已有优势的同时，更要聚焦未来的发展。

战略性新兴产业包括新一代信息技术、生物技术、新能源、新材料、高端装备、新能源汽车、绿色环保以及航空航天、海洋装备等。技术的纵向高精尖研究，可以加快关键核心技术的创新应用，增强要素保障能力。横向的融合创新，可以培育壮大产业发展新动能，比如，生物技术和信息技术的融合创新，可以催生和加快发展生物医药、生物育种、生物材料、生物能源等产业。以上都是值得学生关注的领域。未来产业涉及类脑智能、量子信息、基因技术、未来网络、深海空天开发、氢能与储能等前沿科技和产业变革领域。未来产业孵化与加速，将会大力加强前沿技术多路径探索与交叉融合，提升颠覆性技术供给。

2. 地域分布

根据 2021 年主要城市工业产值的比较，排名前 10 的城市从高到低依次是上海、苏州、深圳、北京、重庆、佛山、东莞、广州、天津、宁波。这些城市中有些是传统的制造业重镇，有些是新兴科创中心，有些是两方面兼备。目前它们在对照国家和地方的"十四五"相关规划，明确重点方向，着力增强产业链、供应链自主可控能力，具体措施包括大力构建战略性新兴产业增长引擎，开展补链强链行动，推动先进制造业集聚发展，开工建设一批引领性强、带动性大、成长性好的重大产业项目，实施产业基础再造工程。这些城市原本就基

础雄厚，同时发展势头向好，对制造业相关人才的需求也更为急切。

3. 就业前景

制造强国战略的提出，会带动制造业新的发展并逐步形成良性循环。国务院印发的《"十四五"就业促进规划》强调了要促进制造业高质量就业：实施制造业降本减负行动，引导金融机构扩大制造业中长期融资，提升制造业盈利能力，提高从业人员收入水平，增强制造业就业吸引力，缓解制造业"招工难"问题。推进制造业高质量发展和职业技能培训深度融合，促进制造业产业链、创新链与培训链有效衔接。支持吸纳就业能力强的劳动密集型行业发展。注重发展技能密集型产业，推动传统制造业转型升级赋能、延伸产业链条，开发更多制造业领域的技能型就业岗位。立足我国产业规模优势、配套优势和部分领域先发优势，发展服务型制造新模式，做大做强新兴产业链，推动先进制造业集群发展，打造更多制造业就业增长点。

4. 围绕制造强国战略的职业生涯准备

制造业涵盖几乎所有理工科专业，如机械设计制造类、自动化类、机电设备类、安全科学与工程类等。有志于走上专业型道路、从事技术岗位相关专业的学生，一定要在大学阶段扎实学习专业知识，并关注行业动态，创造条件进入相关的企业，积极参与实习，积累技术经验，为未来的专业型道路做好铺垫。当然，如果意向岗位和自己所学的专业存在差距，就更要未雨绸缪，提前做好准备，从理论、方法到技术再到实践，全方位学习并提升能力。

如果有意投身于制造业，但所学专业与制造业的相关度并不太高，比如管理类、金融类专业的学生，可以走社会型道路，在制造业的单位中从事一些可以发挥自己通用能力的岗位，这类学生要在大学阶段有意识地打造自己的通用能力，同时要主动了解制造业的发展情况，让自身能力和行业需求的契合度不断提升。

建议学生在行有余力的前提下，可以有意识地把自己向复合型人才的方向培养，锻炼可迁移的软技能。复合型人才有在短时间内获得多样化经验的可能，也会有更宽的渠道获得就业机会。此外，具备复合型能力，对从事某一专门类型的工作也是有好处的。比如专业型道路出身的人，转型从事社会型道路或学术型道路可以更加有的放矢地开展工作，效率和收益都会有提升。

（二）服务业发展战略下的职业发展机遇

1. 行业领域

对生活性服务业而言，健康、养老、托育、文化、旅游、体育、物业、轻工等服务业仍然是国家今后的重点发展方向。"互联网+生活性服务业"值得特别关注，直播电商、社交电商、文化旅游等均为新兴增长点，很多城市也在进行积极的探索，如上海市早在 2016 年就开始设立"互联网+生活性服务业"创新试验区。而生产性服务业的发展趋势体现在要促进生产性服务业与先进制造业相互渗透、融合发展，重点推动科技服务、软件和信息服务、金融服务、现代物流等领域的发展，不断提高质量和效益。现代物流业的突破方向在于构建现代物流体系，发展专业化物流、电商物流、冷链物流、跨境物流以及应急物流等新业态和新模式。

2. 地域分布

一方面，生活性服务业向区域中心城市，特别是大中城市集聚的态势日趋鲜明；另一方面，生活性服务业集聚、集群、集约发展和标准化、品牌化建设成为趋势。在生产性服务业与制造业区域集聚融合模式逐渐由单一城市主导走向城市群主导模式的情况下，京津冀、关中、哈长、长江中游、北部湾、长三角、珠三角、成渝等城市群产业基础好，在工业化水平、信息化水平、人力资本、科技投入等方面占比高，这些因素皆与生产性服务业的发展呈正相关。因此，这些城市群的生产性服务业的就业前景更加良好。

3. 就业前景

由于我国居民生活水平持续提高，对健康、养老、旅游、体育、物业等需求迅速增加，因此服务业相关的人才缺口也随之增大，相关专业学生毕业后可以从事的岗位有电子商务师、农产品经纪人、物流服务师、信息通信网络管理员、计算机程序设计员、银行服务人员、物业管理员、导游等。同时，伴随生活性服务业领域与互联网、大数据等融合发展，体育医疗康复服务、健康医疗旅游、中医药养生旅游、食品药品检测服务、第三方健康管理评价服务等新兴生活性服务业都产生了巨大的复合型人才需求，具体职业有食品安全管理师、酒体设计师、社群健康助理员等。同样地，生产性服务业的智能化进程加快，对于计算机、人工智能、大数据分析等人才的需求也在增加。智能制造工程技术人员、物联网工程技术人员、工业互联网工程技术人员、虚拟现实工程技术人员、人工智能训练师等新职业也得到了国家的认可。

4. 围绕服务业发展的职业生涯准备

由于服务业包含的职业范围相对广泛，因此与这些职业相对应的专业较为丰富，设计学、医学、金融学、电子商务、旅游管理、人力资源管理、环境工程、农学、家政学、机械类等相关专业的学生，应该在大学期间认真学习理论知识、加强实践应用以满足后期执业的要求。例如，环境工程相关专业的学生可以尝试借助专业知识，为各个领域提供能源与环保解决方案或咨询服务；机械类相关专业的学生除了在制造业发展，也可以考虑进入生产性服务业，利用所学为企业提供仓储运输、研发设计等方面的服务。如果选择走研究型道路，要将研究方向与国家长远战略和中期目标相结合，从社会现实中发现问题并加以解决，比如，有志于研究先进制造业的学生可以着重关注京津冀或长三角地区并进行深入研究。如果选择走专业型道路，就要在把握专业知识的基础上，选择与自己专业相匹配的城市与工作单位，同时重视学习其他综合知识。

（三）数字中国战略下的职业发展机遇

1. 行业领域

数字中国是一个相当广泛的领域，从广义上来说任何行业、任何企业在未来都将与数字中国挂钩。此处举两例供参考。

（1）数字中国与教育——吉利学院。吉利学院以大数据为核心，开发了名为"吉利相伴"的移动应用教育软件，为在校学生提供一站式的教学生活服务。

（2）数字中国与物流——中通快递。中通快递和中国科学院微电子研究所联合开发自动分拣线，一条自动化分拣流水线每小时可分拣 18 000 件快递，实现了快递分拣的全自动化。

2. 地域分布

据相关报道，北京、浙江、上海、广东、江苏、天津、山东、湖北、四川、福建 10 个省（市）信息化发展水平位于全国第一梯队，这些地区高度重视信息化工作，推动信息化发展统筹布局、整体提升，超前部署新一代信息基础设施，持续加大创新要素聚集和投入，不断深化数字政府建设，丰富完善数字民生服务，以信息化引领驱动经济社会的高质量发展，是我国数字化发展极具创造力的地区。在未来的发展中对高新技术人才的需求将会更加紧迫，相关政策也会更加完善，成熟企业的数量也更多，对未来有意向从事数字化相关工作的学生来说这些省（市）具有一定的吸引力。

3. 就业前景

未来的时代是数字化的时代，"数字"将渗透到各行各业当中，数字素养成为每一个职场人都不可或缺的能力。随着数字化时代的到来，相关岗位的人才需求会进一步扩大，相关专业的学生毕业后可以从事的岗位有数据技术负责人、大数据工程师、Java 开发员、自然语言处理（natural language processing，NLP）工程师、算法工程师、数据安全总监/经理、电商产品经理等。根据米高蒲志（Michael Page）（中国）《2021 人才趋势报告》，数字中国、区块链、云和数据是排名前四的高潜力热门领域。未来数字技术将成为中国大部分企业的业务驱动力，随着行业呈现爆炸式增长，中国科技企业之间的顶尖人才争夺战将日益白热化。

由此可见，数字化方向的就业前景广阔。

4. 围绕数字中国战略的职业生涯准备

电子信息科学与技术、通信工程、物联网工程、数据科学与大数据技术、软件工程、智能科学与技术等相关专业的学生，应该在大学阶段从理论方法、技术应用等多方面储备知识和经验。物理学、生物学、化学、数学、经济学、博物馆学、文学、艺术设计学等相关专业的学生，应该适当学习数字化的相关知识和 Python 等计算机程序设计语言，将自己向数字化复合型人才方向培养。如果选择走研究型道路，可以将数字化与本专业知识深入融合作为研究方向；如果选择走专业型道路或者社会型道路，可以学习一些简单的数字化专业课程，同时参与一些数字中国在本专业就业领域应用的课题和项目，不断积累经验。

（四）乡村振兴战略下的职业发展机遇

1. 行业领域

根据"十四五"规划纲要的内容，现代农业农村建设工程包括 8 个方面，分别是高标准农田、现代种业、农业机械化、动物防疫和农作物病虫害防治、农业面源污染治理、农产品冷链物流设施、乡村基础设施、农村人居环境整治提升。以第一产业为核心的农村传统产业将打造特色更鲜明、业态更丰富的全产业链，休闲旅游、文化教育、医疗养老、乡村治理、生态环境建设等领域也将与乡村建设深度融合。同时信息化、数字化正成为乡村建设的重要趋势，人工智能、大数据将在生产加工、农产品营销、基础设施建设、公共服务等多个环节发挥作用。

2. 地域分布

乡村振兴战略作为新时代"三农"工作的总抓手，具有全域、全覆盖的实施要求，但由于各区域发展不平衡的特点，中西部地区的乡村振兴人才缺口较大。2021 年 8 月，中央农村工作领导小组办公室和国家乡村振兴局公布了国家乡村振兴重点帮扶县名单，这 160 个县分布在四川、内蒙古、广西、重庆、贵州、云南、陕西、甘肃、青海和宁夏。未来有意向从事相关工作的学生可以重点关注这些地区。

3. 就业前景

农业农村建设并非大学生择业的传统热门方向，但随着脱贫攻坚战取得全面胜利，"三农"工作重心转向全面推进乡村振兴，农业农村领域的人才需求也将不断增加。农林牧渔相关专业的毕业生，可以到研究所从事科研、技术开发、生产及管理等工作，或者加入企业从事农业技术开发、产品经营推广等工作。科锐国际发布的《2021人才市场洞察及薪酬指南》显示，动物科学领域企业的养殖相关岗位，以及作物科学领域的产品与环境安全专家、生物技术与基因编辑科学家有较大的人才缺口。此外，农业农村现代化也催生出了农村电商主播、乡村文旅讲解员、乡村规划师、农业数字化项目运营人员、农村住房建设辅导员等新兴职业。大学生村官、选调生、"三支一扶"、西部计划、特岗计划等则向农村输送了大批治理人才。

4. 围绕乡村振兴战略的职业生涯准备

作物学、园艺学、草学、农业资源利用、植物保护、畜牧学、兽医学、林学、水产、农业经济管理、农业工程、林业工程、环境科学与工程、食品科学与工程等与农业农村相关专业的学生，应该在大学阶段从理论、方法、技术和应用等多方面储备知识，通过实习实践深入农村开展实用技术研究和推广服务工作。物流管理、电子商务、旅游管理、财政学、经济与贸易、人工智能、计算机科学与技术、教育学、医学类、社会学、法学类等专业的学生，应该主动关注宏观政策走向，将所学专业与农业农村建设紧密结合。

近年来，也有越来越多的毕业生选择走入基层，成为大学生村官。如果选择走社会型道路，要及时关注选调生、"三支一扶"、西部计划、特岗计划等的相关政策要求，同时在校学习期间可以参与高校对口帮扶、乡村振兴工作站、支教等社会实践活动，为服务乡村发展积累经验。

（五）文化传承创新与文化产业下的职业发展机遇

1. 行业领域

中华优秀传统文化传承发展和现代文化产业体系涉及的两个主要方向是学术研究与社会文化行业。对于古籍修复、古籍数字化、通史编纂工作来说，从业者必须具备足够深厚的学术造诣，与此对应的就业单位是文学、历史、哲学及马克思主义专业的相关高校及科研院所。此外，社会主义文化繁荣发展工程还涉及新闻与出版行业、全媒体数字化生产平台、文旅产业、文化建设与投资等多个行业领域。

2. 地域分布

文化产业的繁荣发展往往与所在地区的经济发展水平息息相关。中共中央办公厅和国务院办公厅印发的《"十四五"文化发展规划》中明确了十二大文化产业空间布局，包括京津冀文化产业群、粤港澳大湾区文化产业群、长三角文化产业群，以及围绕川渝、长江、黄河、大运河和丝绸之路文化等的产业群。目前来看，东部地区将发挥创新引领作用，率先实现文化产业繁荣与发展。以北京、上海、浙江和广州为中心的东部地区文化产业发展势头强劲，鼓励政策多，也有一批成熟的出版社、新闻与新媒体平台和文化企业，如高等教育出版社、人民出版社、新华社、人民网、字节跳动公司等，为毕业生提供了广阔的发展平台。

3. 就业前景

伴随我国文化软实力的日益增强，文化产业的繁荣发展需要大量相关人才的支持。艺术、文学、工商管理等相关专业同学毕业后可以进入文化企业、园区基地从事内容创作、项目策划、创意设计、经营管理、文化金融等重点相关领域工作。同时，以推动文化创业和相关学科体系建设为目的，作为高校相关专业毕业生，也可以进入众创空间、孵化器及高校科研院所等从事理论研究或提供智力支持，推动文化事业体系化、完善化发展。

4. 围绕文化传承创新与文化产业的职业生涯准备

文史哲、马克思主义、政治学等相关专业的同学，应该在大学阶段加强理论知识储备，培养对习近平新时代中国特色社会主义思想体系的学科化、专业化认知。新闻与传播、编辑出版、图书情报与档案管理、旅游管理等偏应用类相关专业的学生，需要做到专业学习与实践锻炼两手抓，多参与本专业的实践项目与课题训练，在实践中加强对学科理论的了解与应用。同时可以学习一些数据分析和财务管理相关课程，以便提升自身在同类型同专业学生中的竞争力，将个人所学最大程度地应用到实践中。

从长远来看，伴随着社会主义文化的繁荣，未来文化产业和文化事业会形成更加持续深入的融合与互促。将文化产业与美丽中国建设、乡村发展、农产品创意设计、农业文化保护等结合，推动生态文明与乡村建设；与日用家居、服饰用品等制造业结合，打造文化品牌并促进消费的转型升级；与健康产业、城市规划等行业结合进行创新，实现互促。建议其他专业的学生也要增加文化产业相关内容的了解，以便在今后的就业择业中把握更多的机会。

案例链接：
退役不褪色，
退伍不退志

项目反馈

请完成下面的项目反馈内容。

发现问题

改正措施

经验心得

项目 2.2　区域协调发展战略与职业机遇

　　我为家乡代言主题活动：以团队为单位，每组选取组内某一位同学的家乡，从"探寻特色企业、铭记家乡风貌、走进家乡经济、弘扬红色故事"四个方面着手，开展真实的社会观察，以报告、图文形式将调研观察内容记录下来并做分享。

知识储备

一、区域协调发展战略解析

　　我国是人口大国，幅员辽阔，然而东西差异、南北发展不平衡等问题较为突出。因此，国家在中共十六届三中全会提出了区域协调发展战略，并先后制定实施了西部大开发、中部地区崛起等战略；在"十三五"时期提出深入实施区域发展总体战略，通过市场化要素的改革、融合和创新，打造国内经济发展的新动能，促进区域间协调发展；在"十四五"规划纲要中提出要建立健全区域战略统筹、市场一体化发展、区域合作互助、区际利益补偿等机制，更好促进发达地区和欠发达地区、东中西部和东北地区共同发展。了解区域发展战略，对拓宽学生职业视野、帮助学生做就业区域选择具有重要指导作用。

（一）京津冀协同发展战略

　　2015 年 4 月 30 日，中共中央政治局会议审议通过《京津冀协同发展规划纲要》，再次强调了推动京津冀协同发展是一项重大的国家战略。京津冀三地作为一个整体协同发展的区域，要以疏解非首都核心功能、解决北京"大城市病"为基本出发点，调整优化城市布局和空间结构，构建现代化交通网络系统，扩大环境容量生态空间，推进产业升级转移，推动公共服务共建共享，加快市场一体化进程，打造现代化新型首都圈，努力形成京津冀目标同向、措施一体、优势互补、互利共赢的协同发展新格局。

（二）长江经济带发展战略

　　长江经济带覆盖九省二市，横跨我国东、中、西三大板块，所辖人口和地区经济总量均超过全国的 40%，是我国经济的活力和潜力所在。推动长江经济带发展是以习近平同志为核心的党中央作出的重大决策，是关系国家发展全局的重大区域发展战略。2016 年 9 月，中共中央政治局审议通过的《长江经济带发展规划纲要》正式印发，确立了长江经济带一轴、两翼、三极、多点的发展新格局。一轴是以长江黄金水道为依托，发挥上海、武汉、重庆的核心作用，推动经济由沿海溯江而上梯度发展；两翼分别指沪瑞和沪蓉南北两大运输通道，这是长江经济带的发展基础；三极指的是长江三角洲城市群、长江中游城市群和成渝城市群，充分发挥中心城市的辐射作用，打造长江经济带的三大增长极；多点是指发挥三大城市群以外地级城市的支撑作用。

（三）粤港澳大湾区建设战略

按照中共中央、国务院印发的《粤港澳大湾区发展规划纲要》，粤港澳大湾区不仅要建成充满活力的世界级城市群、国际科技创新中心、"一带一路"建设的重要支撑、内地与港澳深度合作示范区，还要打造宜居宜业宜游的优质生活圈，使其成为高质量发展的典范。建设粤港澳大湾区，既是新时代推动形成全面开放新格局的新尝试，也是推动"一国两制"事业发展的新实践。粤港澳大湾区主要内容包括建设轨道交通网、改扩建既有高速公路、建设世界级港口群、建设世界级旅游目的地、保护海岸带生态、形成国际科技创新中心、支持港澳与内地协同发展等。

（四）西部大开发与东北振兴战略

西部大开发战略于 1999 年 9 月在中共十五届四中全会上提出，涉及 12 个省、自治区、直辖市，其目的是"把东部沿海地区的剩余经济发展能力，用以提高西部地区的经济和社会发展水平、巩固国防"。东北振兴战略是国务院前总理温家宝于 2004 年 8 月 3 日提出的战略，是针对东北地区经济的振兴计划，该计划包括国家的实际拨款资金援助，以及相对应的优惠政策。实行该计划的东北地区省份包括黑龙江、吉林、辽宁三省和内蒙古自治区东部地区。

（五）中部地区崛起战略

中部地区占全国陆地总面积的 10.7%，在全国区域发展格局中具有举足轻重的战略地位，是落实四大板块区域布局和"三大战略"的重要内容。中部地区崛起战略是促进中国中部经济区共同崛起的一项中共中央政策，包含中部崛起发展速度、居民生活水平、缩小中部与东部发展差距、和谐社会、区域经济一体化和融入经济全球化这几个方面的内容。

二、区域协调发展战略下的职业发展机遇

（一）京津冀协同发展战略下的职业发展机遇

1. 行业领域

《京津冀产业协同规划（建议稿）》提出，要共同聚焦新一代信息技术、生物医药、高端装备、汽车等三地优势产业，联手打造世界级先进制造业集群。在京津冀产业发展布局方面，北京集中力量做大做强战略性新兴产业，加快新一代信息技术、生物、新材料、航空航天和高端装备制造等领域高精尖产业发展；天津建成研发制造能力强大的全国先进制造研发基地，进一步夯实化工、冶金、电子和汽车等领域支柱产业；河北依托钢铁、石化和装备等领域传统产业优势，大力发展新能源和生物医药等领域制造业以及现代物流和休闲旅游等现代服务业。

2. 就业前景

根据京津冀三地人才工作领导小组联合发布的《京津冀人才一体化发展规划（2017—2030

年）》，2030 年，京津冀将基本建成"世界高端人才聚集区"。通过区域一体化发展，重点运用好北京的科技创新资源，加大津冀与北京在创新成果方面的对接合作力度。在大学生创新创业方面，汇聚三地大学生的创新创业成果，增进三地高校和科研院所在成果转化方面的协同，加强"互联网+"协同制造、人工智能、现代农业、智慧能源、绿色生态等融合领域的知识产权服务，有效促进三地大学生创新创业成果转化的有效联动。而在此过程中带来的经济与法律相关问题，对公安学类、财政学类、管理学类人才等都将有大量的需求。

3. 围绕京津冀协同发展战略的职业生涯准备

据中华人民共和国工业和信息化部调研统计显示，全国人工智能产业发展与人才需求比仅为 1：10，到 2030 年人工智能人才缺口将达到 500 万。京津冀地区正在大力发展新一代信息技术、智能制造等高端产业，也急需云计算工程师、人工智能分析师等高端研发和高素质人才的加入。人工智能相关专业的学生，应该在大学阶段着重增加知识储备与经验积累，同时关注京津冀地区的目标企业落地情况与招聘政策；制造业、信息服务业、社会服务业专业方面的学生，在校期间应夯实理论基础，尝试将所学知识应用于实践。此外，京津冀已实现在国家设定的职称系列、等级范围内的专业技术人员职称资格互认，专业技术人才在三地流动过程中的职称晋升、岗位聘用、人才引进、培养选拔、服务保障等方面享有同等待遇。专业技术方面的学生在增强自身实践优势的同时，应更多地关注京津冀协同发展战略人力资源市场从业人员的需求。

（二）长江经济带发展战略下的职业发展机遇

1. 行业领域

首先，长江经济带建设的首要难题是推进整个长江流域的生态保护和生态修复。长江环境污染治理"4+1"工程项目实施、横向生态补偿机制构建、加大国家绿色发展基金重点投入力度将助力生态优先、绿色发展理念实现。因此，节能环保、清洁生产、清洁能源等行业将迎来难得的发展机遇。其次，综合交通等基础设施建设行业将大有可为，绿色港口、绿色空港、绿色公路等绿色基础设施建设将助力产业升级，钢铁、石化、建材、有色金属等行业将不断实现绿色化改造。最后，制造业产业升级带来发展新机遇。以长三角的无锡、苏州及珠三角的佛山、东莞为代表的大众制造业为典型代表，长江经济带传统产业与高科技产业兼备，成为中国重要的工业基地，未来将重点打造电子信息、高端装备、汽车、家电、纺织服装五大世界级制造业集群。

2. 就业前景

根据发改委长江办编制的《"十四五"长江经济带发展实施方案》中的重点任务目标和要求，未来将会有以下几类紧缺人才需求。

一是生态环境保护类专业人才。生态优先、绿色发展总目标的实现，急需一大批生态环境保护类专业的人才。因此，海洋资源与环境、自然地理与资源环境、环境生态工程、水质科学与技术、自然保护与环境生态类、草学类、土木类、地理科学类等专业类人才将有大量的需求。

二是"绿色技能"人才需求呈上升趋势。推动经济绿色低碳发展，调整优化能源结构，推动重点行业绿色转型等目标的实现，除了传统的环境保护类专业人才外，更多高水平的"绿色技能"人才，如绿色金融人才、数字绿色人才、能源类人才等都将成为紧俏且重要的人才。

三是文史哲类专业人才。推动文化建设与发展。促进城乡区域协调发展，推动上中下游地区有机融合，打造城市群、都市圈，巩固拓展脱贫攻坚成果同乡村振兴有效衔接，支持革命老区和边境地区发展，都需要更多的高层次人才投入到巩固乡村振兴成果的大部队中。同时，对中国传统文化保护与宣传的文学类、传媒类人才也是革命老区绽放新时代光彩的重要支撑。

四是交通建设类专业人才将大有可为。提升交通网络通达能力，构建多式联运交通体系，将对交通设备与控制工程、交通运输、智能运输工程、航海技术、船舶电子电气工程、智慧交通、建筑类等专业人才需求量巨大。

3. 围绕长江经济带发展战略的职业生涯准备

（1）社会型人才就业方向。

对于职能型专业学生，如财务管理、会计学、人力资源管理、市场营销等专业学生，可以提前了解长江经济带相关产业布局，结合目标产业、行业需求，提前进行专业模块的细化等，例如，一名人力资源管理专业的毕业生，如果要进入环境保护相关企业，不仅需要了解人力资源管理相关模块，也要了解环境保护类的人才选用标准和重点等，提前学习环境保护类相关行业知识，这些将使该类毕业生在实际工作实践中对人才有更准确的把握。

（2）专业型人才就业方向。

结合长江经济带沿线产业和领域等的发展需求，环境保护类、交通运输类、文化宣传类等专业大学生将有广阔的就业空间。以长江经济带作为求职方向的大学生，可以在校期间关注长江经济带的产业集群发展状况，结合专业人才需求，提升专业能力，例如，学生可以提前到长三角地区进行暑期实践和工作调研、进行短期实习等，提前了解产业、行业用人需求，聚焦目标产业及企业，结合专业培养方向进行专业综合素养提升，为加入长江经济带的发展大潮做好现实准备。

（三）粤港澳大湾区建设战略下的职业发展机遇

1. 行业领域

"十四五"规划对粤港澳大湾区在国家老龄事业发展和养老服务体系规划、旅游业、农业、数字经济、现代交通等领域展开进一步布局，并将带动一大批新的增长点。此外，在先前的政策中，大湾区不断实现产业升级，通过融合物联网、智能制造、金融科技、生物制药、智慧物流等核心产业，打造世界级数字产业集群。

2. 就业前景

粤港澳大湾区作为中国开放程度最高、经济活力最强的区域之一，几乎所有学科和专业的学生都能在这里找到一席之地。根据广东省 2019 年统计数据，在大湾区就业的应届毕业生中的绝大部分（86% 以上）从事第三产业工作，因此经济学类、法学类、医学类、法医学类、管理学类、经济与贸易类毕业生可能具有较大的就业空间，如金融领域的金融科技类、供应链金融、普惠金融、绿色金融等；战略投资领域的首席战略官、项目管理办公室（PMO）等；财务领域的审计、税务共享高管、财务信息化人才等；互联网领域的具有医疗行业经验的系统架构师、研发管理员、软件工程师等；电子信息产业领域的集成电路（IC）工艺、新材料、芯片、智能硬件研发等；供应链领域的采购专家/总监、供应链总监/网络供产商（NP）等；人力资源领域的薪酬岗、绩效岗、招聘岗；地产领域的市场拓展岗、物业管理岗、商业运营管理岗、投资拓展岗、投资岗、营销岗、工程岗等；零售行业的新媒体运营、销售经理等。

3. 围绕粤港澳大湾区建设战略的职业生涯准备

（1）社会型人才就业方向。

希望面向管理、人力等方向就业的同学，可以提前了解有关公司的招聘要求，在校期间可以积极参加创业大赛类活动，在实习阶段也应多面向企业等单位，为后续求职创造条件。

（2）专业型人才就业方向。

对于理工科学生而言，大湾区具有企业引领创新的特点，华为等知名企业设有松山湖小镇等研发园区，从事技术工作不失为一个好的选择。而经济、法学等人文社科类专业的毕业生，可以选择对口的专业技术岗位。希望从事专业工作的学生，在本科期间可以在全面掌握课程知识的基础上，深耕专业方向，为日后就业打下基础。

（四）西部大开发与东北振兴战略下的职业发展机遇

1. 行业领域

西部地区正在发展特色产业群，大数据产业在贵州、云南等地的布局已经初具成效，预计未来很长一段时间内，这些地方将会急需计算机及相关专业的人才。对于青海、宁夏、新疆和西藏等地，提高农牧业现代化水平、发展生物医药等创新型产业集群将会成为当地的工作重点。重庆、陕西、四川等地则将聚焦发展军民两用高端技术、生物医药、能源化工、电子信息、物流运输等产业群。新材料、新能源等新兴产业，对于东北产业结构的调整和升级带来了新思路，例如，辽宁省计划要打造世界级冶金新材料产业基地，吉林省将推动20万吨碳纤维全产业链项目建设，全力打造中国碳谷。

2. 就业前景

科技类专业将更加紧俏。西部地区产业结构升级，带来了很多现代化就业岗位，涉及电子信息、能源化工、生物医药、物流运输、人工智能等专业，特别是计算机及电子信息类，未来西部将会大力引进此类人才，发展高新技术产业，此类专业的学生可以重点关注相关地区的人才引进策略。西部地区少数民族人数众多，多样化的民族对于民族学类的毕业生及人才的需求也更加旺盛。此外，"新质系列"专业将成为新需求。东北地区均有自己的优势产业，主要是重工业，因此东北地区将会继续提供有关机械制造等方面的很多技术岗位，如机电设备安装、调试与维护等岗位工作，还会提供农业研究员、导游等传统就业岗位。同时，由于要发展新兴技术产业，东北地区未来将会提供很多新的就业岗位，比如新材料相关的能源工程师、材料员等。

3. 围绕西部大开发和东北振兴战略的职业生涯准备

推进西部大开发形成新格局战略将会为西部带来很多高新技术就业岗位，涉及的主要专业有电子信息类（电子信息工程、人工智能、智能测控工程、管理科学）、信息管理与信息系统、自动化类（自动化、智能装备与系统）、计算机类（计算机科学与技术、物联网工程）、交通运输类（交通运输、智能运输工程）以及航空航天类专业。以计算机及相关专业的学生为例，无论将来是走研究型道路还是专业型道路，在大学期间应当积累大量的基础知识及专业知识，学好高等数学、离散数学等基础课程，同时加强操作系统、数据结构等专业课程的学习。

推动东北振兴战略取得新突破同样会为东北地区提供很多就业岗位。涉及的主要专业有机械类（机械工程、车辆工程）、材料类（材料科学与工程、新能源材料与器件）、能源动力类（能源与动力工程、新能源科学与工程）、农业工程类（农业工程、农业机械化及自动化）、旅游管理类（旅游管理、酒店管理等）等。以需求量较大的机械类专业学生来说，他们绝大部分会选择专业化道路，此类学生应当首先学好相关专业课程，并且将所学知识运用到实践中去，积累实战经验。同时可在专业之余学习一些新能源相关的专业知识，提升竞争优势；对于材料类、能源动力类相关专业的学生而言，应当关注国家的重点项目以及东北地区各省市的人才引进政策，同时学习好专业知识。如前所述，在新能源与机械专业越来越紧密的大背景下，材料、新能源及相关专业的学生也应适当学习一些机械类知识。目前国内核电站的建设步伐正逐步加快，对核工程类的人才需求逐渐增加。

（五）中部地区崛起战略下的职业发展机遇

1. 行业领域

结合 2021 年《中共中央　国务院关于新时代推动中部地区高质量发展的意见》（以下简称《意见》），中部地区的发展前景可体现在以下四个方面。

一是以先进制造业作为主导发展产业。"十四五"规划纲要中指出要做大做强先进制造业，在长江、京广、陇海、京九等沿线建设一批中高端产业集群。在长江沿线建设中国（武汉）光谷、中国（合肥）声谷，在京广沿线建设郑州电子信息、长株潭装备制造产业集群，在京九沿线建设南昌、吉安电子信息产业集群，在大湛沿线建设太原新材料、洛阳装备制造产业集群。建设智能制造、新材料、新能源汽车、电子信息等产业基地。

二是大型灌区续建配套和现代化改造将带来大量就业机会。国家水网骨干工程中的供水灌溉部分要求实施黄河河套、四川都江堰、安徽淠史杭等大型灌区续建配套和现代化改造。《意见》中为促进城乡融合发展，提出要推进城乡供水一体化、农村供水规模化建设和水利设施改造升级，加快推进引江济淮、长江和淮河干流治理、鄂北水资源配置、江西花桥水库、湖南椒花水库等重大水利工程建设。

三是环境保护相关产业成为中部地区建设重点。《意见》提出，推动地级及以上城市加快建立生活垃圾分类投放、分类收集、分类运输、分类处理系统；以河道生态整治和河道两岸造林绿化为重点，建设淮河、汉江、湘江、赣江、汾河等河流生态廊道；加强畜禽养殖污染综合治理和资源化利用，加快实施矿山修复、尾矿库污染治理工程，推动矿业绿色发展。严格防控港口船舶污染，加强白色污染治理，强化噪声源头防控和监督管理；因地制宜发展绿色小水电、分布式光伏发电，支持山西煤层气、鄂西页岩气开发转化。

四是航海、水系建设将谋得一席之地。要加大对高速铁路、省际高速公路、空运（郑州、武汉、长沙、合肥、南昌、太原等地）的建设力度，实施汉江、湘江、赣江、淮河航道整治工程，研究推进水系沟通工程，形成水运大通道。因此，如果有志向从事交通运输、航空、物流、海洋工程、水利、土建等工作的学生在中部崛起的背景下可以说是"适逢其时"，可以在武汉、郑州、鄂州、长沙、合肥、南昌、太原等城市谋得一席之地。

2. 就业前景

中部地区崛起，对电子信息、材料、能源动力、机械等专业的学生是利好消息，让他们能将个人所学应用到国家所需，从而实现人生价值。以武汉为例，武汉东湖新技术开发区政务网发布了如下信息："2021 年，中国（武汉）光谷，高新技术企业超过 4 200 家。中国（武汉）光谷计划将在 2021 年开展不少于 20 场的校园招聘、线上招聘、组团式招聘等系列活动，预计将留下超过 10 万大学生。"更具吸引力的是《武汉东湖新技术开发区"3551 光谷人才计划"暂行办法》，它对 3551 国际顶尖人才、3551 产业领军人才、3551 高层次创新创业人才提供了丰厚的资金资助。

计算机、大数据、物联网、人工智能、金融、统计等专业的人才对开创中部崛起新局面也能发挥巨大作用。《意见》中指出要"依托产业集群（基地）建设一批工业设计中心和工业互联网平台，推动大数据、物联网、人工智能等新一代信息技术在制造业领域的应用创新，大力发展研发设计、金融服务、检验检测等现代服务业"。此外，在日益注重生态保护和资源合理利用的今天，相关文件的出台更进一步体现了水资源利用和保护的重要性。因此，中部地区对于水利、环保专业的需求就为毕业生提供了个人发展的契机。

3. 围绕中部地区崛起战略的职业生涯准备

（1）社会型人才就业方向。

如果有意向毕业后投入专业实践的学生，可以在学好专业课知识、计算机等通用技能的同时结合专业考取证书，如注册环保工程师、计算机二级、一级建造师等证书。另外，在假期等空闲时间可以尽可能多参加实习，尽早了解个人兴趣所在和行业所需。

（2）专业型人才就业方向。

中部地区崛起战略，对电子信息、交通运输、航海技术等专业都有大量的人才需求，有志于走专业型道路的人才一方面，可以关注中部地区的高校专业聚焦重点，在优势专业中进行深造；另一方面，可以了解部分企业的研究中心、高端项目工程等，从事产学研一体化相关工作。

项目反馈

请完成下面的项目反馈内容。

发现问题
改正措施
经验心得

项目 2.3　家族职业与自我职业发展

项目导入

家族职业树绘制：家庭是社会的基本细胞，是人生的第一所学校。在同学们的家庭中，每位家庭成员都从事着自己的职业，我们不妨从自己最熟悉的身边人开始，了解职业有哪些，而且家庭成员的职业往往还会影响着我们将来的职业选择。你的家庭成员们对你的个人职业观产生了哪些影响呢？请同学们绘制出自己的家族职业树，完成后在组内进行分享。

知识储备

一、家族职业对个体职业发展的影响

人是社会的产物，我们生活在复杂多变的社会中。其中，家庭是一个人所接触到的首要的、最基本的社会关系。中国文化里，人们家族观念很强，家风、家训、家规等就像个体身上的一个个烙印，传承着家族的文化、气质与精神。

虽然现在宗族观念有所弱化，人们往往更加关注于个人的小家，但家仍然在个人成长过程中发挥着极其重要的作用。许多研究表明在个人生涯外在环境影响的众多因子中，原生家庭的影响最为重要，例如，原生家庭的性格特点、教养方式、职业类别、职业价值观等都对个人的职业生涯产生影响。

父母的职业是子女最早接触到的职业，在交流的过程中，通过父母自己的职业感受，子女能了解到这些职业的部分信息，继而影响到职业的选择。如果父母的职业发展比较顺利，自我的职业满足感较强，那么感受到他们正能量的子女，对这些职业的认可度自然就会提高；如果父母对自己的职业充满荣誉感、表现出崇高的使命感，那么子女也会为了沿袭这种荣誉，更乐意选择与父母相同或相似的职业。而沿着父母的职业道路前进的年轻人，也可以继承一些前人积累的经验（工作经验、人脉资源甚至是声望等），这些对于他们日后的职业发展也都是有益无害的。

知识分享

> 姚明，大众所熟悉的一位篮球巨星，他的职业选择很大程度上就是受到家庭影响的结果。出生于上海的一个篮球世家的他，父亲 2.08 米，曾效力于上海男篮；母亲 1.88 米，20 世纪 70 年代是中国女篮的主力队员。父母身高的特征和对篮球酷爱的基因，都毫无保留地传给了他，自小就为他的职业发展做好了铺垫。

除了父母以外，家庭中的重要人物也会对个人职业选择和职业发展产生影响。或许是你的一位远房表亲，又或许是同辈中的佼佼者，他们可能并没有给出什么具体的职业方面的建议，但他（她）在职业方面的行为、经历和成就足以影响你的职业选择，让你视他（她）的职业为梦想，立志成为他（她）那样的人，做相似的事情，成就相似的未来。

知识分享

　　小雨今年18岁，是一名应届高中生，高考后的志愿填报，他却做出了一个让大家困惑的选择，放弃了填报热门的土木工程专业，选择了一所医科大学的护理学专业。对于"为什么一个男孩子会倾向于护理学"，他有自己的看法。原来，小雨很亲近的一位姑姑是一名医院护士长，她工作努力认真，对病人关爱有加，获得了极好的口碑和声誉。正是在她的影响下，小雨一直希望能够成为像她那样对社会有贡献的人，也对医护相关职业有着极高的认可度。因此，在志愿填报时，他遵循了自己的意愿，在家人的支持下做出了选择。

　　家庭职业价值观的导向除了正能量，也可能产生负面的影响。比如出生于边远贫困地区的孩子，可能因为目睹了父母劳作的艰辛而不愿选择与他们相同的职业；又如一些父母将工作的负能量带到家中，孩子从小就听着父母抱怨工作的辛苦、酬劳的不足，也可能会对这些职业产生阴影；还有一些父母，有意无意地就将自己的职业期待变为对子女的职业期待，他们由于受到一些社会观点的影响，比如"女孩子当老师很好""男孩子不应该做幼教""学金融很赚钱"，便以此为标准告诉孩子"这样选才对"，无形中却对孩子的职业选择造成了压力。诚然，父母长辈的职业经验可以为我们职业选择提供重要借鉴，但最终做出何种职业选择还是要遵循个人特质和兴趣。

　　你可曾知道，谱写过《东方之珠》《明天会更好》等多首名曲的华语音乐教父罗大佑，本是一名医学生。他的父亲、哥哥、姐姐都是自医学院毕业，因此他顺从父母的意见，选择了医科。但在发现自己的音乐潜质后，毅然决定弃医从艺，最终在个人喜欢的领域闯出了一片天地。

二、了解我的家族职业树

（一）家族树

　　家族树不仅仅是记录家庭成员关系的工具，更是一种理解自己背景和历史的方式。在职业规划的过程中，了解家族背景和家庭成员的职业路径可以让自己拥有宝贵的洞察力和灵感。

　　家族树（family tree），又称家谱，是一种图表，用于显示家族成员之间的关系，通常以树状结构展示，从祖先开始向下延伸到后代。家族树可以记录多个世代的成员及其职业、成就、迁移情况等信息。个体成长于家庭环境中，父母的职业选择、职业价值观、职业态度、技能等或多或少会对个体的职业选择和发展产生影响。通过家族树，我们可以了解家族的历史和文化背景，这些因素对我们的成长环境和价值观有深远的影响；同时，家族成员的职业选择可以反映某些职业在家族中的普遍性，可能会揭示出某些职业趋势；家族成员的职业经历和故事也可以为我们的职业选择提供宝贵的经验和教训。正如社会学代际传递理论所阐述的那样，教育和职业是影响阶层代际传递的重要因素（CASE，2005）。探究家庭成员的职业结构，是我们认识自我、探索未来的有效方法。

（二）学会绘制家族职业树

　　学会绘制家族职业树，如图2-1所示，可以帮助同学们了解自身家庭成员的职业构成、特性以及对自身的期望，并以此探索自身的兴趣、能力和特质，找到适合自己的职业发展道路。

绘制家族树的基本步骤如下。

1. 收集资料

与家人交流，了解他们的职业、教育经历和生活故事。你可以通过面对面交流、电话、邮件等方式收集信息，如图 2-2 所示。

2. 绘制图表

将收集到的信息整理成家族树图表。你可以使用纸笔绘制，也可以利用电脑软件制作。

图 2-1　家庭职业树

家庭职业情况调查表						
称谓	职业	工作满意度	理想职业	对以下类别的工作进行打分（满分为100分）		
				自由职业	企业单位	机关、事业单位
爷爷						
奶奶						
父亲						
母亲						

图 2-2　家庭职业情况调查

3. 标注职业信息

在家族树中标注每个家族成员的职业、教育背景和其他相关信息。

4. 分析数据

通过分析家族树，找出家族中是否存在某些职业倾向、教育模式或职业发展路径。

绘制结束后，同学们请思考以下问题。

（1）我的家族中最多人从事的职业是什么，我想从事这项职业吗，为什么？

（2）我的家族成员的职业是如何实现社会价值的？

（3）爸爸如何形容他的职业？他平时还会提到哪些职业？

（4）妈妈如何形容她的职业？她平时还会提到哪些职业？

（5）家族中还有谁对职业的想法对我影响巨大？他/她怎么说？为什么对我影响巨大？

（6）家族中让我羡慕的职业是什么？对此我的看法是什么？

（7）我的家人们曾经给过我哪些职业建议？（比如不赞成我选择哪些职业、他们很看好哪些职业）

（8）哪些职业是我绝不考虑的？哪些职业是我有倾向选择的？

（9）除了家人的建议外，选择职业时，我还会重视哪些因素？

（10）家人对我未来的职业期待是什么？

（11）我希望通过什么职业来实现自我的人生价值？

（三）家族树与个人职业规划的结合

1. 发现潜在的职业路径

通过分析家族成员的职业，可以发现你可能感兴趣或具备优势的职业路径。

2. 避开已知的陷阱

从家族成员的失败经验中吸取教训，避免重蹈覆辙。

3. 利用家族资源

充分利用家族中的资源和人脉，助力你的职业发展。

三、职业榜样人物

在职业规划的道路上，职业榜样人物的作用不可小觑。通过学习他们的经历和成就，我们不仅能够获得启发和动力，还能从中汲取宝贵的经验和教训。

（一）职业榜样人物的重要性

1. 激励和动力

职业榜样人物的成功故事往往充满了奋斗和坚持，他们的成就能够激发我们的斗志和激情。看到他们如何通过努力克服困难、实现目标，我们会更有动力去追求自己的梦想。

2. 提供现实的榜样

职业榜样人物的经历为我们提供了具体可行的路径和方法。通过了解他们的职业选择、关键决策和成长历程，我们可以更清晰地规划自己的职业道路，避免走弯路。

3. 传递价值观和态度

职业榜样人物不仅是专业上的成功者，往往也是在道德和价值观方面的楷模。他们的敬业精神、诚信品质和社会责任感等，都是我们在职业生涯中应当学习和遵循的。

（二）如何选择和学习职业榜样

1. 选择适合的榜样

选择职业榜样时，应根据自己的兴趣、专业背景和职业目标，选择那些在相关领域取得成功的人士。他们的经历和成就更具参考价值和可操作性。

2. 学习他们的成功经验

通过阅读传记、观看演讲和访谈，深入了解职业榜样的成长历程和成功经验。特别要关注他们在面对挑战时的应对策略和关键决策，这些都是宝贵的学习资源。

3. 反思和应用

在学习职业榜样的过程中，积极反思和对照自己的情况，将他们的成功经验与自己的职业规划相结合，找到适合自己的发展路径。同时，不断调整和优化自己的职业规划，逐步实现职业目标。

职业榜样人物的力量在于他们真实而具体的成功故事，这些故事不仅激励我们奋发向上，还为我们提供了宝贵的经验和指导。在职业规划的过程中，选择合适的榜样，深入学习他们的成功之道，并将这些经验应用到自己的职业生涯中，将大幅提升我们实现职业目标的可能性。通过不断学习和借鉴，我们也能在自己的职业道路上走得更加坚定和从容。

案例链接：典型职业榜样人物案例

项目反馈

请完成下面的项目反馈内容。

发现问题
改正措施
经验心得

项目 2.4 国家基层就业项目抢先知

项目导入

本项目需要大家参与"国家基层就业项目"常识答题竞赛，通过小组间的答题竞赛，能够学习国家基层就业项目等关键知识点和检验同学们对知识点的掌握程度。

（1）（多选题）国家基层就业项目包括（   ）。

A. 西部计划   B. "三支一扶"   C. 特岗教师   D. 大学生村官   E. 公务员

（2）（多选题）"三支一扶"中的"三支"是指（   ）。

A. 支农   B. 支教   C. 支医   D. 支学

（3）（单选题）西部计划服务期限通常为（   ）。

A. 1~3 年   B. 3~5 年   C. 5~10 年   D. 10 年以上

（4）（判断题）特岗计划只面向师范类专业毕业生招聘。（   ）

A. 对   B. 错

知识储备

在职业规划的过程中，大学生常常面临如何选择职业起点的问题。国家基层就业项目为大学生提供了一个重要的就业选择和职业发展平台，通过到基层工作，大学生不仅可以积累丰富的工作经验，还能为国家和社会做出贡献。本项目将深入探讨国家基层就业项目的内容、意义、参与方式及其对职业发展的影响，帮助大学生抢先了解并积极参与这一宝贵的职业机会。

国家基层就业项目是由国家政府和地方政府联合推动的一系列就业计划，旨在鼓励和支持大学生到基层工作，促进基层经济社会发展。主要包括以下几类项目。

一、"三支一扶"计划

"三支一扶"计划是国家基层就业项目中的重要组成部分，旨在鼓励大学生到基层从事支农、支教、支医和扶贫工作。以下是对该计划的详细介绍。

（一）计划内容

支农：派遣大学生到农村基层从事农业技术推广、农产品销售、农村合作社管理等工作，帮助农民提高生产效益和收入水平。

支教：派遣大学生到农村和贫困地区的中小学担任教师，提升当地教育水平，弥补师资不足问题。

支医：派遣大学生到基层医疗机构工作，提供基本医疗服务，改善农村医疗卫生条件。

帮扶乡村振兴：派遣大学生参与基层乡村振兴工作，协助困难地区制定和实施乡村振兴计划，促进当地经济发展和人口增收致富。

（二）政策支持

经济补贴：国家和地方政府提供生活补贴、住房补贴等，保障大学生的基本生活需求。

职业培训：提供岗前培训和在职培训，提升大学生的业务能力和职业素养。

就业优待：对服务期满考核合格的大学生，在考公务员、应聘事业单位、研究生入学考试等方面给予政策优惠和加分。

（三）报名条件

要求最低为普通高等院校大学专科及以上学历，同时在专业知识方面要与工作岗位相关要求保持一致（各地也可根据岗位需要适当提高至本科及以上学历）。热爱基层工作，愿意扎根基层，为基层发展贡献力量。身体健康，具备适应基层工作环境的能力。

（四）参与"三支一扶"计划的方式

1. 信息获取

关注政府官网及相关部门的公告，了解"三支一扶"计划的招聘信息。参加学校和就业服务机构组织的宣讲会和招聘会，获取最新资讯。

2. 准备申请材料

准备个人简历、毕业证书、推荐信及其他所需材料。提前了解和准备面试和笔试的相关内容。

3. 报名与考试

按照招聘公告的要求，在线填写申请表并提交相关材料。参加统一组织的笔试、面试及体检等环节。

4. 录取与培训

被录取后，接受相关培训，了解岗位职责和工作要求。参加岗前培训，提升业务能力和适应性。

二、特岗计划

特岗计划是国家基层就业项目中的重要组成部分，旨在为中西部贫困地区和农村学校招聘特设岗位教师，以缓解这些地区师资紧缺的问题。以下是对该计划的详细介绍。

（一）计划内容

招聘对象：主要为全日制普通高校应届毕业生和往届未就业毕业生，特别是师范类专业毕业生。

工作地点：主要在中西部贫困地区和农村学校，包括乡村小学、初中和部分偏远地区的高中。

服务期限：一般为3年，服务期满后可选择留任或根据政策规定流动到其他岗位。

（二）政策支持

经济补贴：国家和地方政府提供生活补贴、住房补贴等，保障特岗教师的基本生活需求。

职业培训：提供岗前培训和在职培训，提升特岗教师的教学能力和职业素养。

就业优待：服务期满考核合格的特岗教师，在考公务员、应聘事业单位、研究生入学考试等方面给予政策优惠和加分。

（三）报名条件

要求本科及以上学历，以师范类专业为主，小学阶段可适当招录师范高等专科学校毕业生，年龄一般不超过30岁。热爱教育事业，愿意扎根基层，为农村教育事业贡献力量。身体健康，具备适应农村工作环境的能力。

（四）参与特岗计划的方式

1. 信息获取

关注教育部和各省市教育厅的官网及相关部门的公告，了解特岗计划的招聘信息。参加学校和就业服务机构组织的宣讲会和招聘会，获取最新资讯。

2. 准备申请材料

准备个人简历、毕业证书、推荐信及其他所需材料。提前了解和准备面试和笔试的相关内容。

3. 报名与考试

按照招聘公告的要求，在线填写申请表并提交相关材料。参加统一组织的笔试、面试及体检等环节。

4. 录取与培训

被录取后，接受相关培训，了解岗位职责和工作要求。参加岗前培训，提升教学能力和适应性。

三、西部计划

西部计划是国家基层就业项目中的重要组成部分，旨在组织大学生志愿者到西部地区进行为期1~3年的志愿服务，支持当地发展。以下是对该计划的详细介绍。

（一）计划内容

服务领域：包括基础教育、农业科技、医疗卫生、乡村振兴、基层青年工作、基层社会管理等。

服务地点：主要集中在西部地区的贫困县、边远地区和少数民族地区。

服务期限：通常为1~3年，期满后可以选择留任或流动到其他岗位。

（二）政策支持

经济补贴：国家和地方政府提供生活补贴、交通补贴、住房补贴等，保障志愿者的基本生活需求。

职业培训：提供岗前培训和在职培训，提升志愿者的业务能力和职业素养。

就业优待：服务期满考核合格的志愿者，在考公务员、应聘事业单位、研究生入学考试等方面给予政策优惠和加分。

学费补偿：根据服务期，部分省份和地区提供学费补偿或助学贷款代偿政策。

（三）报名条件

普通高等学校应届毕业生或在读研究生。热爱志愿服务事业，愿意扎根基层，为西部发展贡献力量。身体健康，具备适应西部地区工作环境的能力。

（四）参与西部计划的方式

1. 信息获取

关注共青团中央、教育部和相关地方政府的官网及相关部门的公告，了解西部计划的招聘信息。参加学校和就业服务机构组织的宣讲会和招聘会，获取最新资讯。

2. 准备申请材料

准备个人简历、毕业证书、推荐信及其他所需材料。提前了解和准备面试、笔试的相关内容。

3. 报名与考试

按照招聘公告的要求，在线填写申请表并提交相关材料。参加统一组织的笔试、面试及体检等环节。

4. 录取与培训

被录取后，接受相关培训，了解岗位职责和工作要求。参加岗前培训，提升业务能力和适应能力。

四、大学生村官

大学生村官是指到农村（含社区）担任村党支部书记、村委会主任助理或其他村"两委"职务的具有大专及以上学历的应届或往届毕业生。工作多为社区（村）事务。

（一）计划内容

大学生村官到村任职第一年，一般担任村党组织书记助理或村委会主任助理，重点了解熟悉农村工作，整理一套涉农政策，走访一遍全村农户，完善一套村情档案，形成一份调研报告，提出一条发展建议，学习一门实用技术，努力实现角色转变。从第二年开始，考核称职、符合任职条件的大学生村官，原则上应担任村"两委"委员或以上职务并明确分工，帮助村民发展致富项目，领办合办农民专业合作社，组织开展群众文体活动，参与排查调处矛盾纠纷，为村民代办各项事务，不断提高能力素质。

（二）政策支持

（1）新聘任大学生村官补贴按专科每月 2 000 元、本科每月 2 200 元、研究生每月 2 600 元的标准执行，并随之同步提高。在艰苦边远地区工作的，按规定发放艰苦边远地区津贴。（各省各地待遇不完全相同。）

（2）大学生村官聘用期间，按照当地对事业单位的规定，参加相应社会保险，并办理重大疾病、人身意外伤害商业保险。

（3）符合国家学费补偿和助学贷款代偿政策规定、聘期考核合格的大学生村官，其学费和国家助学贷款由财政补偿和代偿。

（4）在村任职2年以上，具备选调生条件和资格的，经组织推荐，可参加选调生统一招考。

（5）聘用期满、考核称职的大学生村官，经县级组织、人力资源和社会保障部门同意，可参加面向大学生村官等基层服务人员的公务员定向招录。

（6）除实行职业资格准入和专业限制的岗位之外，县（市、区）、乡镇事业单位每年在公开招聘工作人员时，要拿出一定比例定向招聘聘用期满、考核称职的大学生村官。

（7）聘用期满、考核称职的大学生村官，报考研究生享受增加分数等优惠政策，同等条件下优先录取。

（8）被党政机关或企事业单位正式录用（聘用）后，在村任职工作时间可计算工龄、社会保险缴费年限。

（9）到西部和艰苦地区农村任职的，户口可留在现户籍所在地。

（三）选拔标准

选拔标准原则上为全日制本科及以上的学生党员或优秀学生干部。选聘的基本条件：思想政治素质好，作风踏实，吃苦耐劳，组织纪律观念强；学习成绩良好，具备一定的组织协调能力；自愿到农村基层工作；身体健康。选聘对象和选聘条件的具体规定，由省（区、市）党委组织部根据实际情况确定。

（四）参与大学生村官招聘的方式

考生进入人力资源和社会保障部或人事考试网，根据自己所在的省份进行选择报考。由招录机关确定考试方向和题型，考核方式分为笔试+面试。笔试科目基本为"行政职业能力测验""申论""综合能力与素质""综合能力测验"，内容包括政治理论与政策、法律基础知识、行政管理知识、职业道德、科技常识、基层组织建设及村（居）民自治相关知识、人文历史常识、公文处理、写作等。

知识链接：城乡社区专项计划

案例链接

23 岁江西小伙已获世界技能大赛冠军、"赣鄱工匠"称号

报道通过细腻的语言、朴实的描写，真实展现了肖星星在技能的道路上精益求精、追求极致的工匠精神，也正是因为这份匠心，成就了肖星星的世界冠军梦想，让其获得了全国技术能手、江西省"赣鄱工匠"等一系列称号。

全文如下：

【绝活看点】

安装器件、线槽桥架和管路，设计电路，敷设电缆……在第四十五届世界技能大赛电气装置项目上，所有安装器件误差不超过1毫米且保持水平垂直，肖星星做到了尺寸、水平零偏差，获得冠军。2021年，22岁的肖星星获评江西省"赣鄱工匠"称号。

一身工服，再配以防护眼镜，江西省电子信息技师学院高级技师、第四十五届世界技能大赛电气装置项目冠军肖星星俯身于操作面板前，只见自动剥线钳上下翻飞，螺丝刀旋转固定，一根根线缆依序排列整齐；电路接通，装置顺畅运转……

1999年，肖星星出生于江西省吉安市吉水县一个小山村。2014年，他考入江西省电子信息技师学院，攻读电子技术应用专业。凭借着对技能学习的浓厚兴趣和刻苦努力的钻研精神，入学第一年，肖星星就在学校技能竞赛节中获得电气装置项目一等奖，还被学校电气装置技能工作室老师赖勋忠看中，从此与电气装置结下不解之缘……

"现代社会，电气装置的应用非常广泛。"肖星星介绍。作为一种传统项目，电气装置是利用综合布线、网络通信、智能传感、智能安防构成的一套智能系统。过去，其主要用于工业生产中的智能控制，但近10年来其应用已拓展到生产生活的各个领域，例如，高铁站和智能家居控制系统。"使用领域不同，但原理都是相通的。"为精进技艺，肖星星系统学习了电工基础、电子线路等知识。

"设计电气装置的第一步，就是要根据现场实际情况和具体需求，绘制布线图。"肖星星说，制图不仅要熟练掌握电脑软件，还要熟悉各种器件和耗材的性能和功用，才能在设计时准确运用。之后，要把图纸线路再"复刻"到空白墙面上。"因此，图纸的线路走向必须非常精准，才能保证后期线槽和线缆的准确安装。"肖星星说。"绘图"是电气装置的基本功，必须做到零偏差。

世界技能大赛的规则要求线槽的安装偏差须在2毫米以内，但肖星星全都做到了1毫米以内，包括线槽长短、拼接缝隙、位置偏差等方面。在肖星星的操作下，各种线槽平整，切口处无毛刺，切割角度精确到45度，拼缝紧密平直，安装牢固，"光这一项技能，就要练两三个月"。肖星星说，为保证工艺美观，相同类别的器件安装时要保持一致。他安装的每根弯管，管道的弯曲幅度及管卡固定都要一致。

"线缆连接，是电气装置的又一项重要基本功。"肖星星训练了两年多，一有时间，他就一头钻进实训室练习。"很枯燥，但慢慢就会发现还是挺有趣的，因为可以实现不同的功能。"

"线缆连接最易出现漏洞、铜芯过短或过长、安装不牢固等问题。"肖星星说。电气装置线缆一般通过冷压针进行连接，稍不注意，细小的铜芯就会漏出来，很容易造成短路；铜芯过短，则线缆容易脱落或不导电；铜芯过长，则容易发生漏电事故；冷压针安装到操作面板上时，必须顺时针拧紧，不能有松动，线缆上不能有划痕。"安装时必须全神贯注，手要稳，精力要集中，速度要快，不能有丝毫松懈。"肖星星说，普通大小的操作面板需连接近160根导线，至少300个冷压针，"不允许有一个针头安装出现失误，或者安装顺序出错"。看似极其微小的错误，都有可能让整个项目功能无法实现，后期故障排除会相当费时费力，甚至要推倒重来。

肖星星的工具箱，有1米多高。按照量具、夹具等工具种类分成6层，每个工具都整齐地摆放在泡沫槽内。"这是特别定制的。比赛是与时间赛跑，不允许选手在找工具上耽误时间。"除了精准，肖星星对出自他手的装置还追求一种工艺上的美感，"器件要漂亮"。每根线缆安装完成后，肖星星都要将其弯曲成相同的弧度，"这样既为后续的维修留有余地，整体看起来也会更美观"。最后，通过电脑软件，将功能写进程序，实现设备的功能要求。

"精益求精，把故障的可能性压缩到零。"操作台边，肖星星一边展示线缆的安装，一边和学生们说道，"咱们一定要努力提升技能本领，为社会多做贡献。"

项目反馈

请完成下面的项目反馈内容。

发现问题
改正措施
经验心得

综合项目2 我的职业心愿单

项目导入

社会发展是个人发展的前提，个人发展是社会发展的目的。对于大学生来说，应主动了解国家与社会发展的重大战略规划，自觉把个人发展与国家、社会需要结合。那么你是否曾想过国家、社会需求以及家庭对你的职业期待，这三者与你自己的职业期许是一致的吗？如不一致你如何权衡、选择？接下来就让我们一起来厘清、完成下面的项目任务。

项目实施

请同学们从自身专业出发结合社会需要、家庭期待及自己的心愿，完成《我的职业心愿单》填写，如图2-3所示。

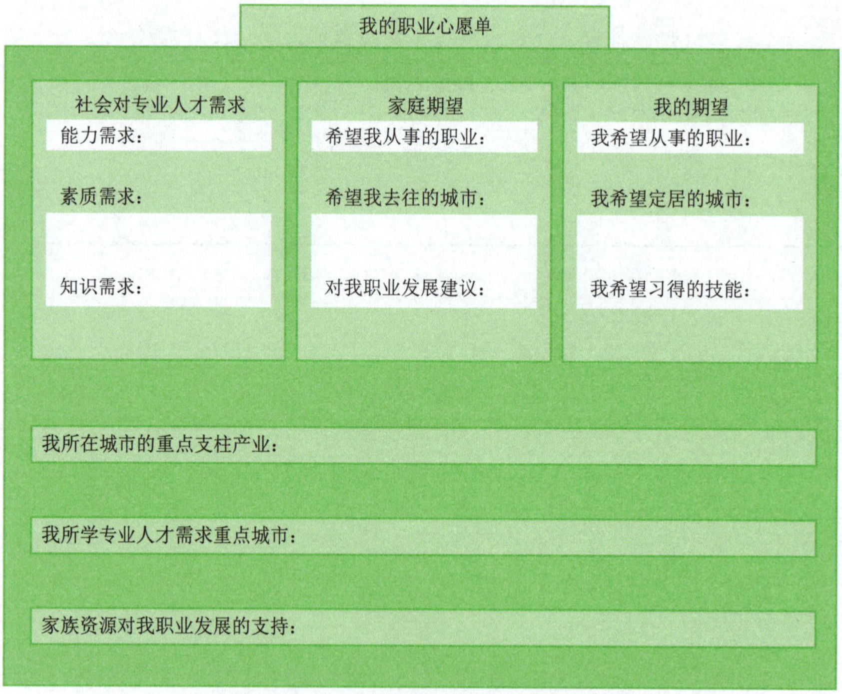

图2-3 《我的职业心愿单》

项目反馈

请完成下面的项目反馈内容。

发现问题
改正措施
经验心得

模块三 职场篇

——迎接变革·探索职业

【模块任务】完成职业生涯人物访谈

【知识导图】

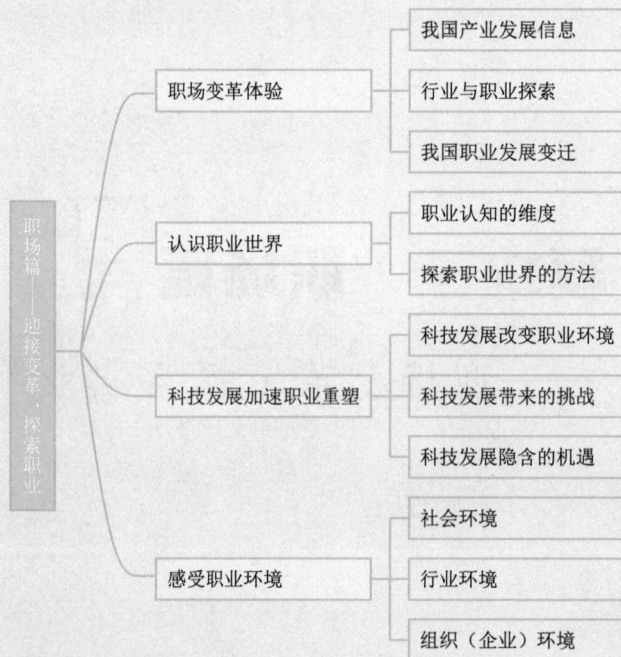

【学习目标】

知识目标：

1. 了解我国产业发展的基本情况。

2. 了解职业认知的基本内容，掌握职业世界探索方法。

3. 了解职业的内涵，理解职业发展趋势以及科技发展对职业的影响。

能力目标：

1. 学会应对新形势下职业发展面临的挑战。

2. 能够参与团队合作，设计访谈提纲，实施访谈并进行有效的信息整理和分析。

3. 能够分析和评估科技发展对特定职业的影响。

素养目标：

1. 树立正确的职业价值观，培养责任、担当、诚信等意识。

2. 培养良好的职业道德，包括尊重访谈对象、保护隐私等。

3. 提升团队合作能力和跨专业沟通能力。

项目 3.1 职业变革体验

项目导入

职业"新"体验，思考一下：在人工智能时代，自己将来可能从事的职业有没有被取代的风险？如果有，如何化解这个风险？除此之外，还有哪些机遇？

知识储备

一、我国产业发展信息

产业指一个经济体中，有效运用资金与劳力从事生产经济物品（不论是物品还是服务）的各种行业，如图 3-1 所示。国家的经济发展水平，很大程度上取决于这些产业的发展水平。我们通常根据工作的性质和目的，将产业分为三大类。

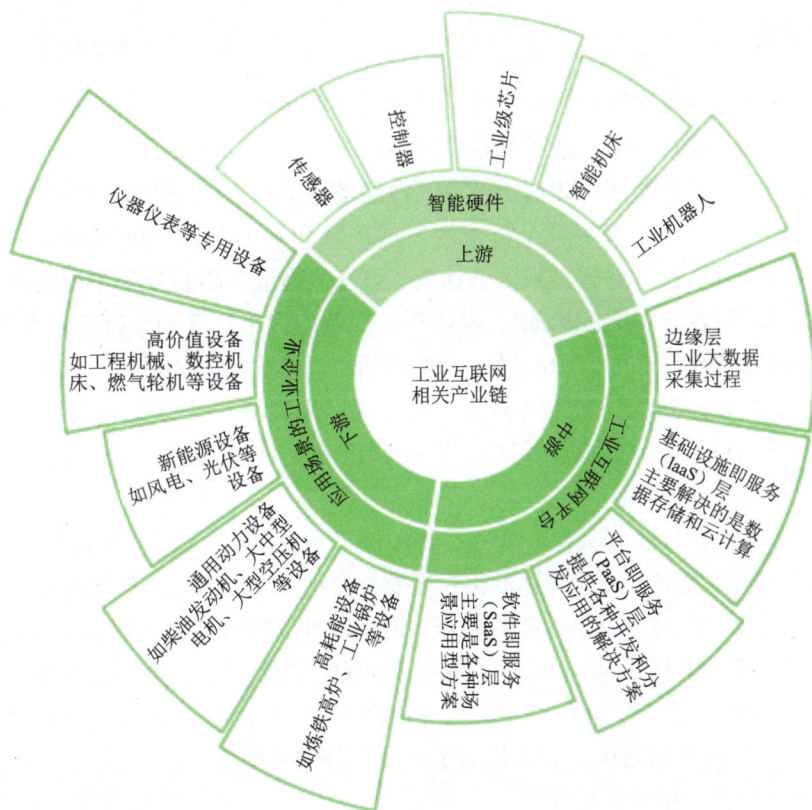

图 3-1 产业分类

（1）第一产业：也就是我们所说的农业，包括耕种、植树、养殖和捕鱼等活动。农业是经济的根基，因为它不仅提供了我们日常所需的食物，还为许多工业生产提供了原材料。

（2）第二产业：包括工业和建筑业。工业涉及开采自然资源，如矿产和石油，然后对这些原料进行加工，制造成各种产品，如金属、机械设备、电子产品、纺织品和化工产品。建筑业则包括各种建筑物和基础设施的建造和安装工作。第二产业在很多国家的经济发展中扮演着核心角色。

（3）第三产业：这个产业包含除了农业和工业、建筑业之外的所有其他产业，主要提供各种服务。它可以分为以下几个部分。

①流通服务部门：负责商品和服务的流通，包括运输、邮政、电信、零售、餐饮、批发和仓储等行业。

②生产和生活服务部门：为生产和日常生活提供服务的行业，如金融、保险、房地产、公共事业、居民服务、旅游、信息咨询服务和各种技术服务。

③文化和教育服务部门：致力于提升国民的文化和教育水平，包括教育、文化、广播电视、科学研究、卫生、体育和社会福利等领域。

④公共服务部门：为社会的公共需求提供服务，包括政府机关、党政机关、社会团体及军队和警察等。

这三个产业相互依赖，共同构成了国家经济的全貌，推动着社会经济的持续发展和进步。

二、行业与职业探索

（一）行业

行业是指从事相同性质的经济活动的职业及其所有单位的集合。行业是采用经济活动的同质性原则划分的，即每一个行业类别都按照同一种经济活动的性质划分。行业分类是对参与国民经济活动中，具有相同、相似生产或其他经济活动特点的企业或个体经营者的系统性归类。这种分类有助于我们理解各个行业的发展现状和它们在整个国家经济中所扮演的角色。例如，我们可以通过行业分类来区分林业、汽车制造业、银行业等不同的经济活动。

中国国民经济行业分类国家标准自 1984 年首次制定以来，已经经历了多次更新和修订。最初的版本由国家统计局、国家标准局（现中国国家标准化管理委员会）、国家计委（现国家发展和改革委员会）和财政部共同制定，名为《国民经济行业分类与代码》（GB 4754—1984）。随后，在 1994 年、2002 年、2011 年和 2017 年，该标准经过了四次重要的修订，并更名为《国民经济行业分类》。

最新的《国民经济行业分类》（GB/T 4754—2017）版本由国家质量监督检验检疫总局（现国家市场监督管理总局）和国家标准化管理委员会于 2017 年 6 月 30 日发布，并从 2017 年 10 月 1 日开始正式实施。这个分类标准采用了经济活动的同质性原则，确保每个行业类别都是基于相同性质的经济活动来划分的。整个分类体系分为四个层级：门类、大类、中类和小类。具体来说，它包含了 20 个门类、97 个大类、473 个中类和 1 382 个小类，每个类别都有相应的代码。

以下是这 20 个门类的名称，它们代表了国民经济的主要部门。

（1）农业、林业、畜牧业和渔业。

（2）采矿业。

（3）制造业。

（4）电力、热力、燃气及水生产和供应业。

（5）建筑业。

（6）批发和零售业。

（7）交通运输、仓储和邮政业。

（8）住宿和餐饮业。

（9）信息传输、软件和信息技术服务业。

（10）金融业。

（11）房地产业。

（12）租赁和商务服务业。

（13）科学研究和技术服务业。

（14）水利、环境和公共设施管理业。

（15）居民服务、修理和其他服务业。

（16）教育。

（17）社会工作。

（18）文化、体育和娱乐业。

（19）公共管理、社会保障和社会组织。

（20）国际组织。

通过这样的分类，可以更清晰地展示国民经济的结构，为政策制定、经济分析和行业管理提供依据。

（二）职业

1. 职业的内涵

职业这一概念由来已久，其定义随着研究者的不同目的和视角而有所差异。本书中，职业被理解为具备劳动力的个体运用其知识、技能和态度，参与社会生产与服务活动，创造物质与精神价值，并以此获得相应的报酬，满足个人的物质与精神需求的持续过程。

职业的形成是社会劳动分工细化的直接结果，分工的不同层面和形式构成了职业分类的基础。在人类社会的发展历程中，职业并非固定不变，而是随着多种因素的共同作用而不断演进。

首先，生产力的提升和变革是推动职业发展和转变的关键因素。历史上，大规模的社会分工变革，如农业革命、工业革命和信息化革命，均显著地改变了职业结构。

其次，社会经济因素对职业的形态和需求产生直接影响。政治制度、宗教信仰、文化传统和经济发展水平等都对职业的兴衰起着决定性作用。

职业的产生、存在和发展是生产力进步和社会分工演化的结果，同时，社会因素在职业变迁中也扮演着不可忽视的角色，它们共同塑造了职业的多样性和动态性。

2. 职业的分类

从产业的角度来说，我国一般将国民经济行业分为第一产业、第二产业和第三产业。从行业来说，我国将国民经济行业划分为20个行业门类，如建筑业、制造业、金融业、教育、房地产业等。职业是不同行业和组织中具有相似工作内容的人的集合。一个人既可以在不同的行业、不同的组织中从事同一种职业，也可以在同一行业或同一组织中从事不同职业。了解将来可能从事的职业所属的门类，不仅有利于我们正确认知职业，还可以提高我们探索工作世界的效率。因为，同一职业门类不仅具有同一性比较高的职业活动对象和从业方式，而且在从业要求方面也具有很大的相似性。

（1）工作世界地图。

工作世界地图（world-of-work map）是全世界范围内应用最广泛的职业分类系统。它是由美国大学考试中心（American College Test，ACT）于 1985 年研究出来的。ACT 把职业分为 6 个职业门类，12 个职业群，26 个职业簇，如图 3-2 所示。

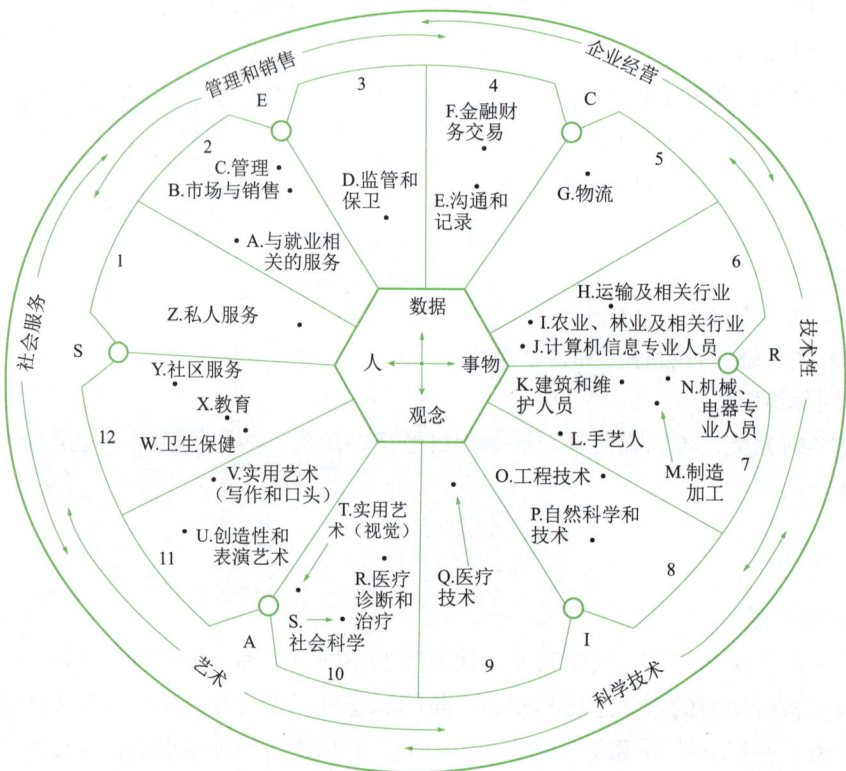

图 3-2　工作世界地图

工作世界地图的特点如下。

①根据数据—观念和人群—事物 2 个维度、4 个向度区分出 4 个重要分类象限。数据是指文字、数字、符号等资料的收集、整理与归档等程序，有助于进一步分析整合；观念是指想法的启发、观念的传播、思考的运作、创意的发挥、真理的探究等认知历程；人群是指和其他人的所有接触与沟通，包括了解、服务、协助或教导以及说服、组织、管理、督导等；事物是指处理物品、材料、机械、工具、设备和产品等与人或观念无关的实物。

②与人有关的工作在西，与事物有关的工作在东。越往西走，越要求与人进行交往；越往东走，与人的交往越少，而与事物打的交道逐渐增多；需进行智慧创意的工作位于南，要求喜欢思考、爱分析；朝北移动，创意渐弱，强调秩序，故管理、理财的工作位于北。

③与霍兰德的人格类型理论有机联系起来，比如，从大类来说，社会服务类职业要求从业者具备 S 型人格（社会型人格）；管理和销售类职业要求从业者具备 E 型人格（企业型人格）。当然，更多工作属于交叉型工作，因此需要从业者具备多个方面的特点。

（2）《中华人民共和国职业分类大典》。

1982 年，国家统计局、国家标准总局（现中国国家标准化管理委员会）、国务院人口普查办公室公布了《职业分类标准》，将全国范围的职业划分为大类、中类、小类三层，即大类 8 个，中类 64 个，小类 301 个。1986 年，我国首次颁布了《职业分类与代码》。1992 年，中华人民共和国劳动和社会保障部（现中华人民共和国人力资源和社会保障部）编制了《中华人民共和国工种分类目录》。1999 年，在广泛借鉴国际经验和深入分析我国社会职业构成的基础上，国家职业分类大典修订工作委员会和中国职业资格管理委员会编制完成了《中华人民共和国职业分类大典》，对我国的职业状况做了科学、客观、全面的分析与总结。2015 年，国家职业分类大典修订工作委员会审议并颁布了《中华人民共和国职业分类大典》(2015 年版)，把我国的职业由大到小、由粗到细地分为 4 个层次：大类（8 个）、中类（75 个）、小类（434 个）、细类（1 481 个）。

为了适应当前职业领域的新变化，更好地满足优化人力资源开发管理、促进就业创业、推动国民经济结构调整和产业转型升级等需要，2021 年 4 月，人力资源和社会保障部启动了第二次修订，并于 2022 年 9 月 28 日正式公布 2022 版"职业分类大典"。近几年来，我国陆续颁布了 74 个新职业，这些新职业均被纳入新版大典，2019—2021 年人力资源和社会保障部发布的新职业一览表，见表 3-1。

表 3-1　2019—2021 年人力资源和社会保障部发布的新职业一览表

批次	发布时间	新职业名称
第一批次	2019 年 4 月	人工智能工程技术人员、物联网工程技术人员、大数据工程技术人员、云计算工程技术人员、数字化管理师、建筑信息模型技术人员、电子竞技运营师、电子竞技员、无人机驾驶员、农业经理人、物联网安装调试员、工业机器人系统运维员、工业机器人系统操作员
第二批次	2020 年 2 月	智能制造工程技术人员、工业互联网工程技术人员、虚拟现实工程技术人员、连锁经营管理师、供应链管理师、网约配送员、人工智能训练师、电气电子产品检测员、全媒体运营师、健康照护师、呼吸治疗师、出生缺陷防控咨询师、康复辅助技术咨询师、无人机装调检修工、铁路综合维修工、装配式建筑施工员
第三批次	2020 年 7 月	区块链工程技术人员、城市管理网格员、互联网营销师、信息安全测试员、区块链应用操作员、在线学习服务师、社群健康助理员、老年人能力评估师、增材制造设备操作员
第四批次	2021 年 3 月	集成电路工程技术人员、企业合规师、公司金融顾问、易货师、二手车经纪人、汽车救援员、调饮师、食品安全管理师、服务机器人应用技术员、电子数据取证分析师、职业培训师、密码技术应用员、建筑幕墙设计师、碳排放管理员、管廊运维员、智能硬件装调员、工业视觉系统运维员

三、我国职业发展变迁

（一）职业变迁轨迹

铁路扳道工、弹棉花手艺人，这些职业对于现在的年轻人来说已经陌生；无人机飞手、程序员，40 年前未曾预料到的职业如今却在走红。改革开放 40 年，改变的不仅是经济体量，也改变着社会分工。伴随社会的进步以及生活水平的提高，人们的物质文化需求日趋多样化，尤其是随着互联网时代的到来，40 年前以"工、农、兵、学、商"为主的单一职业体系发生了翻天覆地的变化，一些新业态、新职业，乃至新的职业体系在细化与新生中重构。同世界上任何其他事物一样，职业有其自身的生命周期，会经历萌芽、发展、衰退直至消亡的过程。职业变迁轨迹如图 3-3 所示。

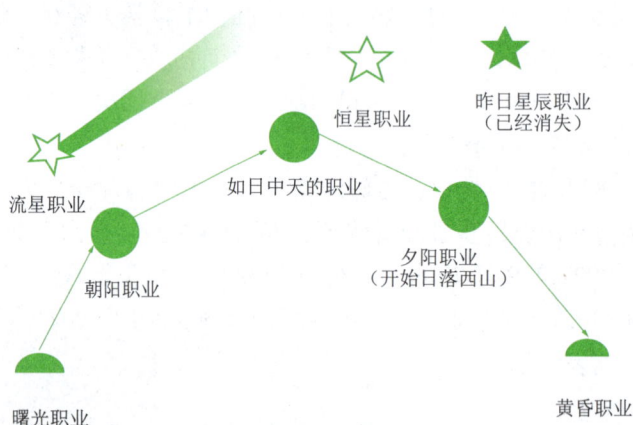

图 3-3　职业变迁轨迹

1. 曙光职业

曙光职业好比已经出现亮光，但是还没有升起的太阳。近些年，我国不断涌现的新兴职业，如心理咨询师、会展设计师、网络工程师、电子商务工程师、网络分析师都属于曙光职业。

2. 朝阳职业

朝阳职业就像一轮冉冉升起的红日，如项目管理人员、商务策划人员、企业培训师、企业信息管理师、企业行政管理师、人力资源管理师等。

3. 如日中天的职业

如日中天的职业是指那些已经充分发展并且在目前占据主流的职业，这类职业仿佛正午普照大地的太阳，是世间万物的主要能量来源，如职业经理人、企业家、建筑设计师等。

4. 夕阳职业

夕阳职业是指那些从业人员正在逐渐减少，人员数量呈下降趋势的职业，这类职业如同夕阳下山，例如公交车售票员，虽然曾经从业人数众多，现在依然有一定的社会需求，但是日落西山之势已经显而易见。

5. 黄昏职业

黄昏职业已经暮色环绕，从业人数急剧减少，如弹棉花工、送煤工、钢笔修理工、相片着色工等。

6. 恒星职业

恒星职业是指只要人类社会延续就一定会存在的职业，如教师、厨师、服装设计师、医生、公务员等。

7. 流星职业

流星职业是指像流星一般一闪而过的职业，比如，传呼台的传呼员在 20 世纪 90 年代还是一个很不错的职业，但是现在随着手机的普遍使用，传呼台没有了，传呼员这个职业也消失了。

8. 昨日星辰职业

昨日星辰职业是指曾经持续较长时间，现在已经完全消失的职业，如铅字打字员、铁匠等。

职业变迁，于个体，是个人在调整适应时代变局中，感受着起伏人生；于国家和社会，未尝不是一部波澜壮阔的发展史。

（二）职业变迁的具体体现

1. 昔日热门职业逐渐消失

科技和生产力的提高极大地丰富了人们的日常生活，社会需求结构也随之发生改变。不少过去热门的职业因为不能及时适应这种变化，处于即将被淘汰的境地。扳道工、修钢笔工、补锅匠、寻呼转接员等一批曾经耳熟能详的职业逐渐消失。这种逐渐"消失"的过程，是新事物对旧事物的一种替代，有利于促进职业的结构转型。

2. 需求升级推动传统职业细分

改革开放以来，随着技术水平的革新，我国制造业主要工种由传统的车工、铣工、刨插工、磨工、钳工向数控领域再到向机器人应用领域转变，生产制造的精度和效率有了极大提高。而人们对美好生活的追求，反映在职业领域，就是传统的专业技术人员、社会生产服务和生活服务人员呈现越来越细化发展的趋势。社会的进步、生活水平的提高，让人们物质文化需求日趋多样。老百姓已经不满足于吃饱，更要吃得精细、吃得营养，这一变化导致了厨师职业的细分。中式烹调师、西式烹调师、公共营养师、营养配餐员等职业应运而生。除此之外，脱胎于理发匠的美容美发等职业也在城市服务行业中占据一席之地。以兽医专业为基础分化出来的宠物医师，也颇受市场欢迎。

3. 新科技催生新职业

随着科技化、机械化在农业领域的应用，一批不适应社会化大生产的职业类型逐渐消失，与此同时也出现了诸如无人机飞手、茶叶采摘机操作工等新工种。纵观科技的发展趋势，未来智能制造、物联网、无人机、电子游戏等领域将产生更多新兴职业。而在法律制度的规范下，这些新兴职业最终也会像已经长期存在的其他职业一样，成为社会职业金字塔中的一块基石，为促进社会发展贡献力量。

（三）影响职业变迁的因素

有人说，我们正处于一个超速变化的时代，对于大多数人，唯一感受到的不变就是变化，现实生活也在向我们不断地印证着这一点。如十年前，相信在填报高考志愿时，很多家长都会建议孩子报师范院校，毕业后当老师工作稳定，但时过境迁，这个职业仍旧稳定吗？近几年新生儿数量大幅下降，2022 年新生儿出生人口数从 2021 年 1 062 万降到 956 万，2023 年达到新中国成立以来的最低点 902 万，预计学生的数量在未来几年不断减少，很多地区乡村小学已经开始了撤并整合，在这样的趋势下，中小学教师需求量必然会也会减少，教师职业未来发展走向如何？社会对教职人员能力素质需求会发生什么变化？我们必将要考虑多种促动因素。

总结而言，影响职业变迁的要素主要包括技术进步、经济发展和社会变迁，比较典型的体现是随着数字技术的发展，数字化的影响越来越大，带来数字化的相关职业的增加；经济发展对新能源的需求不断增加，带来新能源相关职业的爆发；随着社会变迁、温饱问题的全面解决，人民娱乐方面的需求也促成了大量新兴职业，比如家庭教育指导师、研学旅游指导师和民宿管家等岗位。这三种因素相互融合、相互影响，组成了我们现有的职业土壤。

在职业迅速变迁的背景下，固定职业的发展路径将逐渐淡化。过去一个职业的固定化发展路径为：从新人到主管、经理、总监；或者是初级工程师、中级工程师到高级工程师。如今，一个人的职业发展路径不再固定化，其发展方向基于其所拥有职业能力。根据市场及企业用人需求的变化，以其具备的职业能力为中心，进行职业跃迁，不断完善出一个全新的发展路径。现阶段，处于一个"职业大爆炸"的时代，职业加速迭代、职业体系日益庞大。全新的职业在不断衍生，传统职业内涵也在不断更新迭代。

（四）正确认识新兴职业

职业变迁不仅带来更有品质的生活，更见证着时代的发展。职业"去旧迎新"的过程，无不印证着经济的发展、科技的进步、社会的包容。中国几十年来的职业发展变迁，从某个角度来讲正是中国社会发展变迁的真实写照；而眼下越来越多新职业的诞生，从某种意义上来讲表明中国正处于一个富有活力、不断变革、高速发展的新时期。

时代的发展以及职业不断与时俱进变迁的过程，也倒逼着人们以积极的心态以及永不止步的学习来适应这些变化。2018 年国务院印发《关于推行终身职业技能培训制度的意见》，就明确推行终身职业技能培训制度的政策措施，提高劳动者素质、促进高质量发展。个人理应认识到不断学习对适应新时代、新就业形势的重要作用。

但同时，面对职业变迁也应该认识到，与新业态新职业相伴而生的也会有新问题新困难。比如，媒体报道的网约车司机的素质和乘客的安全问题，网络主播带来的直播界限尺度问题，等等，这些都是需要我们在发展新职业过程中需要正视的问题。

项目反馈

请完成下面的项目反馈内容。

发现问题
改正措施
经验心得

项目 3.2　认识职业世界

项目导入

根据自己所学的专业或感兴趣的职业领域，精心选择至少两位具有代表性的职场人士作为访谈对象，完成生涯人物访谈前期准备工作，包括确定访谈人物、准备一份详尽的访谈提纲、确定访谈时间地点。

知识储备

一、职业认知的维度

（一）什么是职业认知

职业认知是指在生活、学习、交往中形成的对某种具体职业的认知和评价，具体包括对职业本身的认知和对职业环境的认知。职业认知实质上是一个职业试探的过程，即人们通过各种方法来检验自己比较适合哪类职业的过程。

当代大学生在职业认知方面有其自身的特点：一方面，求职是大学生从学校步入社会的桥梁，大学生很重视求职过程，而且大学生在学校接受过有关职业认知方面的教育，所以大学生在职业认知方面有较强的主动性；另一方面，大学生具有较强的自控能力，这为大学生实现更好的职业认知奠定了一定基础。

（二）职业认知的内容

每个人在一生中都必须要做出职业选择。面对不同的职业，要用到哪些知识和技能？不同的职业有怎样的物质报酬？又会满足怎样的精神需求？那么，认知一个职业，到底要了解哪些内容？

1. 工作性质

（1）这一职业所满足的需要。

（2）工作中的主要职责。

（3）该职业所生产的产品或提供的服务以及该职业中的专业细分。

（4）该职业所使用的设备、工具、机器和其他辅助物品。

2. 所需的教育、培训和经验

（1）准备进入该职业所要求的（或有用的）大学或高中课程。

（2）进入该行业所需要的工作经验。

（3）教育、培训或工作的地点、时长、岗位。

（4）由雇主所提供的在职培训。

3. 要求的个人资历、技能和能力

（1）一个人要进入该行业所需的能力、技能。

（2）职业所要求的体力（如举起重物的能力、长时间站立的能力）。

（3）其他的身体要求（如良好的视力或听力、非色盲、能攀爬等）和个人兴趣（与数据、人或事物打交道）。

（4）特殊的品质或气质，需要达到的标准（如1分钟至少能打60个字）

（5）执照、证书或其他法律上的要求。

（6）必需的或有益的特殊要求（如懂一门外语）。

4. 收入、薪酬范围和福利

（1）所赚的钱（起薪、平均工资和最高薪酬；所在地区不同而有所不同）。

（2）通常提供的福利（退休金、保险、假期、病假等）。

5. 工作条件

（1）物质条件和安全（办公室、工厂、户外、噪声、温度）。

（2）工作时间安排（时长几小时、白天或夜晚上班、加班制度、是否有季节性工作）。

（3）发挥主动性、创造性、自我管理和得到学识的机会，工作者需要的设备、物品和工具。

（4）该职业需要的资质类型。

（5）出差方面的要求。

（6）从事该职业的工作者可能遭受的歧视。

（7）工作组织的类型（公司、社会公共机构、代理机构）。

（8）职业所在的地理位置（全国性的或只存在于某个特定地区或城市）。

6. 该职业中典型人群及其特征

（1）支配该职业环境的人或该行业中大多数人的人格特征。

（2）年龄范围、男性和女性的比例、学历层次。

（3）外籍人士的比例、少数民族工作者的数量。

7. 就业和发展前景

（1）进入该行业的通常方法。

（2）在地方和全国范围内的趋势。

（3）提升的机会、职业阶梯（你从哪里开始？什么时候能达到什么位置？）

（4）该行业工作的稳定性。

8. 个人及社会满意度

（1）该职业所体现的价值（收入、成就、安全感、独立性、创造性、休闲和家庭生活的时间、变化性、能否帮助他人、社会声望、认可度）。

（2）他人和社会对该职业的看法（关于这种职业他们喜欢什么，不喜欢什么）。

二、探索职业世界的方法

根据信息收集的方式，人们将探索工作世界的方法分为直接接触法和间接接触法，其中，直接接触法获得信息较为直接，信息准确度也相对较高，但实施难度相对较大；间接接触法灵活多样，通常实施简单，但对于信息的准确性较难把握。

（一）直接接触

生涯人物访谈是大学生获得比较全面、真实工作世界信息的最有效的方法，在效率和信息的真实性上有较好的平衡。这种方式是指大学生对身居自己感兴趣职位的人进行采访。接受访谈者应是称为生涯人物的人，并在这个职位上已经工作了3~5年，甚至更长时间。为防止访谈中的主观影响，应至少访谈两人以上，如既有成绩优秀者，也有默默无闻者，这样访谈的效果会更好。访谈时，大学生应明确访谈的目的是收集供职业生涯决策的信息，而不是利用生涯人物来找工作，以免引起双方的尴尬。访谈中，学生可提出如下问题。

（1）在这个工作岗位上，您每天做些什么？

（2）您是如何找到这个工作的？

（3）您是如何看待该领域工作将来的变化趋势的？

（4）您的工作是如何为实现组织的总体目标或使命贡献力量的？

（5）您所在领域有职业生涯道路吗？

（6）本职业需要什么样的人？

（7）到本领域工作所需的基本前提是什么？

（8）就您的工作而言，您最喜欢什么？最不喜欢什么？

（9）什么样的初级工作最有益于学到尽可能多的知识？

（10）本领域有发展机会吗？

（11）本工作哪部分让您最满意？哪部分最具有挑战性？

（12）什么样的个人品质或能力对本工作的成功是重要的？

（13）对于一个即将进入该工作领域的人，您愿意提出特别的意见吗？

（14）这种工作需要什么样的教育或培训背景？

（15）本工作需要特别的知识、技能和经验吗？

（16）公司对刚进入该工作领域的员工提供哪些培训？

（17）根据您对我教育背景、技能和工作经验的了解，您认为我在做出最终决定之前还应在哪个领域、什么样的工作上进行深入的调查研究呢？

访谈中，学生也可以依据访谈提纲进行访谈，见表3-2。

表3-2 生涯人物问题访谈清单

职业资讯方面	生涯经验方面
工作性质、任务或内容	个人教育或训练背景
工作环境、工作地点	投入该职业的决策过程
所需教育、训练或经验	生涯发展历程
所需个人资格、技能	工作心得：乐趣和困难
收入或薪资范围、福利	对工作的看法
工作时间	获得成功的条件
相关就业机会	未来规划
进修和升迁机会	对后进者的建议
组织文化和规范	
未来发展前景	

访谈结束后，要及时将访谈生涯人物的经过、所收集的资料和心得整理撰写成生涯人物访谈记录及报告。当然，大学生可以根据自己的需要对以上这些问题再整理，但对生涯人物关于工作的主观感受应该在访谈的范畴。最后，不要忘记感谢接受访谈的生涯人物，可在访

谈结束当天发一份电子邮件或一条微信以表谢意。

（二）间接接触

1. 出版物

《中华人民共和国职业分类大典》是我国唯一一部有关职业的分类大典，它对每个职业的描述、工作内容进行了详细说明，比如，想了解"人民检察院负责人"这一职业，可以在《中华人民共和国职业分类大典（2022年版）》中找到第一大类"党的机关、国家机关、群众团体和社会组织、企事业单位负责人"、第二类中类"国家机关负责人"、第五小类"人民法院和人民检察院负责人"，第"02"细类。

2. 视听资料

很多电影、网络学堂及各类电视节目的视听资料包含很多有关工作世界的信息。《大国工匠》（高端技师）、《人间世第二季》（医生）、《林疯狂》（篮球运动员）、《起点》（芭蕾舞者）、《拉姆斯》（工业设计师）、《我在故宫修文物》（文物修复专家）、《寻找手艺》（199位行业工匠）、《造物小百科》（制造业者）、《超级工程》（工程师）这9部影片以纪录片形式对相应职业进行了介绍。另外，天津卫视的《非你莫属》和《创业中国人》也是目前国内在播的优秀的职场类真人秀节目，这些节目囊括各行各业、人生百态，行业达人和求职者之间的对话，能够反映当下最热点的行业话题并产生观点的碰撞。通过展示不同行业职位的人群、不同的思维与视角，展示社会的本来面目，通过理性、客观、全面、真实的分析展示真正的职场。

3. 网络

网络是获取工作世界信息最多的一种方式。在中华人民共和国人力资源和社会保障部、各行业协会主办的行业网站、猎头网、调查公司、搜索引擎、用人单位等网站上可以找到非常丰富的职场信息。

项目反馈

请完成下面的项目反馈内容。

发现问题
改正措施
经验心得

项目 3.3　科技发展加速职业重塑

项目导入

请同学们结合所学专业及当前就业形势，认真梳理科技发展对职业造成的影响，并谈一谈科技发展影响职业的因素。

知识储备

人类的职业环境随着科学技术的发展而变迁。大约 300 年前，世界大部分国家尚处于农业社会，80% 以上的人口依靠体力从事农业生产，随着第一次工业革命的发展，科技实现零的突破，蒸汽机在纺织业、采矿业、冶金业、造纸业等工业部门成功投入使用，机器显示出比人类更高的工作效率。在第二次工业革命中，电气设备投入生产生活，机器开始比人类跑得更快、潜得更深、飞得更高、听得更远。随着人类生产步入第三次工业革命，电子计算机比人类运算得更快、记忆得更多。科学技术的发展，推动社会不断更新原有生产力，人类在创造更加美好生活的同时，开辟出更加广阔的职业世界。现在，第四次工业革命的大幕已经徐徐拉开，以虚拟现实、人工智能、基因技术等为代表的新技术以前所未有的力度，重塑人类的职业世界。

一、科技发展改变职业环境

如今，在中国从事农业生产的人口不足 36%，在美国从事农业生产的人口仅有 2%。那些从第一产业释放出来的人们正从事着计算机编程、生物制药实验、电子芯片检测、船体结构设计、法律咨询、网络直播等丰富多样的职业。

在 1999 年的《中华人民共和国职业分类大典》中，我国职业分为 8 个大类、66 个中类、413 个小类、1 838 个职业。2015 年修订后的《中华人民共和国职业分类大典》将我国职业分为 8 个大类、75 个中类、434 个小类、1 481 个职业。前后对比发现，2015 年《中华人民共和国职业分类大典》增加了快递员、网络信息安全管理员、光伏组件制造工、风电机组制造工等 347 个职业，同时取消了话务员、凸版凹版制版工、平炉炼钢工等 894 个职业。

2020 年，人社部再次发布 16 个新兴职业，新增职业包括智能制造工程技术人员、工业互联网工程技术人员、虚拟现实工程技术人员、连锁经营管理师、供应链管理师、人工智能训练师、电气电子产品环保检测员、全媒体运营师、健康照护师等。由此可见，随着科技的不断发展，部分繁重、简单、枯燥的重复性工作逐渐被机器取代，新产业、新业态、新模式不断涌现。

在制造业领域，智能制造和工业互联网取得了长足的进步，随之出现了智能制造工程师和工业互联网工程师等新职业。在建筑行业，装配式建筑技术得到广泛应用，装配式建筑施工人员的数量大幅增加。随着无人机行业的迅速发展和环保意识的提高，无人机安装和维修工人等新的工作岗位不断涌现。随着以信息网络技术为主要支撑的现代服务业的发展，新的商业模式、服务模式和管理模式不断涌现。伴随众多连锁经营模式的出现，连锁经营的从业人员也逐渐增多。近年来，各类电子商务迅速发展，专职生鲜、药品、采购等外卖快递人员大量出现。随着人工智能和信息技术的发展，人工智能训练师、虚拟现实工程技术人员、全媒体运营师等新职业应运而生。

关注科技变革引发的职业变迁，对于正处在生涯发展关键时期的大学生而言格外重要。找到所学专业、个体特质与职业世界的有效链接，才能够有的放矢地对学习发展作出合理规划，为将来的职业发展奠定坚实基础。

如今，我们正处在悄然发生的第四次工业革命中，人工智能、量子信息、材料科学、生物技术等前沿科技已经越过萌芽阶段，即将迎来指数型高速爆发阶段。这将再次引发职业世界的颠覆性变革。

下面，通过几项具有代表性的前沿科技，预见我们即将面临的职业世界变革。

（一）人工智能领域

人工智能是研究用于模拟、延伸和扩展人的智能的技术科学。未来几年人工智能将重塑交通、医疗、教育等领域的工作模式。

随着智能手机的普及、传感器价格的降低、系统安全性和可靠性的增强，人工智能在交通领域的运用将日渐普及。汽车驾驶将从半自动升级到全自动驾驶，进而催生共享汽车产业的发展；传感器、互联网的发展使车辆行驶速度与路线的规划进一步优化，提高了交通规划效率和质量；即时通信推动了以需求为导向的动态交通定价以及帮助驾驶员对路况信息的实时掌控。

人工智能也将成为医疗领域的得力助手。随时随地的身体检测和移动应用程序可以为个人医疗健康提供有效数据来源，也可以跟踪患者病情，做好病前防护。手术机器人通过学习训练，可以具备比人类更丰富的手术经验，因此能根据患者身体变化，及时精准地调整手术计划。智能人机交互设备可以验证人的身份、判断人的位置、辨别人的情绪、模仿人类的发音，实现病患的临床陪护功能。

人工智能在教育行业的应用也已取得了长足进展。受疫情影响，教学机器人、智能教学系统和在线学习受到越来越多人的认可。未来，人工智能机器可以模拟师生之间的交谈互动，提高学习者的学习体验。人工智能还可用于教学效果分析，探讨学习投入与产出之间的关系，帮助学习者更好地发现问题，有针对性地改进学习策略。

人工智能学科覆盖面广，既涉及大数据分析、智能决策等软件算法方向的研究，同时也涉及信号处理、自动控制、智能制造等机电控一体化方向的设计。对于大学生而言，该行业的对口专业涵盖电子信息类、计算机类、自动化类、机械类、仪器类等多个专业大类，这是一个将感知、决策计算和执行驱动组合在一起的交叉应用行业。人工智能行业属于智力密集型产业，它与科学技术的发展密切相关，是知识更新速度最快的行业之一，这就要求从业人员不断接触新技术、更新知识库，以便更好地适应技术变化和市场需求。此外，人工智能行业用逻辑语言模拟人类思维，它要求从业者有丰富的实践经验和开阔的创新思维，对于致力于进入该行业的大学生来说，建立持续学习的习惯，通过科技创新活动将多学科基础知识融会贯通，是专业学习中必不可少的历程。同时，培养独立设计和研发能力，也是进入该行业的核心竞争力之一。

随着人工智能的井喷式爆发，行业对人才的需求不断提升。据统计，我国可从事人工智能相关领域的专业人才缺口超过 500 万人，当前供需比例仅为 1 ：10。随着人工智能技术的大规模普及应用，以及人工智能产业的快速发展，社会对于专业人才的需求将会更加迫切。

（二）量子信息领域

量子信息是将量子学基本原理运用到数据计算、加密、传输等信息处理过程中的一个全新领域。以量子计算、量子通信和量子测量为代表的量子信息技术将在数据计算、信息安全、通信网络、人工智能、空间探测、生物医药等诸多领域产生颠覆性的重大影响。当前各科技巨头都在争抢布局并不遥远的"量子优势"，截至 2021 年 10 月，全球各国在该领域投资总规模已经超过 130 亿美元，各大科技巨头包括谷歌、IBM、英特尔、微软、霍尼韦尔、亚马逊以及我国的阿里巴巴、腾讯、百度、华为等也都成立了量子实验室。

在量子计算领域，2020 年我国研制的量子计算原型机"九章"处理特定问题的速度是世界上最快的超级计算机"富岳"的 100 万亿倍。由于其强大的信息处理和计算能力，未来的职业世界中，量子计算能够分析大量数据信息预测金融走势，为金融从业者提供可靠的参考依据。量子计算也可以在几分钟内对构成分子的粒子之间所有最复杂的相互作用进行模拟，帮助药品研发人员快速筛选成功药物的候选范围；量子计算还能够快速对高分子材料的分子行为进行建模，促进科研人员在新材料研发方面取得突破；量子计算同样可以对无数细微环境因素对风暴或热浪的共同影响进行模拟，使灾害预报领域有更加精准和超前的预警。此外，量子计算还将引发交通调度、物流仓储、语言处理等领域的重大变革。

量子通信领域关乎国家信息安全和战略安全，量子通信利用量子的叠加态和纠缠效应，有效地提升信息传递的安全性。当前量子保密通信已实现产业化，2017 年量子保密通信"京沪干线"正式开通，我国成为全球首个实现量子通信的国家。量子通信"京沪干线"为沿线金融机构、政府部门等提供高安全等级的保密通信业务。未来量子通信将成为各行业认可的加密信息传递方式。

量子信息是涉及计算机、物理学和数学等多学科的交叉科研领域。它是应用基础学科，一方面量子信息需要基础理论研究，另一方面量子信息也需要以应用和产业发展为目标。物理学、数学等理学专业的大学生，如果想在未来从事量子基础研究，可以进入门槛较高的高校、科研院所、企业科研部门等研究机构。这需要同学们完成硕士甚至博士阶段的学习，在数学、物理学、信息学等基础课程上具有深厚的专业知识积累。同时量子信息是新兴学科，科研人员不能借鉴充足的前辈经验，致力于该领域研究的学生，更需要具备独立思维和创新意识，能够在深邃的科研攻关中探索新的方向。

量子信息除运用在基础理论方面，同时还将广泛运用在航空航天、防务装备、资源勘探、医疗制药等诸多行业之中。因此无论是材料类、化工类、交通类，还是药学类、金融类等专业的大学生，在未来都将面临量子信息与自身专业的融合应用，同学们可以在求学期间选修或自学量子信息相关专业课程，掌握量子领域的基础知识，为将来更好地适应职业发展趋势做好储备。

（三）新材料科学

材料是人类赖以生存和发展的物质基础，其发展也是人类社会进步以及产业经济发展的先决条件。随着量子计算、人工智能等科技的发展，石墨烯、纳米材料、3D 打印材料、先进膜材料等前沿新材料领域迎来了加速发展的春天。

通过超级计算机，科学家们可以在较短的时间内模拟出一万多种材料的组合运用。还能预测那些尚且不存在的新材料的性能。如今，材料专家已经制造出许多"超材料"。运用这些"超材料"可以制造出生产轻型车辆所需的碳纤维复合材料，生产更耐用的喷气发动机所需的高级合金，以及生产用来替代人类关节的生物材料。

在 2021 年珠海航展上，我国企业小鹏汽车展示了全车身采用碳纤维材料制作的飞行汽车"旅航者 X2"，超轻材料的车身设计使得这辆飞行汽车重量仅为 560 千克，实现汽车飞行的愿景。

又如，科学家们研制的用气凝胶制成的衣服，用于帮助宇航员抵御外太空从 1 300℃高温到零下 130℃的超低温区间的巨大温度变化，保障了宇航员自如且安全地工作，是当前最有效的恒温材料。

各种各样的新材料能够应用在新能源汽车、新一代信息技术、航空航天、轨道交通、节能环保、大健康等诸多领域，随着各行业的快速发展，对新材料的需求将持续增长。由于材料科学具有技术含量高、知识价值高的特点，未来与材料相关的技术研究、技术管理等方面都将有大量人才需求。这将为大学专业为材料、化工、轻工等方向的学生开辟更多的发展机遇。相关专业学生需要在重视专业课程学习、打好专业基础的同时，关注知识的时效性，积极参与面向企业的实习实践，了解行业发展趋势和市场需求，将科学研究与生产实践紧密结合，为自己创造更广阔的发展空间。

此外，随着新材料研发和量产成本的降低，未来企业对各种材料的生产与加工将由批量生产向根据客户需求进行定制化设计与生产转变，以便于适应不同客户的不同应用场景。市场供给变化不仅需要大量对口专业的科研技术人员，也需要能够准确对接科研与市场的管理专业毕业生，这将为管理学等人文社会科学专业的大学生提供新的就业方向。

（四）生物技术

生物技术同样是近 20 年来发展迅猛的高新技术，该技术越来越广泛地应用在医药、食品、农业、环保、能源等领域。

一方面，由于食品和健康的需要，包括蛋白质工程、发酵工程、胚胎干细胞、转基因技术在内的传统生物技术已经广泛应用在生产生活中，为人类社会带来福祉。例如，通过转基因技术，人们可以大幅度提高农作物产量，同时可以使作物具有抗虫、抗草的优势，减少农药、化肥和水的使用，从而降低生产成本、保护环境。又如，当前克隆技术、胚胎干细胞、生物精准医疗等技术正朝向个性化、安全化发展。未来这些技术会在濒危物种挽救、细胞和组织替代疗法等方面取得更大的发展。

另一方面，随着生物技术与信息技术、新材料、智能制造等先进科技的深度融合，在传统生物技术基础上衍生出了基因编辑技术、脑机接口技术、合成生物技术等领域，这也将对未来人们的生活和工作带来全新且深远的影响。随着对疾病发病机制的深入研究和基因编辑方法的不断改进，基因编辑技术将可以推广到临床治疗，协助人们克服诸多疑难病症或提前避免因遗传基因引发的疾病。同样，未来脑机接口技术将实现智能终端与大脑神经元之间的准确连接，在残疾人康复、老年人护理等领域发挥显著优势。此外，脑机接口技术也将在教育培训、虚拟娱乐、智能家居等方面具有广阔应用前景。

　　未来几十年内，生物技术将更加深入地运用在农业、医药、食品、环保、能源等领域，这对于大学专业为生物科学、生物医学、生物工程、食品科学等专业大类的同学而言，无疑是利好趋势。生物技术在各个领域的广泛应用，为相关对口专业的毕业生增加更加广阔的职业选择空间和发展机遇，对口专业的大学生可以从事新技术研究、新产品研发、生产工艺设计、质量监控、生产管理等相关工作，市场的发展将使得企业对生物技术领域人才的需求陡增。

　　此外，随着现代生物技术改变，改进人体的自然系统，以及优化人的生存系统的发展，人形机器人、人造器官等人为设计的智能生物科技将会冲击人们原有的人文、法治及伦理等认知。生物科技发展造成的认知变化，将带来新的社会风险和社会治理挑战，这些都需要法学、政治学、社会学、管理学等专业大类的毕业生运用专业知识，在社会治理、法律法规、经济运行、科技管理等领域作出开创性的尝试和实践。

二、科技发展带来的挑战

　　当前，除了上述科技领域之外，虚拟现实、网络技术、3D打印、区块链等多个领域也都取得了长足的进步。每项技术的发展都会给人类的生产和生活带来巨大变化，这些技术在叠加融合之后，将会带来生产力的颠覆性变革。科技正促使智能机器快速突破自我学习并具备创新的能力，不久的将来，人们将面临智能机器带来的岗位挑战。

　　这里首先以当前讨论火热的自动驾驶汽车为例来讲述科技发展带来的挑战。以往优秀司机的就业竞争力，是源于多年的驾驶经验、对行驶路况的熟悉、对危险时刻的预判、面对突发情况的沉着应对等。但是面对多种科技融合后形成的自动驾驶汽车，人类司机将瞬间失去竞争力。自动驾驶汽车拥有高速的网络传输、快速的数据计算、灵敏的动态环境探测能力以及大数据共享资源，使其掌握最新道路行驶规则、提前预知交通拥堵信息、准确避让行人和路障，从而对驾驶员岗位发起挑战。

　　其次以对智力工作要求更加严苛的医生职业为例。医生需要具有精深的专业知识、娴熟的执行操作能力以及众多治疗案例积累的经验，同时在面对病患时，还需要细腻的人际交往能力。但即便这样，也有专家预测未来将会有人工智能医生代替部分领域的医疗工作者。2022年美国《科学机器人》杂志发表文章，介绍首例机器人独立完成腹腔镜手术，并且手术在一致性和准确性方面优于人类外科专家，与人类医生相比，手术机器人具备细微尺度下的灵巧性和精准度。在人工智能技术的加持之下，手术机器人可以进行大量的学习训练，具备比人类更丰富的手术经验。再者，手术机器人与各项探测患者体征的检测仪器相连，能够详细、全面地获得患者在手术中每时每刻的身体变化情况，及时精准地调整手术计划。手术机器人缝合组织的速度也比外科专家快5~10倍，并且完成效果更好。当前世界医疗市场上已经将手术机器人拓展至胸外科、普外科、泌尿外科、妇科、心血管外科等多个领域。

　　机器开始承担起人类智力能力范围内的工作，指数型交叉融合的技术将会对人类所有的工作发起挑战，未来智能机器会像农民一样播撒种子、除草施肥、收割庄稼；会像建筑工人一样拆装管线、铺装地面、建造房屋；会像金融风控专家一样分析市场、监控数据、识别客户；会像高校教师一样调研学情、设计教案、讲解知识；智能机器甚至可以通过探测人们在听到不同音调后的情绪波动创作出最流行的音乐，或者是解读某个人的兴趣爱好，开发独属于个人的虚拟游戏。未来智能机器可以看到、听见、做计划，还能根据混乱而复杂的真实世界调整下一步行动。它们能够完成很多当下人类正在从事的工作，并且不需要休息、不产生负面情绪、不要求提高薪资待遇，工作却完成得比人类更快更好。

人类在今后的职场中，将面临智能机器的巨大挑战。麦肯锡曾做过一项调查，当前全球50%的工作都能被机器人取代，60%的工作岗位中30%的工作量可以由机器代劳。到了2030年，全球会有4亿~8亿人的工作岗位因为智能机器的发展发生变动。

今后智能机器人将以更高的效率和更低的投入占领那些繁重体力和简单脑力劳动的岗位，没有足够工作技能的人一旦失业，短时间内很难获得新工作，几乎所有的工作岗位对专业知识和通用技能的要求都会比如今高出一筹。

面对科技发展带来的挑战，大学生需要具备职业生涯规划能力、提升个人知识管理能力、培养科技创新能力、建立持续学习能力、强化人际沟通能力。

第一，大学生需要具备职业生涯规划能力。高速的互联网帮助人们获得多元的职业信息，迅猛的科技发展带来职业环境的快速变革，大学生未来将面临更加复杂且多变的职业环境。通过尽早树立生涯规划意识，具备生涯规划能力，大学生才能够更加真实、客观地了解社会现状和行业趋势，从而结合自身特质有针对性地进行练习，为后续成长奠定坚实基础。

第二，大学生需要提升个人知识管理能力。面对知识爆炸的时代，互联网的力量使人们可以获取大量的知识信息。然而需要关注的问题不在于如何寻找信息，而是如何对获得的信息加以整理、加工，最后转化成对个人有价值的知识，大学生需要通过对知识的储存、分享、交流、转换，将零散复杂的知识转化为系统有条理的知识体系，让自己掌握新的知识和新的技能。

第三，大学生需要培养科技创新能力。只有通过大量的科技创新活动，大学生才能最大程度地感知科学研究的可用性，在不断丰富的科学研究中开阔眼界，培养创新精神。此外，参加科创活动可以有效地巩固基础专业知识，融会贯通各学科知识，培养操作能力，做到实践与理论的结合。

第四，大学生需要建立持续学习的能力。快速的科技发展，使得新职业快速产生、流行、又落幕。大学生在熟练掌握专业知识、通用技能之余，还应该多渠道了解所学专业的实践应用趋势及就业需求，结合自身情况制订训练计划。大学生需要具备不断学习的能力，提升自己的独特性和不可替代性，才能在不断更新的职场中保持跟进。

第五，大学生须强化人际沟通能力。虽然智能机器在未来可以替代部分工作岗位，但是却无法以共情的方式与他人进行互动。大学生只有通过提升在人际交往上的理解感知、思想表达、情绪控制、信息传递与接收等方面的能力，才能具备人工智能难以取代的竞争优势。同时良好的人际沟通能力可以使交流双方都感受到支持与鼓励，有助于自我效能感的提升，促进积极正向的生涯成长。

三、科技发展隐含的机遇

当前，值得人们关注的不仅是智能机器对从业者的挑战，还有科技发展带来的机遇。纵观人类科技发展史便会发现：虽然科技发展使机器取代了部分人力，但同时也创造出了程序员、证券分析师、质量检测员、播音主持等新的工作岗位。未来随着科技的发展，那些简单化、高逻辑化、缺少人文情感的工作会逐渐被智能机器取代，而能够满足人们生产、生活方式的新兴职业也将不断诞生。例如，随着无人机市场的发展和成熟，部分飞机驾驶员消失了，但同时在无人机维护、远程控制、数据分析、网络安全等领域又创造出了新的工作岗位。

未来的职业世界中，人们面临的并不是被智能机器替代而无事可做。与其考虑如何与智能机器竞争获得胜利，不如思考如何与智能机器合作，展现机器无法替代的能力。例如，在医疗行业，部分常规手术可以交由手术机器人解决，但治疗方案的升级、最新药物的使用、病例数据的研究等工作仍需人类医生完成。在教育行业中，经典知识的讲解可以由智能机器完成，但对学生学习困惑的解答、思想心智的塑造、科研实验的指导等言传身教的隐形教育仍旧离不开人类教师的指导。类似情况在各个行业都存在。

1. 科技发展为高技术人才提供机遇

科技发展确实给一些程序性工作带来冲击，但诸如芯片新材料研发、司法案件审理等非程序性、复杂性的工作，几乎不会受到冲击，反而将会迎来新的机遇。未来职场将产生大量科技含量较高、就业人员素质要求也高的新兴职业。当前，高技能人才缺口较大，难以满足企业转型升级的需求，劳动力市场将面临高技能型人才供求不平衡的问题，这将为具有扎实专业功底、具备专业技术操作能力的毕业生提供新的职业发展机遇。

2. 科技发展为个体成长带来的机遇

未来科技将赋能劳动者、优化配置人力资源，进而提高从业者劳动自由度和舒适度。科技能够帮助人们按照自身意愿以多种形式完成工作任务，这将有助于大学生更加自由地安排工作、生活和学习，并根据个人需要调整学习方法和内容，使学习和生活之间更加协调，最终帮助大学生以最切合自身特点的方式更新专业技能，提高就业质量。

3. 科技发展为创业带来的机遇

对致力于创业的同学而言，科技的发展显著降低了他们的创业门槛和成本，减少了从产品研发到市场推广的阻碍，如数字技术有利于消除时间和空间的限制，让投身创业的同学不再受时间、空间、地点等条件的限制，能够放眼全球市场寻找商机。此外，已进入智能时代的各行各业正经历着巨大的突破，原有的商业模式将被颠覆，新一轮工业革命将推动各行业实现数字化、网络化、智能化、服务化，并催生出新的行业和新的运营模式，这将为大学生创业开辟新的领域。

4. 科技发展为非热门专业毕业生带来机遇

科技多领域的突破，将改变目前的电子信息、计算机、自动控制等少数专业就业前景火热的现状。随着材料科学、生物技术等各领域的科技成果呈指数级增长，以及生产制造科技的广泛普及，材料类、化工类、轻工类、环境类、生物科学类、生物医学类、生物工程类、食品科学类等此前非热门专业毕业生也将迎来更广阔、更多元的职业发展空间。

曾经的工作和技能以一代人为尺度而变化时，人们对自己的未来能够有清晰且长远的规划。而这种清晰、确定的工作模式已不再适用于今天飞速变化的劳动力市场。科技的齿轮随着指数型技术的进步，转得越来越快，许多工作岗位的名称虽然没有变化，但工作内容却发生了巨大的变化。大学生在毕业后将投入到现在还不存在的工作之中，使用目前还未发明的技术，解决当下根本想象不到的问题。需要同学们在职业生涯规划的过程中保持开放的态度，掌控已知的短途，积极筹谋未知的远方。工作的不确定性，需要同学们不要只关注薪资、福利、地域等外职业生涯的需求，还要认识到工作不仅是自己获得生存和社交的保障，更是实现自我价值、探索人生主题的途径。工作中的美感、故事性、愉悦感和意义都将成为优质工作必不可少的元素。未来同学们对个人内职业生涯的需求将更加突显。

拓展学习

不同行业用人需求

不同行业对人才的需求随着时代的发展而变化。近年来，社会用人需求出现了新的特点：由操作型向智能型转变，由单一型向复合型转变，从职业型向社会型转变，从就业型向创业型转变，由阶段性学习向终身性学习转变。

一、最受欢迎的五类人才

从长远来看，社会需要的人才不仅要拥有高学历、高学识，还要懂技术、会操作，同时擅长经营，精于管理。统计显示，以下五种类型人才是最受欢迎的人才。

类型一：胆识卓越、思维敏捷、善于综合、长于用人的领导型人才。

类型二：知识渊博、视野广阔、善于思考、甘为人梯的导师型人才。

类型三：目光敏锐、胆大心细、善于开拓、精于市场的经理型人才。

类型四：治学严谨、勇于探索、敢于创新、专于发明的专家型人才。

类型五：不辞辛苦、遵章守纪、善当参谋、精于理财的管理型人才。

二、不同职业或岗位对任职者的核心素质要求

1. 公务员

公务员，全称为国家公务员。在中国，公务员是指依法履行公职、纳入国家行政编制，由国家财政负担工资福利的工作人员。公务员按职位的性质、特点和管理需要，划分为综合管理类、专业技术类和行政执法类等类别。公务员对个体的素质要求包括政治素质、专业知识、能力素质、心理和身体素质。其中，对政治素质的要求特别高，通常要求任职者对党和国家方针政策具有较准确的把握，对时事政治和国家大事必须具有一定的关心度，还应该具有敏锐的政治嗅觉和政治洞察力。

2. 工程技术人员

工程技术人员是指能够应用基础科学和工程科学理论知识与方法及各种专门技能，将设计、规划、决策物化为工艺流程、物质产品、实施方案，并能在工程一线进行生产、维护等实际操作的专业技术人才。在我国高校里，工科类大学生毕业后大部分将从事工程技术工作，工程技术人员的核心素质要求包括以下几方面内容。

（1）扎实的专业知识和技术。

（2）分析和综合能力。

（3）卓越的动手实践能力。

（4）突出的创新创造能力。

（5）良好的合作精神。

3. 管理人员

管理是一种用计划、组织、监管、控制、激励等手段通过他人做好工作，实现组织目标的活动。管理工作又具体分为经营管理、技术管理、行政管理。经营管理是指在企

业中为使生产、采购、物流、营业、人力、财务等各种业务，能按经营目的顺利地执行、有效地调整而进行的系统运营和管理活动。技术管理是指在技术行业当中所做的管理工作，管理者一般具有较高的技术水平，同时带领自己所管理的团队完成某项技术任务。行政管理是指运用行政权力对组织（国家、企业事业单位等）的行政事务开展的管理活动。

（1）经营管理。经营管理者既是本行业生产技术的内行，又有比较宽广的知识面，具有强烈的市场和客户观念、综合分析能力、控制能力、应变能力、决策和辅助决策的能力、良好的谈判和社交能力。

（2）技术管理。技术管理者既精通专业知识，又有宽广的知识面，对新技术和新产品有敏感性和较强的鉴别能力，具有较强的技术或经济观念、周密的思维能力、信息观念和信息沟通能力、社交能力。

（3）行政管理。行政管理者具有较强的法制观念、纪律观念；较强的办事能力、工作忙而不乱，并能公道处事；良好的分析、综合、比较、抽象等思维能力；较强的组织管理、协调能力和决策能力；较强的信息观念，接受反馈、适时反应的应变能力；较强的调研能力和政策水平；善于处理人际关系，兼具原则性和灵活性。

4. 商业人员

商业人员可以分为三种：销售人员、市场人员、外贸人员，下面介绍三种不同类型商业人员的素质要求。

（1）销售人员。销售人员善于换位思考，及时抓住客户的关注点；抗挫折能力强，不怕被拒绝；有较强的社交能力和干练的办事能力，能够承担风险；有机敏的反应能力，勤思考、善分析。

（2）市场人员。市场人员能在市场调研和信息采集基础上，组织分析、比较和选择市场营销方案，进行资源整合以把握市场时机；头脑清醒、思维敏捷；团队意识强，能够接受新的信息、观念和想法；有强烈的时间观念，能够正确认识危机，有快速应变能力。

（3）外贸人员。外贸人员反应灵敏、待人热情，有较强的社交、涉外能力，外语水平高，语言表达能力强；有扎实的外贸专业知识和较宽的知识面；有较强的协调能力和合作共事的能力。

5. 专业服务人员

专业服务人员是指在一种利用专门知识和技能为他人提供专业帮助、解决其实际问题的高素质人才，专业服务人员分布在经济、科技、法律、金融、贸易等各个领域。专业服务人员不同于一般人员的特征为其不容易被替代的专门知识和技能。随着服务业在我国国民经济中的地位越来越重要，专业服务人员的社会地位和薪资都将得到了较大提高。专业服务人员包括咨询师、鉴定师、评估师、理财规划师、律师等。这些职业的共性是要求从业者具备以下素质：实事求是、客观公正；拥有扎实的专业知识和宽广的知识面；责任心强，慎重细致；严守纪律，保守商业秘密；较强的逻辑思维和判断能力。

6. 创意人员

创意人员是指以自主知识产权为核心，以头脑服务为特征、以专业或特殊技能（如设计）为手段的高素质人才。常见于漫画、广告、艺术表演、电视广播、建筑、设计、时装、古玩艺术品、电影、音乐、出版、软件与电脑服务等行业。创意产业的从业人员在很多方面是相似的，比如一般都有敏锐的洞察力、持续的创新能力、融会贯通的能力、高超的学习能力、丰富的想象力等。

项目反馈

请完成下面的项目反馈内容。

发现问题
改正措施
经验心得

项目 3.4 感受职业环境

项目导人

思考并分享自己理想中的职业环境，包括工作氛围、团队文化、工作地点、职业发展机会、工作压力与平衡等各个方面。可通过小组讨论等互动形式，进一步探讨不同职业环境的特点及其对个人职业发展的影响。最后，根据所得信息和个人体验，形成一份关于理想职业环境的分析报告，明确自己的职业偏好和未来职业规划的方向。

知识储备

职业环境指的是一个职业在社会大环境中的发展状况，包括该职业的发展水平、技术复杂性、在社会中的地位及未来的发展趋势等。进行职业环境分析的目的是了解当前职业及其发展前景，以及社会和市场的趋势对这些职业的影响和对从事这些职业的人员的要求。

职业环境分析包括两个主要内容领域：一是社会环境，涉及宏观经济、法律法规、文化教育、科技进步等方面的影响；二是组织（企业）环境，包括企业的内部结构、文化、发展战略等因素。通过职业环境分析，可以明确职业发展所需的外部条件和内部资源，评估各种因素对职业发展的影响，并据此制订相应的职业发展策略。进行职业环境分析要求我们不仅要观察和了解当前的职业状况，还要预测和应对未来可能出现的变化。这需要对各种影响因素进行综合衡量、评估，并根据评估结果做出适时的反应。

一、社会环境

社会环境的构成要素多样且复杂，主要包括政治、经济、文化和信息四个方面。政治环境涉及政治体制和政治稳定性；经济环境关注经济体制和经济状况；文化环境包括教育、科技、文艺、道德、宗教等方面；信息环境则关乎信息的获取、传播及真实性。在信息时代背景下，信息环境对社会环境的影响日益显著。社会环境分析意味着对个体所处的宏观社会政治、经济、法治、科技和文化等因素的深入理解。社会环境对个人的职业生涯和人生轨迹都有着深远的影响。通过分析国际、国内以及所在地区的社会环境，可以帮助个人更好地把握生涯发展。

二、行业环境

企业环境分析是评估企业所处市场位置和未来发展的关键环节，而行业环境分析则是这一过程中不可或缺的一部分。它涉及对企业所在行业进行全面的审视，包括以下几个重要方面。

1. 行业发展状况

分析行业当前的发展阶段，如是处于初创期、成长期、成熟期还是衰退期。了解行业的发展历程、当前的市场规模、增长速度以及行业内企业的整体表现。

2. 抗风险能力

评估行业对外部冲击的抵御能力，包括对经济波动、政策变化、技术革新、供应链中断等风险因素的抵御能力。研究行业内企业通常如何响应市场变化，以及行业的整体恢复力。

3. 行业优势

识别行业内的核心优势，包括技术领先、成本优势、市场准入壁垒、品牌影响力等。了解这些优势如何帮助行业内企业保持竞争力。

4. 行业问题

深入了解行业面临的主要问题和挑战，如产能过剩、环境污染、法规限制、国际竞争等。分析这些问题对行业发展的影响，以及行业内企业如何应对。

5. 发展趋势

预测行业的未来发展趋势，包括技术进步、消费者偏好变化、新兴市场的发展等。了解这些趋势如何影响行业的发展方向和企业的市场策略。

6. 社会环境因素

考虑社会环境对行业的影响，如政治稳定性、经济政策、法律法规、文化趋势、环境保护意识等。这些宏观因素对行业的长期发展具有深远的影响。

7. 市场需求分析

研究行业产品或服务的市场需求，包括需求的稳定性、增长潜力及消费者行为的变化。了解市场需求如何塑造行业的发展方向。

8. 竞争格局

分析行业内的竞争格局，包括主要竞争对手、市场份额分布、竞争策略等。了解行业内的竞争强度和企业的市场定位。

9. 供应链和分销渠道

考察行业的供应链结构和分销渠道，包括原材料供应、生产流程、物流配送和销售网络等。评估供应链的效率和分销渠道的覆盖范围。

10. 技术发展

关注行业内的技术发展水平和创新趋势，评估技术进步如何影响产品开发、生产效率和市场竞争力、方向进而寻求发展机会。

三、组织（企业）环境

确定一个职业或职位后，要进入某个组织工作。组织就像人一样，有不同的秉性，适合不同的人。组织文化告诉我们在组织内什么行为会得到鼓励，什么行为会受到惩罚；组织结构告诉我们，进入组织后我们的位置在什么地方，上下左右分别是谁；组织的职业生涯发展通道告诉我们，进入组织后我们在组织内的职业发展空间有多大，组织主要是从内部选拔人才还是从外部招聘人才。

（一）组织文化

组织文化是指组织成员共享的价值观体系，它使组织独具特色，区别于其他组织，它是组织在长期的生存和发展中形成的。组织文化是组织最宝贵的无形资产，是塑造员工、凝聚员工最重要的法宝。很多知名企业以其独特的企业文化而著称。海尔从一个亏损的企业发展成为今天的国际化大公司，走过了"名牌战略""多元化战略"和"国际化战略"三大阶段，但其赖以发展的基石是海尔文化。其中，最关键的部分是海尔集团的"愿景"和"使命"。当海尔集团创始人张瑞敏被问到最终的理想目标是什么时，他回答道："成为一个真正的世界品牌。不管走到世界任何地方，大家都知道海尔是一个非常好的、令人喜欢的品牌。"这就是海尔集团的愿景，海尔集团的企业使命则是"敬业报国"，海尔集团的核心价值观是创新。

如何了解组织文化的差异，进而做到个人与组织文化相匹配呢？埃默里大学的杰弗里·桑南菲尔德提出了组织文化的标签理论，通过对组织文化的研究，他确认了四种组织文化类型，见表3-3。

表3-3 四种组织文化类型

类型	特点	适合人群	典型代表
学院型	喜欢雇用年轻的大学毕业生，并为他们提供大量的专门培训，然后指导他们在特定的职能领域内从事各种专业化工作	想全面掌握每一种新工作的人	IBM公司、可口可乐公司、宝洁公司
俱乐部型	非常重视适应能力、忠诚感和承诺。在俱乐部组织中，资历是关键因素，年龄和经验至关重要。与学院型组织相反，它们把管理人员培养成通才	重视稳定，不喜欢流动的人	联合包裹服务公司、美国达美航空公司、贝尔直升机公司、政府机构和军队
棒球队型	鼓励冒险和革新，招聘时从各种年龄和经验层次的人才中寻求有才能的人。薪酬制度以员工绩效水平为标准。这种组织对工作出色的员工给予巨额奖酬和较大的自由度，所以员工一般拼命工作	冒险和革新家	在会计、法律、投资银行、保险公司、广告机构、软件开发、生物研究领域中，这种组织比较普遍
堡垒型	堡垒型公司着眼于公司的生存。这类公司以前多数是学院型、俱乐部型或棒球队型，但在困难时期衰落了，现在只能尽力保证企业的生存	喜欢流动、勇于挑战的人	大型零售店、林业产品公司、天然气探测公司等

观察外表、行为举止、交谈、相处方式等可由外到内地了解一个人的秉性。同样，观察、交谈和相处也可以由表及里地认识一个组织的文化。组织文化包含四个层面：物质层面、制度层面、行为层面、精神层面，这四个层面呈同心圆结构，如图3-4所示。

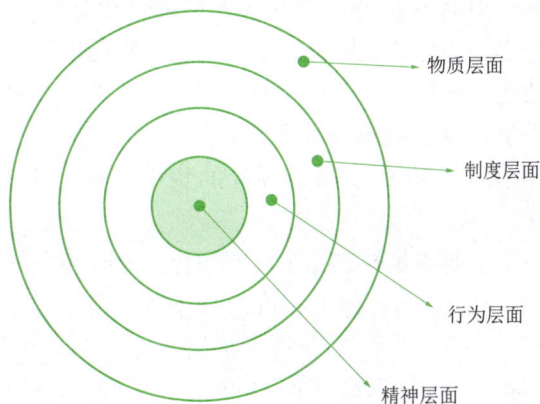

图3-4 组织文化的四个层面

（1）物质层面：组织文化的表层，包括设备、产品和生产环境，还有视觉形象、厂房外观、颜色、服装、车辆等。

（2）制度层面：组织文化的浅层，包括管理体制、规章制度、经营机制、奖惩办法及行为准则、道德规范等。

（3）行为层面：组织文化的中层，包括会议、活动、典礼仪式、领导风格、行为、语言及习惯等。

（4）精神层面：组织文化的核心层，包括企业愿景、经营理念、价值取向、标语、口号等。精神层面的核心是企业的核心价值观，即企业全体员工共同信奉的价值标准和基本信念，也可称作企业的基本信仰。价值观是企业文化中最稳定的内容。随着企业内外环境的改变，企业的竞争战略与策略、具体经营理念和管理模式可以变化，但其核心价值观不会轻易变化。比如雅戈尔集团股份有限公司的"装点人生，服务社会"，既有行业特点，又有其独特的文化底蕴。

（二）组织结构

组织结构是企业的基本架构，相当于人体的骨骼体系，是企业管理的重要组成部分，是企业运行发展的基础和有力支撑。企业在运行中有三种常见的组织结构形式：简单组织结构、职能型组织结构和矩阵型组织结构。

（1）简单组织结构是一种扁平式组织结构，通常只有2~3层垂直层次，员工之间的联系比较松散，决策力集中在一个人身上。简单组织结构在所有权与经营权合一的小企业中最常见到。简单组织结构的优点是结构简单，权责分明，指挥统一，运营成本低，反应迅速、灵活；缺点是只适用于小型组织，当组织成长以后就变得不适宜了，因为这种模式会导致高层信息超载。简单组织结构如图3-5所示。

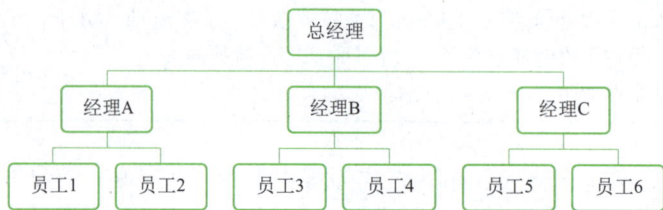

图3-5 简单组织结构

（2）职能型组织结构，其特点是将同类专业人员集合在各自专门的职能机构内，并在各自的业务范围内分工合作，任务集中明确，上行下达。职能型组织机构的优点是有利于各部门工作的专业化和高效化。这种模式能从专业化中获得益处，将同类专业人员归在一起可以产生规模经济，减少人员和设备的重复配置，给员工提供与同行们"说同一种语言"的机会，使他们感到舒服和满足，有利于高层领导的集中指挥。职能型组织结构如图3-6所示。

职能型组织结构的一个主要不足缺点是工作专门化会导致各个分部门产生冲突，职能部门的目标有时会凌驾于组织的整体目标上，可以从下面一家公司四位主管的对话中得到佐证。

生产部门主管说："你知道，除非我们生产出东西，否则公司就什么也没发生。"

研究开发部主管评论道："不对，除非我们设计出东西，否则公司就什么也没发生。"

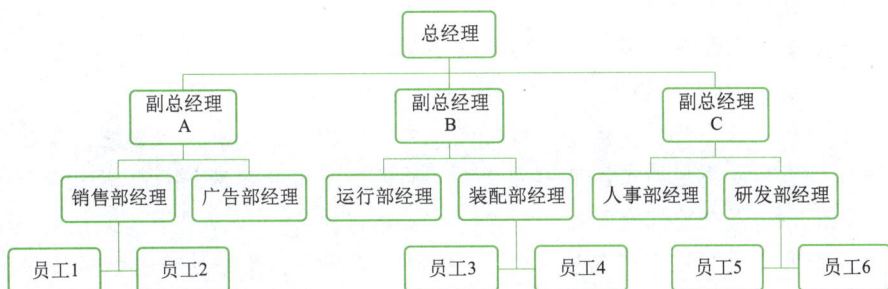

图 3-6 职能型组织结构

"你们说什么？"市场营销主管说，"除非我们卖掉些东西，否则公司就什么也没发生。"

最后，恼怒的财会主管反击道："你们生产、设计、销售什么都无关紧要，除非伙同核算出各种结果，否则谁也别想知道公司发生了什么。"

（3）矩阵型组织结构由纵横两套管理系统组成：一套是纵向的职能领导系统，另一套是为完成某一任务而组成的横向项目系统，横向和纵向的职权平衡对等。也就是说，既有按职能划分的垂直领导系统，又有按项目（或产品）划分的横向领导系统的结构。矩阵型组织结构如图 3-7 所示。

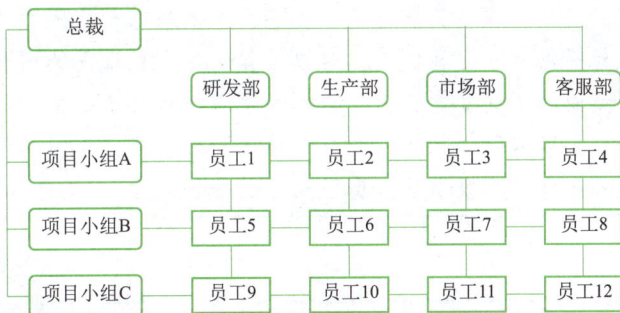

图 3-7 矩阵型组织结构

矩阵中的员工有两个上司：他们所属职能部门的经理和他们所工作的项目（或产品）小组的经理。项目经理对于其他项目小组成员也拥有职权，两位经理共同享有职权。一般来说，公司往往把对项目小组成员行使有关项目目标达成的权力分配给项目经理，而将晋升、工薪建议和年度评价等决策的职权留给职能经理。为使矩阵结构有效运作，项目经理和职能经理必须经常保持沟通，并协调对共同管理员工提出的要求。

🔒 **案例链接**

华为的企业环境

华为技术有限公司成立于 1987 年，是中国乃至全球领先的信息与通信技术（ICT）解决方案提供商，业务覆盖 170 多个国家和地区，拥有约 19.4 万名员工（数据截至 2021 年）。华为在全世界设有研发中心和办事处，形成了全球化的运营格局。其业务范围包括但不限于电信设备、消费电子、云计算、人工智能等领域，其规模庞大，业务多元化。

华为高度重视人才队伍建设，拥有一支高素质的研发和技术人才队伍。据统计，华为在全球拥有超过10万名研发人员，占员工总数的一大部分。其中，硕士及以上学历的员工占比很高，且不断引入全球顶级科研人才。华为推崇全员持股制度，鼓励员工与企业共同成长，形成稳定的忠诚度和凝聚力。同时，华为在内部推行严格的培训体系和人才梯队建设，确保企业拥有持续创新能力。

华为的企业文化被称为"狼性文化"，强调艰苦奋斗、团结协作、执着追求和持续创新。任正非倡导的"以客户为中心，以奋斗者为本，长期坚持艰苦奋斗"的核心价值观深入人心。华为尊重每一位员工的创造力和贡献，鼓励员工勇敢试错，不怕失败，追求卓越。此外，华为也非常注重员工的全面发展，通过提供丰富的学习资源和多样化的成长通道，打造了一种持续学习和进步的文化氛围。

华为坚持创新驱动发展战略，注重自主研发，瞄准未来科技趋势，致力于打造全场景智能生活和智能世界的基石。华为在全球范围内持续增加研发投入，特别是在5G、云计算、人工智能等前沿领域。与此同时，华为也注重绿色环保和社会责任，提出并践行"绿色ICT"理念，希望通过技术创新和绿色解决方案，为全球的可持续发展贡献力量。

华为的员工普遍对其严谨的工作态度、扎实的技术基础和广阔的发展平台给予高度评价。他们赞赏华为提供的学习和成长机会以及在工作中展现出的团队合作精神和追求卓越的企业文化。然而，高强度的工作节奏和竞争压力也被不少员工提及，但多数人认为这种挑战有助于个人职业能力的快速提升。总体而言，华为凭借其优良的企业文化和颇具竞争力的薪酬福利体系，吸引并保留了大量的优秀人才。

案例链接

马化腾访谈（节选）

采访时间：2018年11月

采访人：秦朔（财经媒体人，《第一财经日报》原总编辑，现创办"秦朔朋友圈"新媒体平台）

受访者：马化腾（腾讯公司董事会主席兼首席执行官）

采访记录（部分）：

秦朔：马总，腾讯近年来在互联网产业中取得了巨大成就，能否请您分享一下腾讯在面临产业升级和转型时的主要思路和战略？

马化腾：在产业升级和转型的过程中，腾讯始终坚持创新驱动，以人为本的发展理念。我们看到，数字化和智能化正深刻改变着各行各业，腾讯的角色就是要成为各行各业的数字化助手，通过提供云计算、大数据、人工智能等技术能力，助力各产业智慧升级。同时，我们也强调开放共赢，与合作伙伴共建"互联网+"生态，实现共生共荣。

秦朔：在面对全球科技竞争加剧的背景下，腾讯如何布局未来科技创新和人才培养？

马化腾：面对全球科技竞争，我们认识到原创科研和高端人才的重要性。腾讯成立了多个实验室，专注在人工智能、量子计算、机器人等领域进行前沿研究，并持续加大对基础科学的研究和青年科技人才的培养力度。我们还积极推动产学研结合，与国内外高校、研究机构深度合作，共同推进科技成果的转化和应用。

秦朔：对于腾讯未来的发展愿景，您有何设想？

马化腾：腾讯致力于成为最受尊敬的互联网企业，不仅要做好连接器、工具箱和生态共建者的角色，更要关注社会责任和公益事业，通过科技的力量让生活变得更加美好，推动社会公平正义和可持续发展。

（材料来源：节选自互联网）

项目反馈

请完成下面的项目反馈内容。

发现问题
改正措施
经验心得

综合项目 3 完成职业生涯人物访谈

职业生涯人物访谈，是通过与一定数量的职场人士（通常是自己感兴趣的职业从业者）会谈而获取关于一个行业、职业和单位"内部"信息的一种职业探索活动。通过访谈，了解该职业岗位的实际工作情况，获取相关职业领域的信息，进而判断你是否真的对该职业感兴趣，实际上是一次间接、快速的职业体验。为了帮助学生进行职业探索和职业环境认识，有效进行职业生涯规划，可以组织开展职业生涯人物访谈活动。对于没有工作经验和社会阅历的大学生来说，这是了解职业的一个比较好的方法。通过职业生涯人物访谈，还能正确地认识自己的优势和不足，从而制订更加合理的大学学习、生活计划。

项目实施

基于前期已完成的访谈准备工作，请同学们以小组为单位对所邀职业人物进行访谈，并完成生涯人物访谈记录报告的填写，见表 3-4。

表 3-4 生涯人物访谈记录报告

姓名：		班级：		学号：	
访谈对象选择	访谈对象	工作单位	职业	工作年限	毕业院校
访谈大纲制订	访谈目的			访谈对象特点	
	开场白	核心问题		结束语	

续表

访谈 记录	
访谈 报告 撰写	

项目反馈

请完成下面的项目反馈内容。

发现问题
改正措施
经验心得

模块四　知己篇

——发现自我·认识自我

【模块任务】 我的自画像

【知识导图】

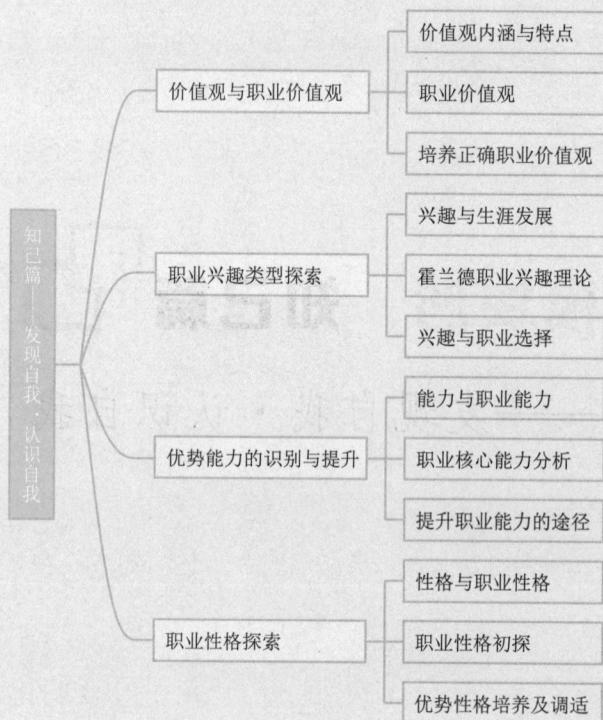

价值观与职业价值观
- 价值观内涵与特点
- 职业价值观
- 培养正确职业价值观

职业兴趣类型探索
- 兴趣与生涯发展
- 霍兰德职业兴趣理论
- 兴趣与职业选择

优势能力的识别与提升
- 能力与职业能力
- 职业核心能力分析
- 提升职业能力的途径

职业性格探索
- 性格与职业性格
- 职业性格初探
- 优势性格培养及调适

知己篇——发现自我·认识自我

【学习目标】

知识目标:

1. 理解价值观的内涵及其在职业选择和发展中的作用,掌握职业价值观澄清的方法和技巧。

2. 理解兴趣、性格在个人职业发展中的作用和意义;理解兴趣、性格与职业选择关系。

3. 掌握能力识别和评估的方法和工具,熟悉不同行业和岗位的核心技能需求。

能力目标:

1. 能够通过活动和反思,识别和澄清个人职业价值观。

2. 能够基于兴趣、性格分析,提出合理的职业选择和发展建议。

3. 能够进行自我能力分析,识别个人的优势和劣势,制订切实可行的技能提升计划。

素养目标:

1. 增强职业规划意识和目标导向,提升个人责任感和社会责任感。

2. 培养终身学习的理念,不断提升个人能力和职业素养。

3. 提高职业规划和决策的能力,增强适应不同职业环境的灵活性。

项目 4.1　价值观与职业价值观

在当前多元化的职业环境中，个人价值观对于职业选择和发展具有重要影响。在面临职业规划和求职决策时，往往需要考虑个人价值观与职业机会的匹配度。为了帮助大家更好地理解自己的价值观，并将之与职业发展相结合，需完成个人价值观卡片制作及基于价值观的职业倾向分析。

1. 我的价值观卡片制作

根据自己的感觉快速地将50项重要且常见的价值观条目（卡片）按"总是重视""常常重视""有时重视""很少重视""从不重视"进行分类，见表4-1。在"总是重视"栏目中不能超过8条内容（8张卡片）。要根据自己的感觉来分类，而不要管别人会怎么说，或者其他人希望你怎么选择，因为需要明确对你最为重要的是什么。

表 4-1　我的价值观

价值观	重视程度					价值观	重视程度				
	总是重视	常常重视	有时重视	很少重视	从不重视		总是重视	常常重视	有时重视	很少重视	从不重视
1						18					
2						19					
3						20					
4						21					
5						22					
6						23					
7						24					
8						25					
9						26					
10						27					
11						28					
12						29					
13						30					
14						31					
15						32					
16						33					
17						34					

续表

价值观	重视程度					价值观	重视程度				
	总是 重视	常常 重视	有时 重视	很少 重视	从不 重视		总是 重视	常常 重视	有时 重视	很少 重视	从不 重视
35						43					
36						44					
37						45					
38						46					
39						47					
40						48					
41						49					
42						50					

50 项重要且常见的价值观如下。

（1）艺术创造性：致力于创造设计，追求美感的享受。

（2）机会均等：能够处于一个公平竞争的环境，能够凭真实能力得到提升和发展。

（3）符合兴趣爱好：工作和自己兴趣相符，能够体验到工作快乐。

（4）工作稳定性：不喜欢工作频繁变动，不会轻易辞职，也没有被辞退的危险。

（5）崇尚独立：工作有较大的自主性，较少受规则或制度的限制。

（6）前沿领域工作：在学术、科研或商业单位从事研发，提出新思想或具有创意的观点。

（7）个人发展：工作中能够获得更好的机会和发展。

（8）工作与生活的平衡：工作之余有足够的时间兼顾家庭、个人爱好和社会活动。

（9）信仰：工作环境、工作内容不违背精神信仰。

（10）创造性：独创性地提出新的思想、项目等。

（11）轻松的工作环境：可以开玩笑、充满幽默和乐趣的工作环境。

（12）影响力：能够影响别人，可以改变别人的态度或意见。

（13）有益社会：做那些能够使世界变得更美好的事情。

（14）诚实和正直：重视诚实和正直的工作关系和环境。

（15）身体挑战：要求身体具有力量、速度、灵巧和机敏。

（16）帮助他人：从事的工作可以直接帮助他人。

（17）赏识认可：工作业绩能得到积极的反馈和大家的肯定。

（18）团队合作：在团队中有良好的工作关系，并以团队的形式完成工作任务。

（19）环保：做有益于自然环境的工作。

（20）追求成就：追求自我价值的实现，而并非外在物质利益的满足。

（21）竞争：在工作中可以与别人在能力上一较高下并从中取得进步。

（22）福利保障：工作有较高的安全和健康保障。

（23）权力：能够掌控工作进程或工作人员的行为等。

（24）稳定的居所：能够找到一个可以保持自己生活风格的居所，按照自己希望的那样休闲、学习和工作。

（25）冒险：工作要求时常做一些有风险的事情。

（26）决策力：有权决定方向、政策等的工作。

（27）社会地位：所从事的工作在人们的心目中有较高的社会地位，从而使自己和家人得到他人的重视与尊敬。

（28）友谊：通过工作发展亲密的人际关系。

（29）快速学习：快速掌握新的、独特的和困难的工作任务。

（30）时间自由：能够自由安排工作时间，没有特别的工作时限。

（31）变化：工作内容或环境多变，可以带来新鲜感。

（32）专业地位：在领域内被公认为是专家，见多识广。

（33）社会交往：能和各种人交往，建立比较广泛的社会联系和社会关系。

（34）归属感：获得特定组织的认可，并成为他们的会员。

（35）工作节奏平缓：避免有压力和激烈竞争的工作。

（36）追求新意：希望工作的内容经常变换，使工作和生活显得丰富多彩，不单调枯燥。

（37）同事关系：希望一起工作的大多数同事和领导人品好，相处在一起感到愉快、自然。

（38）知识性：工作中可以获得知识上的提高。

（39）实用性：工作成果是实际的、有用的。

（40）刺激性：工作中经常有新鲜事物和戏剧性的事件发生，从中可以体验到刺激。

（41）挑战难题：在工作中不断有复杂的问题和任务需要解决，排除困难和解决问题是工作的核心内容。

（42）传统：工作环境与自我认同的社会习俗不冲突。

（43）独立工作：独立完成工作，不愿他人介入。

（44）发挥专长：工作中熟练使用自己的技能与知识，并有超出一般人的表现。

（45）高收入：收入能够达到自己的期望，可以购买奢侈的生活用品。

（46）家庭：确保工作不影响履行家庭责任。

（47）快节奏：在一个快节奏的环境中工作。

（48）督导：督促、指导别人开展工作，且对工作结果负责。

（49）公司知名度：公司在业内有较高的知名度和名声。

（50）工作的精确性：按照规程，十分小心和精确地关注细节的工作。

2. 基于价值观的职业倾向分析

基于上面卡片的制作结果，你的个人职业倾向是怎样的？原因是什么？

_____

_____

_____

知识储备

一、价值观的内涵与特点

（一）价值观的内涵

价值观是一个人行为和思想的集合，它是一个人行动的指南，也是一个人追求和实现自身价值的依据。具体而言是指个体在认知、理解、判断和选择时所依赖的一种深层次心理和思维模式。它是人们在面对普遍性问题时所表现出的立场、观点和态度的综合体现，涉及对客观世界中的人、事、物及个人行为后果的价值判断和总体评价。

价值观作为内心的一把标尺，深刻影响着人的行为模式、情感态度、观察角度、信念体系，以及对事物的理解能力。它引导个体如何自我认知、自我定位和自我塑造，为个人自认为合理的行为提供充分的理由和依据。

（二）价值观的特点

价值观作为人们对事物价值的总体看法和根本观点，具有主观性、相对稳定性、时代性、指导性、层次性和可变性等特点。这些特点共同构成了价值观复杂而多面的内涵，使其在人类社会中发挥着重要的作用。

1. 内容上的主观性

价值观是基于个体或群体的主观感受和经验而形成的，不同的人或群体可能会有不同的价值观。这种内容上的主观性使价值观具有多样性和差异性，反映了人们对世界的独特理解和评价。

2. 形式上的相对稳定性

价值观一旦形成，往往具有相对的稳定性，不容易因为一时的外界影响而发生大的改变。然而，这并不意味着价值观是永恒不变的，它们可能会随着时间的推移和个体的成长经历而逐渐调整和完善。

3. 存在上的时代性

价值观往往受到特定历史时期和文化背景的影响。不同的历史时期和文化传统会孕育出不同的价值观体系，这些价值观又反过来影响和塑造着人们的思维方式和行为方式。

4. 行为上的指导性

价值观对人们的行为和决策具有指导作用。它们为人们提供了评价事物好坏、善恶、美丑的标准，帮助人们在面对选择时做出决策。价值观的指导性使得个体和群体能够在复杂的社会环境中保持一致性和稳定性。

5. 结构上的层次性

价值观往往具有一定的层次结构。在一些情况下，个体可能面临多种价值观的冲突，这时就需要根据自己的需求和情境进行权衡和选择。这种层次性使得价值观系统灵活性和适应性强。

6. 发展上的可变性

尽管价值观具有相对稳定性，但它们并非一成不变。随着社会的变迁、个人的成长和经验的积累，人们的价值观可能会发生变化。这种可变性使得人们能够不断地适应新的环境和挑战，实现自我发展和完善。

（三）价值观的作用

价值观对人们自身行为的定向和调节起着非常重要的作用。价值观决定人的自我认识，它直接影响和决定一个人的理想、信念、生活目标和追求方向。价值观的作用大致体现在以下两个方面。

1. 价值观对人们行为的动机有导向的作用

人们行为的动机受价值观的支配和制约，价值观对动机模式有重要影响。在同样的客观条件下，具有不同价值观的人，其动机模式不同，产生的行为也不相同。动机的目的和方向受价值观的支配，只有那些经过价值判断被认为是可取的价值观，才能转换为行为的动机，并以此作为目标引导人们的行为。

2. 价值观反映人们的认知和需求状况

价值观是人们对客观世界及行为结果的评价和看法，因而，它从某个方面反映了人们的人生观和世界观，反映了人的主观认知世界。换言之，价值观决定了我们如何看待世界，如何与他人相处，以及如何在职业生涯中做出选择。一个明确、成熟的价值观有助于个体在复杂多变的环境中保持稳定，为个人的职业发展和生活决策提供正确的指导。

（四）价值观与职业的关系

价值观在塑造个人职业生涯的过程中扮演着至关重要的角色，其影响力在很多情况下超过了兴趣和性格对职业倾向的驱动。一个人若能清晰地认识到自己的价值观，明确自己在工作与生活中追求的核心价值和目标，那么他在生涯规划和发展目标上就会更加明确，从而在职业生涯中获得更强烈的成就感和满足感。

职业选择本质上是个体性格、才能与专业领域的匹配过程。对于大学生而言，在职业选择的决策中，不仅需要考虑个人的性格、兴趣、能力和价值观，还应该考虑国家需求和人类社会的发展。尽管我国大学生在职业选择方面总体表现良好，但在改革开放和市场经济的浪潮中，一些功利主义思想，如金钱至上的观念，开始影响部分大学生的价值观。这些学生在职业选择时受到不良风气的影响，未能妥善处理职业价值观与金钱之间的关系，导致他们对职业的认识和评价发生变化，倾向于追求高薪、稳定、舒适和轻松的大城市工作岗位。此外，一些大学生对自身职业能力的过度自信可能导致就业难题和低就业率。

因此，大学生需要正确理解自己的价值观，建立正确的职业选择观念，为未来的顺利就业做好准备。只有当大学生确立了正确的价值观，才能做出符合自身发展的职业选择，设定清晰的职业奋斗目标，并激发学习的动力，为职业生涯的持续发展奠定坚实的基础。

总结而言，大学生的职业选择与个人价值观紧密相连，正确的价值观是做出明智职业选择、设定职业目标和激发学习热情的关键。高校和社会各界应提供全面的职业指导和生涯规划教育，帮助学生树立正确的价值观和职业价值观，促进其全面发展，为未来的职业生涯打下坚实的基础。

二、职业价值观

（一）职业价值观与马斯洛需要层次理论

1. 职业价值观内涵与特点

职业价值观是指个体在从事职业活动过程中，对于职业选择、职业行为及职业发展的评价和取向。它涵盖了人们对于工作的态度、目标、追求以及判断标准等多个方面。一个清晰明确的职业价值观对于个体的职业发展具有重要意义。

（1）职业流动性的上升。

在当前的社会经济和文化背景下，大学生的自我意识显著提升，他们对于职业发展的认识也在逐渐转变。许多学生将首份工作视作职业生涯的起点，采取先就业后择业，甚至先就业后创业的策略，以此作为职业发展的过渡。与父辈们一生坚守一份工作的传统观念不同，现代大学生更倾向于在工作中寻求个人成长和价值实现的机会，一旦当前职位无法满足他们的职业发展需求，他们就会选择跳槽。这种现象反映了当代大学生对职业流动性的接受度高，同时也表明他们对个人职业发展和价值实现有着更高的追求。

（2）**职业价值观的多样化**。

当代社会的发展多元化，也带来了职业价值观的多样化。大学生在选择职业时，不再局限于传统的、单一的职业路径。他们对职业价值的取向呈现出以下特点：首先，职业选择的领域更为广泛，许多大学生开始关注中小企业，看重其较低的入职门槛和较快的晋升机会；其次，就业途径的多样化，大学生在选择职业时，不局限于所学专业领域，灵活就业和自主创业的趋势日益明显。互联网和数字经济的发展，更为大学生提供了多样化的就业途径。

（3）**个人利益与社会责任感的平衡**。

在职业选择上，一些大学生可能更倾向于追求个人利益，实现自我价值，而对社会责任感的重视程度有所下降。他们在择业时，可能首先考虑的是个人利益的最大化，而不是国家、集体和社会的利益。这种现实主义的职业价值观，虽然体现了个人对自身发展的高度关注，但也可能导致社会责任感的弱化。

（4）**职业价值观的功利性倾向**。

随着市场经济的发展，部分大学生在职业选择上表现出明显的功利性倾向，他们追求的是高薪酬，而非职业本身的意义和个人兴趣的契合。这种功利主义的价值观可能导致一些学生忽视个人特长和专业背景，盲目追求高收入，从而形成一种不切实际的职业期望。

2. 马斯洛需要层次理论

马斯洛需要层次理论是亚伯拉罕·马斯洛于1943年提出，其基本内容是将人的需求从低到高依次分为生理需求、安全需求、社交需求、尊重需求和自我实现需求，如图4-1所示。马斯洛需要层次理论中有一个明显的本质就是价值论，不仅仅对应了生活的价值论，而且也对应了求职中的价值论。

图 4-1 马斯洛需要层次理论

马斯洛需要层次理论认为，人类具有一些先天需求，人的需求越是低级的需求，越与动物相似；越是高级的需求，就越为人类所特有。同时这些需求都是按照先后顺序出现的，当一个人满足了较低级的需求之后，才能出现较高级的需求，即需求层次。需求层次也对应了人的发展线路图，在人的成长规划中，需求层次一步步增加。

计划跟随需求而动，如果需求出现了跳跃性，则很有可能带来了职业困境。例如，当温饱的需求都还没有解决的时候，如果固执地选择自我实现的需求就会带来更深的负债问题，甚至影响情感归属需求以及尊重需求，从而导致需求的天平失衡。

休珀的生涯彩虹图和马斯洛需要层次理论的需求层次是不谋而合的，休珀也提出人的一生是一个大循环，分别经历成长期、探索期、建立期、维持期及衰退期，以及这些时期递增的层次结构。这些时期有一个未得到满足就将直接影响到下一个阶段的发展。

明确需求，明确自我价值观，可以让求职更加顺利，职业生涯得到最大限度的发展和快速进步，从根本上保证正确的职业生涯发展方向。

（二）职业价值观的类型

根据不同的划分标准，人们对职业价值观的种类划分也不同。

美国心理学家洛特克在其所著《人类价值观的本质》一书中，提出13种价值观：成就感、审美追求、挑战、健康、收入与财富、独立性、爱、家庭与人际关系、道德感、欢乐、权利、安全感、自我成长和社会交往。

我国学者阚雅玲将职业价值观分为如下12类。

（1）收入与财富。希望工作能够明显有效地改变自己的财务状况，将薪酬作为选择工作的重要依据。工作的目的或动力主要来源于对收入和财富的追求，并以此提高生活质量，显示自己的身份和地位。

（2）兴趣特长。以自己的兴趣和特长作为选择职业最重要的因素，能够扬长避短、趋利避害、择我所爱、爱我所选，可以从工作中得到乐趣、得到成就感。在很多时候，会拒绝做自己不喜欢、不擅长的工作。

（3）权力地位。有较高的权力欲望，希望能够影响或控制他人，使他人照着自己的意愿去行动；认为有较高的权力地位会受到他人尊重，从中可以得到较强的成就感和满足感。

（4）自由独立。工作有弹性，不想受太多的约束，可以充分掌握自己的时间和行动。自由度高，不想与太多人发生工作关系，既不想制约他人也不想受制于他人。

（5）自我成长。工作能够给予受培训和锻炼的机会，使自己的经验与阅历能够在一定的时间内得以丰富和提高。

（6）自我实现。工作能够提供平台和机会，使自己的专业和能力得以全面运用和施展，实现自身价值。

（7）人际关系。将工作单位的人际关系看得非常重要，渴望能够在一个和谐、友好甚至被关爱的环境工作。

（8）身心健康。工作能够免于危险、过度劳累，免于焦虑、紧张和恐惧，使自己的身心健康不受影响。

（9）环境舒适。工作环境舒适宜人。

（10）工作稳定。工作相对稳定，不必担心经常出现裁员和辞退现象，免于经常奔波找工作。

（11）社会需要。能够根据组织和社会的需要响应号召，为集体和社会作出贡献。

（12）追求新意。希望工作的内容经常变换，使工作和生活显得丰富多彩，不单调枯燥。

（三）探索职业价值观

1. 职业价值观澄清

职业价值观澄清，是一个深度反思和明确个人职业信仰的过程。通过这一过程，我们可以更加清晰地认识到我们在职业生涯中，真正坚守并视为重要的原则、理念和目标。

首先，职业价值观澄清意味着我们要深入挖掘自己在工作中所坚守的核心理念。这包括我们的职业道德、责任感、对工作的热情，以及对个人和团队成长的追求。通过明确这些价值观，我们能够更好地把握职业发展的方向，确保我们的每一个决策和行动都符合自己的职业信仰。

其次，职业价值观澄清有助于我们建立良好的职业信誉。一个拥有明确职业价值观的人，会在工作中表现出高度的诚信、责任心和敬业精神。这样的表现不仅能够赢得同事和领导的信任和尊重，还能够为我们的事业发展打下坚实的基础。

此外，职业价值观澄清还能帮助我们在面对挑战和困难时保持积极的心态。当我们清楚地知道自己的职业目标和价值追求时，就能够更加坚定地面对各种困难和挑战，不轻易放弃，而是积极寻求解决问题的方法。

最后，职业价值观澄清是实现自我成长和发展的关键。当我们明确了自己的职业价值观后，就能够更加有针对性地提升自己的专业能力和素质，不断追求更高的职业境界。这样的成长和发展不仅能够提升我们的职业竞争力，还能够让我们在职业生涯中获得更多的成就感和满足感。

因此，职业价值观澄清是一个对个人职业生涯具有深远影响的过程。通过澄清自己的职业价值观，我们能够更好地把握职业发展的方向，建立良好的职业信誉，保持积极的心态，实现自我成长和发展。因此，我们应该认真对待职业价值观澄清，为自己的职业生涯奠定坚实的基础。

2. 职业价值观探索练习

（1）职业价值观测评。

职业价值观测评是一种专业的方法，旨在通过标准化的职业价值观量表来衡量和评估个人的职业价值观。在国际上，广泛采用的一种职业价值观量表是工作价值观量表（work values inventory，WVI）。这一工具是由著名职业发展理论家休珀于1970年设计，旨在帮助个人识别和澄清影响其职业选择和满意度的价值观。

WVI包含45个项目，覆盖了15个关键的工作价值观领域，具体包括如下内容。

①利他主义：评估个人是否倾向于寻求能够为社会带来积极影响的工作，以及是否重视帮助他人。

②美的追求：衡量个人对美学价值的追求，以及在工作中寻求美的体验的重要性。

③创造发明：评估个人是否有创造新的产品、设计或理念的渴望。

④智力刺激：衡量个人对智力挑战的需求，以及对学习和探索新事物的兴趣。

⑤独立自主：评估个人在工作中追求独立性和自主性的程度。

⑥成就感：衡量个人看到自己工作成果时获得的精神满足感。

⑦声望地位：评估个人对工作带来的社会地位和他人尊敬的重视程度。

⑧管理权力：衡量个人对管理和领导角色的偏好

⑨经济报酬：评估个人对获得优厚薪酬和物质奖励的重视。

⑩安全稳定：衡量个人对工作稳定性和生活保障的需求。

⑪工作环境：评估个人对舒适工作环境的偏好。

⑫上司关系：衡量个人与上级建立良好关系的愿望。

⑬同事关系：评估个人与同事建立和谐工作关系的重要性。

⑭多样性：衡量个人对工作内容多样性和生活丰富性的追求。

⑮生活方式：评估个人对选择和实现个人生活方式的重视。

通过 WVI 这样的量表，个人可以更深入地了解自己的职业价值观，识别自己在职业选择中的优先级，以及可能影响职业满意度的因素。这有助于个人在职业规划和发展过程中做出更符合自身价值观和期望的决策。同时，对于职业咨询师和人力资源专业人士而言，这些工具也提供了一种有效的方法来辅助个人进行职业发展和生涯规划。

（2）交互制导信息系统。

交互制导信息系统（system for interactive guidance information，SIGI）是由心理学家凯茨（Ketz）设计的一个基于计算机的价值观澄清工具。该系统通过一系列互动练习，帮助用户识别和澄清影响其职业选择和满意度的个人价值观。SIGI 将与工作相关的价值观归纳为 10 个主要类别，具体包括以下内容。

①高收入：追求足够的收入以满足生活需求，并拥有额外的可支配收入。

②声望：渴望获得社会认可和尊重。

③独立性：在工作中拥有较大的决策自由。

④助人：希望工作内容能够包含帮助他人的机会。

⑤稳定性：寻求长期的工作角色和经济收入的稳定性。

⑥自我成长：偏好能够参与多样化活动、解决不同问题、变换工作环境和结识新人的工作。

⑦领导性：期望在工作中担任领导角色，对他人产生影响。

⑧人际关系：重视建立良好的人际关系，与他人相处愉快。

⑨生活安逸：对工作与生活平衡有较高要求，不愿意让工作侵占休闲时间。

⑩挑战性：重视尽早进入职业领域，以减少时间和教育成本。

SIGI 系统通过帮助用户识别和排序这些价值观，使用户能够在面临职业选择时，根据自己的价值优先级做出决策。由于任何一个职业都不可能满足个人所有的价值需求，因此，通过 SIGI 系统进行职业价值观澄清变得尤为重要。例如，科研工作可能满足个人对于社会声望、成就、稳定性和自主性的追求，但可能无法满足对权力和经济收入的需求。公务员职位可能满足对稳定性和利他主义的需求，但经济报酬可能不如商业职位。而商业职位可能提供较高的经济回报，但可能牺牲了工作的稳定性和安全性。

三、培养正确职业价值观

（一）大学生职业价值观取向

由于每个大学生的思想观念、生活阅历、家庭环境、兴趣爱好等方面的不同，大学生的职业价值取向也存在着差异。从大学生群体来讲，因时代不同、地域不同等原因也会出现职业价值取向的不同。当代大学生职业观价值取向的特点如下。

1. 在价值主体上个人取向增强

当代大学生在职业追求上更多地看重职业的个人价值，很少考虑职业的社会价值。大学生个体更多地考虑自身的利益，而很少考虑个人利益和国家利益的结合，这是价值取向的一种失衡，是需要值得注意的问题。

2. 在价值目标上注重经济价值

毕业生在择业时，把经济收入因素放在重要的位置，而对未来专业知识的发挥看得较轻甚至不考虑这方面，这反映出大学生在择业价值取向上首先追求经济利益。

3. 在价值选择上职业风险意识更强

有调查表明70%以上的大学生愿意选择收入高、但有失业风险的工作。由此可看出，当代部分大学生在职业选择及发展中存在一定的投机冒险心理，长远计划意识不够，注重即时性利益。

（二）大学生应该树立怎样的价值观

在大学生职业价值观养成的过程中，有几个关键问题需要正确处理。

1. 金钱与职业价值观的平衡

金钱作为劳动的回报，对个人的生存和发展至关重要。在确立职业价值观时，金钱是一个不可忽视的因素。然而，我们不能仅仅以金钱作为唯一的衡量标准，特别是在职业初期，过分关注金钱收益而忽视个人长远发展是短视的。面对就业市场的挑战，应更加理性地调整对金钱的期望，重视个人成长和经验积累，并将这些作为职业选择的重要考量。

2. 个人兴趣、特长与职业价值观的协调

在职业选择中，个人的兴趣、特长与职业价值观之间的关系极为重要。个人的价值观应与自身的兴趣和特长相匹配，因为对工作的热爱可以激发潜能，成为职业成功的强大动力。如果工作与个人兴趣不符，大多数人难以在其职业道路上取得显著成就。

3. 职业价值观的优先级与选择

由于每个人的价值观是多元的，因此我们往往希望同时实现多个职业目标。但现实中，我们必须在不同的价值观之间做出选择和排序。在做出职业决策时，需要识别并确定对自己最重要的价值观，如金钱、权力、地位、成就感或社会贡献，并接受不可能同时满足所有价值观的现实。

4. 个人与社会需求的结合

个人的职业价值观不应孤立于社会需求之外。个人的职业发展应与社会需求相结合，这样才能实现个人价值的最大化。在职业选择时，不仅要考虑个人的职业兴趣和目标，还要考虑国家和社会的需求，找到个人发展与社会贡献的平衡点。

（三）我国新时代职业精神

职业精神与人们的职业活动紧密联系，是具有职业特征的精神与操守，从事任何职业都应该具有职业精神、职业能力和职业自觉。我国新时代的职业精神内涵丰富，它不仅仅是对工作的认真和负责，还包括对职业理想、职业态度、职业责任、职业良心、职业技能、职业纪律、职业信誉及职业作风等方面的全面要求。

首先，职业精神与个人的职业理想紧密相连。一个人的职业理想决定了其职业精神的高度和价值，它引导着个人在职业生涯中追求更高的目标和价值。

其次，职业态度是新时代职业精神的重要组成部分。它要求从业者对工作充满热情，积极主动，具有高度的责任感和敬业精神。这种态度不仅体现在对工作的认真负责上，更体现在对职业的热爱和追求上。

此外，职业责任和职业良心也是新时代职业精神的重要体现。从业者需要明确自己的职业责任，尽职尽责地完成工作任务，并始终保持对职业的敬畏之心和对职业责任的自觉意识。

同时，职业技能和职业纪律也是新时代职业精神不可或缺的一部分。从业者需要不断提升自己的专业技能，以适应不断变化的工作需求，并严格遵守职业纪律，保持良好的职业操守和行为准则。

最后，职业信誉和职业作风也是新时代职业精神的重要体现。从业者需要注重个人形象和声誉，以诚信为本，树立良好的职业形象和口碑，并通过自己的努力和实际行动赢得他人的尊重和信任。

在我国新时代背景下，弘扬劳动精神、奋斗精神、奉献精神、创造精神以及勤俭节约精神等也成为职业精神的重要内容。这些精神鼓励从业者在工作中不断努力、积极进取，为社会的进步和发展贡献自己的力量。

项目反馈

请完成下面的项目反馈内容。

发现问题
改正措施
经验心得

项目 4.2 职业兴趣类型探索

在职业规划和个人发展的过程中，了解自身的职业兴趣是至关重要的。职业兴趣不仅关系到工作满意度和个人幸福感，也影响着个人在特定领域的发展潜力和成就。通过参与全国大学生职业生涯规划大赛平台提供的生涯闯关测试，识别和了解自己的职业兴趣类型。

知识储备

一、兴趣与生涯发展

（一）兴趣与兴趣的发展

兴趣是个体力求认识某种事物或从事某项活动时的心理倾向，表现为个体对某种事物或从事某项活动的选择性态度和积极的情绪反应。

从兴趣的产生和发展来看，兴趣具有有趣、乐趣、志趣三个阶段。有趣是对某一事物产生好奇心，但随着对事物的熟悉和新鲜感的消失而逐步消失，是兴趣发展的低级阶段；乐趣是在兴趣定向发展的基础上形成的，其特点是专一、深入，是兴趣发展的中级阶段；志趣是当乐趣同个人的社会责任感、个人理想、奋斗目标等具体因素相结合后所产生的，是兴趣发展的高级阶段。志趣具有社会性、自觉性和方向性，是个体取得成就的根本动力和重要保障。

（二）兴趣与职业兴趣

对于个人而言，做自己喜欢的事情更能够感受到其中的意义、价值和幸福感。兴趣被视为个体对特定事物或活动的内在驱动力，它激发个体去探索、学习和参与。兴趣不仅是适应环境和维持生活热情的重要因素，而且在支撑和推动个人活动方面发挥着关键作用。它对于知识的积累和智力的开发同样具有不可忽视的重要性。每一次基于兴趣的活动都在为未来的行动和决策奠定基础。

一旦兴趣与职业结合，就形成了职业兴趣。职业兴趣是兴趣概念在职业领域的具体体现，它描述了个体对某种职业活动或工作持有的积极态度和持续关注。职业兴趣表现为一种稳定且持久的心理状态，它促使个体倾向于关注并追求特定的职业或工作。

尽管兴趣和职业兴趣紧密相关，但它们之间也存在明显的区别。例如，个人在娱乐和休闲活动中的兴趣可能仅代表业余爱好，并不能直接转化为职业兴趣。然而，这些兴趣在某种程度上可以与个人的职业发展相互影响，为职业选择和职业发展提供一定的指导和启发。

兴趣的多样性意味着个人可能对多个领域产生兴趣，但并非所有兴趣都适合或能够发展成为职业。职业兴趣通常与个人的技能、能力和职业目标相匹配，是个人在职业规划和发展中考虑的重要因素。理解个人的兴趣和职业兴趣，有助于在职业选择和发展过程中做出更合适的决策，实现个人职业生涯的成功。

二、霍兰德职业兴趣理论

霍兰德职业兴趣理论（the Self-directed search，SDS），是由美国职业指导专家约翰·霍兰德（John Holland）于1959年提出的职业兴趣理论，是职业规划和职业指导领域中广为人知和应用的理论之一。霍兰德职业兴趣理论将职业兴趣分为六大类型（见图4-2），且这些兴趣类型与职业选择和职业满意度有着密切的关系，每种类型都有其独特的共同特征和与之相匹配的典型职业，见表4-2。

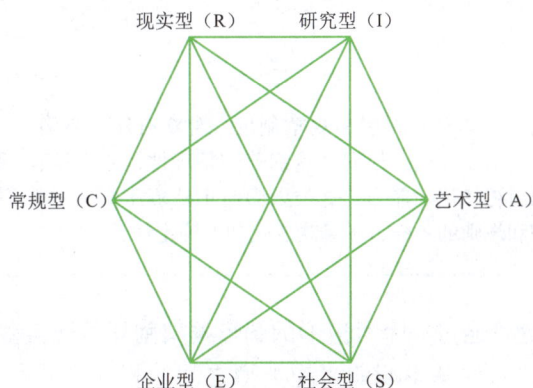

图4-2 霍兰德职业兴趣理论

表4-2 霍兰德职业兴趣测试的六大类型

类型	从业人员共同特征	典型职业
现实型（realistic，R）	现实型个体通常偏好与物体、机器和工具打交道，而不与人交往；喜欢进行实际操作和体力劳动，具有强烈的动手能力，喜欢从事具体、直接的任务；通常比较谦虚，不喜欢领导他人，更倾向于从事需要身体劳动或操作技能的工作	机械师、电工、木匠、农民、建筑工人、工程师、飞行员、汽车修理工、园林设计师等
研究型（investigative，I）	研究型个体对科学、技术和抽象概念感兴趣，喜欢通过观察、分析和实验来解决问题；具有好奇心，追求知识和理解，喜欢独立工作，并进行研究和创新；通常具有较高的智力水平和分析能力，喜欢具有挑战性和技术性的工作	科学家、研究员、化学家、物理学家、工程师、程序员、医生、系统分析师、教师（高等教育）等
艺术型（artistic，A）	艺术型个体具有创造力和表现欲，喜欢通过艺术形式表达自己；追求美和审美体验，对音乐、绘画、写作、设计等艺术活动有浓厚兴趣；通常不喜欢严格的结构和规则，更倾向于自由、灵活的工作环境	艺术家、音乐家、设计师、摄影师、作家、演员、导演、建筑师等

类型	从业人员共同特征	典型职业
社会型 （social，S）	社会型个体喜欢与他人交往，关心他人，愿意帮助和教育他人；具有良好的沟通和人际交往能力，喜欢在团队中工作，关注社会问题；通常寻求广泛的人际关系，比较看重社会义务和社会道德	教师、社会工作者、咨询师、心理学家、护士、公共关系专家、宗教工作者、健康教育者等
企业型 （enterprising，E）	企业型个体追求权力、成就和物质回报，具有领导才能和商业意识；喜欢影响他人、组织和管理工作，通常具有竞争性和进取心；喜欢挑战和冒险，愿意为了实现个人目标承担风险	企业家、销售经理、营销专家、政治家、公关经理、广告经理、人力资源管理者、律师等
常规型 （conventional，C）	常规型个体尊重权威和规章制度，喜欢有序、明确、规则化的工作环境。他们注重细节和精确性，通常具有良好的组织和记录能力。这类人倾向于从事需要遵循既定程序和规则的工作，不喜欢变化和不确定性	会计、审计员、行政助理、银行职员、秘书、图书馆管理员、出纳员、投资分析员、物流经理等

霍兰德的职业兴趣理论通过一个六边形的图形框架阐释了现实型、研究型、艺术型、社会型、企业型、常规型这六种基本职业兴趣类型之间的相互联系和差异，该模型具有以下特点。

1. 相邻类型间的相似性

六边形上彼此相邻或接近的类型，比如社会型与企业型，它们在职业环境和人格特质上具有较高的相似度。这些类型的人通常都倾向于与人交往，但他们的交往风格和方法可能存在差异。相邻的类型，如现实型与研究型，通常在兴趣和行为模式上有更多的共通之处。

2. 距离与差异性

在六边形模型中，距离较远的类型，特别是处于对角线的类型，它们之间的共同点较少，甚至在某些特质上是对立的，如常规型与艺术型，常规型个体倾向于遵循既定规则和程序，而艺术型个体则倾向于追求创新和个性化的表达。

同时，霍兰德的六边形模型还根据相邻、相隔、相对等位置关系，进一步细分了不同类型间的关系。

3. 相邻关系

相邻关系包括 RI、IR、IA、AI、AS、SA、SE、ES、EC、CE、RC 及 CR 组合。这些类型因为相邻，所以个体在这些职业环境中的共同点较多，例如，实用型和研究型的个体可能都不太偏好频繁的人际互动。

4. 相隔关系

相隔关系包括 RA、RE、IC、IS、AR、AE、SI、SC、EA、ER、CI 及 CS 组合。在这种关系中，两种类型的个体之间的共同点较相邻关系要少，表明他们在职业兴趣和人格特质上的差异更为明显。

5. 相对关系

在六边形上处于对角位置的类型，如 RS、IE、AC、SR、EI 及 CA，构成了相对关系。

这些类型的个体在职业兴趣上的共同点最少，因此，一个人同时对这两种相对的职业环境都有浓厚兴趣的情况比较罕见。

三、兴趣与职业选择

案例链接

如何抉择？

李佳音在某综合性大学上大三，就读英语专业国际贸易专业化方向。她已经通过了英语专业八级考试，口语也不错，曾经在一些国际性会议中担任过翻译。她喜欢写作，很喜欢用英语进行表达，热衷于英语角和报社的活动，曾经在中学担任过英语广播的主持和学校通讯社的记者。她喜欢旅游，因为旅游可以去不同的地方，见识新鲜的人和事。她对人文、历史都很感兴趣，在学校也选修了不少这方面的课程。在大学，她先后加入了学校的报社、心理社团和红十字会，喜欢组织各种活动。不久前，她刚刚成功地为红十字会组织了一次造血干细胞的志愿捐献活动。她自认为是一个外向型性格的女孩子，自己的优点是有创意、喜欢帮助人。周围的人都认为她热情、有亲和力、善良而富有同情心。

李佳音虽然成绩不错，但对自己的职业方向比较困惑。因为学英语和国际贸易的人都很多，自己也没有什么专业上的优势。将来到底是做翻译还是从事外贸，自己怎样才能在激烈的招聘竞争中胜出，这都是她考虑的问题。像周围所有的同学一样，她也在考虑自己到底是应该先工作还是先读研。她觉得应该认真考虑自己适合做什么样的工作和未来的发展方向。于是，她选修了大学生职业生涯规划课。

（文章来源：《大学生职业生涯发展与规划》钟谷兰，杨开著，华东师范大学出版社）

（一）兴趣对职业发展的作用

兴趣在个人的生涯发展中扮演着至关重要的角色，它不仅影响着个体如何看待他人和世界，而且还深刻影响着个体的世界观、人生观和价值观的形成。一个人的兴趣倾向性在很大程度上预示了其社交模式、生活质量、职业道路选择及创业成功的可能性。兴趣同样也决定了个体的行为方式和生活轨迹，从而在无形中指引着个体的未来和命运。兴趣对于提升工作满意度、维持职业稳定性及增强职业成就感具有显著的影响，它是个人在制订职业规划时必须考虑的关键因素之一。

1. 兴趣是智力开发的催化剂

兴趣拥有激发个体精神潜能的力量，它能够促使人全神贯注地吸收新知，并以创造性的方式投入到工作之中。当个体对某一领域或活动产生浓厚兴趣时，其身心的积极性将被全面激发。历史上众多杰出的科学家和艺术家之所以能在其领域取得卓越成就，很大程度上归功于他们对工作的浓厚兴趣以及强烈的责任感。这两者的结合产生了巨大的动力，激励他们不懈努力，最终取得了令人瞩目的成就。

兴趣的培养和维持对于个人的生涯发展至关重要。它不仅能够提升个体的工作动力和生活热情，还能够引导个体在职业选择和发展中做出更符合自身特点和期望的决策。通过识别和追随自己的兴趣，个体可以在工作中找到更多的满足感和成就感，从而实现职业生涯的顺利发展和个人潜能的最大化。

2. 兴趣是工作效率的倍增器

兴趣在提升工作效率方面发挥着至关重要的作用。相关研究表明，当个体对其从事的工作充满兴趣时，他们能够发挥出80%~90%的潜能，并且能够在长时间内保持高效率的工作状态，而不会轻易感到疲惫。相对而言，那些对工作缺乏兴趣的人，其才能的发挥通常不会超过20%~30%，并且更容易感受到工作的疲劳和压力。

3. 兴趣是推动行动的强大动力

历史上的许多发明家和科学家，如爱迪生，尽管在学校遭遇失败，被认为不具备学习能力，但是他们凭借对发明的浓厚兴趣，最终在发明领域取得了巨大的成就。同样，达尔文对自然世界的兴趣引导他提出了划时代的进化论。这些例子表明，兴趣能够激发个体的潜力，使他们从平凡走向卓越。

兴趣作为一种无形的驱动力，能够促使个体对感兴趣的领域投入更多的关注和探索，从而激发出强烈的求知欲和创造力。在职业领域，职业兴趣体现了个体对工作的态度和适应性，它不仅仅是对工作的一种愿望和兴趣，更是一种内在的动力，能够显著提升个人的工作满意度、稳定性和成就感。

因此，个人的职业兴趣对于其生涯发展具有深远的影响。它不仅关系到工作效率和职业成就，还关系到个体的整体幸福感和生活满意度。在职业规划和发展过程中，识别和追随自己的兴趣至关重要，它能够帮助个体找到真正适合自己的工作，实现个人潜能的最大化，从而在职业生涯中取得成功和满足。

（二）兴趣对职业选择的影响

兴趣通常是驱动个人选择行动方向的关键因素。当一个人对自己的职业缺乏兴趣时，他们可能会在工作中缺乏积极性和创造力，对于追求职业成就的热情可能也不足。兴趣的发展往往经历从有趣到乐趣，再到志趣的三个阶段。在职业活动中，个体可能起初是被工作的趣味性所吸引，随后在工作中找到乐趣，最终将这种乐趣与个人的奋斗目标和职业志向结合，形成志趣，展现出明确的方向性和坚定的意志性，从而全力以赴地追求特定职业目标。兴趣在职业生涯规划中的作用体现在：它是职业选择的重要参考，能够提升工作效率，充分释放个人潜力，是确保职业稳定性和职场成功的关键要素。

职业兴趣的萌生和成长是建立在个体固有素质的基础上，通过生涯实践中的不断体验和反思而逐渐塑造的。它对个人的职业选择产生深远影响，能够激发个体的潜力，促进个人的成长和进步，帮助个体更快地适应职业环境和角色。

职业兴趣的形成是一个复杂的过程，与个人的性格、能力、经历、外部环境及所处的历史背景紧密相连。因此，在进行职业规划时，对兴趣的探讨应当是全面的，需要将个人特质、家庭背景、社会状况等因素综合考虑。深入了解这些因素有助于个人更好地自我认知，为职业规划提供坚实的基础。通过这种方式，个人可以更精准地识别自己的兴趣所在，制订出更符合自身实际情况的职业发展计划。

职高生一路逆袭成麻省理工博士

职高：2009—2012 年，温州市龙湾区职业技术学校；大专：2012—2015 年，浙江经贸职业技术学院；本科：2015—2017 年，杭州电子科技大学；硕士：2017—2020 年，浙江大学；博士：2020 年至今，麻省理工学院。网友直呼："努力真的是件值得骄傲的事！回头看，轻舟已成航母！"

周信静是谁？事实上，这不是他第一次引起大众关注。2023 年秋天，多所院校的开学典礼都以他的逆袭故事激励学子。

据澎湃新闻报道，其母校温州市龙湾区职业技术学校提供的资料显示，周信静是龙湾区职业技术学校 2012 届计算机职专班毕业生。在龙湾区职业技术学校就读的三年，他经历了从懵懂迷茫到幡然醒悟的巨大人生转折，逐渐摸索出适合自身的学习方法并付诸行动。大专（浙江经贸职业技术学院）毕业时，他通过专升本考试顺利进入杭州电子科技大学学习，之后他凭借自己的努力成功考入浙江大学就读研究生。研究生期间以第一作者身份在数据库顶级会议 VLDB2020 上发表 DPTree 论文。毕业后，周信静顺利就职于腾讯公司，工作之余，他从未放弃对自己热爱的数据库领域的研究，他参与的工作 SpitFire 发表在 SIGMOD2021 上（SIGMOD 和 VLDB 是数据库领域顶级的两个会议），2020 年底成功申请到麻省理工学院（MIT）的计算机博士（CS PhD），成为数据库领域图灵奖获得者 Michael Stonebraker 的学生。

杭州电子科技大学微信公众号则发文介绍，周信静是目前国内最有名的"求学逆袭王"。他的读书过程堪称励志典范：职高—大专—专升本—考研—读博。2015 年，周信静通过专升本来到了杭电。以稳居专业第一的成绩在 600 多人的计算机学院中脱颖而出，摘得国家奖学金和校一等奖学金的桂冠。随后考上浙江大学的计算机科学与技术专业硕士，并拿下 MIT 计算机系的 PhD 录取通知。

周信静杭电时期的一名室友曾撰文称，周信静出生于浙江一个贫困的小岛。尽管早年他对读书没任何兴趣而进了职高，但他后来奋起读书，立足杭州，放眼世界，最终惊人地拿到了 MIT CS PhD 的录取通知，他的奋斗历程毫无疑问是极其励志的。更难能可贵的是，除了他出色的技术水平与学术研究水平以外，周信静还是一位非常温柔、善良、诚恳、坚毅、果敢的青年，尽管在很长的一段时间内生活并未温柔地对待他，但他仍然对生命充满着热爱。抬头仰望星空，低头脚踏实地，这是对他的最好写照。

除了周信静，还有许多类似的励志学霸，这些逆袭学霸的故事同样鼓舞人心。

来自山东滕州的田素坤 2008 年入学滨州职业学院，就读于机电一体化技术专业。在学习过程中他逐渐发现自己对科研更感兴趣，想要继续深造，成为一名科研工作者。经过他 15 年的不懈努力，2023 年 5 月，田素坤进入北京大学口腔医学院，并被聘为副研究员、博士研究生导师。

2023 年 10 月，哈工大高会军教授获系统与控制论领域最高奖，他的求学经历也引起关注。1995 年 7 月，19 岁的高会军在中专毕业后，进入一家工厂当磨工，但此后他的人生继续不断突破，29 岁那年，他成为哈工大历史上唯一一位由讲师直接破格晋升为教授的学者，同时也是最年轻的博导。

（案例来源：极目新闻，2023 年 12 月 25 日发布）

项目反馈

请完成下面的项目反馈内容。

发现问题
改正措施
经验心得

项目 4.3 优势能力的识别与提升

项目导入

为深入分析和认识自己的技能优势。在这个活动中，大家将通过一系列设计好的自我评估工具和团队互动环节，识别自己在不同领域的技能水平，包括但不限于沟通能力、分析解决问题的能力、团队合作能力等。

知识储备

一、能力与职业能力

（一）能力分类

能力是个体成功执行特定活动所必需的心理条件，它是个体人格结构中的一种关键心理特质。能力对活动效率具有直接影响，是决定活动能否高效完成的核心内在要素。

在心理学领域，能力被视为个体心理特征的一部分。它通常是指个体在记忆、注意力分配等方面的心理特质。能力必须通过具体活动来体现，只有个体参与活动，才能观察到其所拥有的特定能力，而能力的高低也需在活动中进行评估。如果个体未能参与相关活动，缺乏实际操作的机会，那么其潜在能力的确定将会变得困难。

在个体的心理特征中，只有那些能够显著提升活动效率并促进任务顺利完成的因素，才能被定义为能力。尽管成功完成某项活动可能受到兴趣、知识、经验、性格等多种心理因素的影响，但这些因素并不都直接作用于活动效率，也不决定活动的最终完成情况。相比之下，能力是直接影响活动效率并决定活动成败的关键心理特征。

1. 能力倾向

1983 年，美国哈佛大学教育研究院的心理发展学家霍华德·加德纳提出了多元智能理论，这一理论将人类的天赋与智力发展相联系。加德纳认为智力是多维度的，由多种同样重要的能力构成，而不是单一或少数几种核心能力。这些能力并不是以一个统一的整体存在，而是以独立的形式表现。他将人类的天赋能力分类为八大类型。

（1）语言智能：涉及语言的理解和运用能力。

（2）数理逻辑智能：涉及逻辑推理和数学运算的能力。

（3）空间智能：涉及对空间关系的理解和图像化思维。

（4）身体运动智能：涉及身体协调和运动技能。

（5）音乐智能：涉及音乐感知、创作和表演的能力。

（6）人际智能：涉及理解他人和社交互动的能力。

（7）内省智能：涉及自我认识和内省的能力。

（8）自然观察智能：涉及对自然世界的认识和理解。

理论上，每个个体都拥有某些天赋和潜能，但并非每个人都能意识到自己的这些天赋。这主要是因为两个原因。首先，某些天赋较为明显，例如，篮球运动员迈克尔·乔丹的卓越跳跃能力和协调性，或者小提琴家伊扎克·帕尔曼的音乐表达和演奏技巧。而其他一些天赋则不那么容易被识别，比如自我认知或对自然的敏感性。其次，天赋的发现和培养与时机有关，如音乐、运动或空间能力的早期发展。有时，个体在某些领域的表现可能不如他人，这可能是因为他们的天赋尚未被发现，或者尚未得到充分的探索和尝试。此外，外界的负面评价可能阻碍了天赋的发掘。有时，个体可能已经进入了一个与自己天赋相匹配的领域，但由于缺乏珍视而轻易放弃，或者由于不恰当的比较而损害了自信，从而个体本身未能意识到自己的潜力。

2. 技能

美国心理学家悉尼·法恩和理查德·博尔斯对技能进行了细致的分类，将其划分为三种主要类型：可迁移技能、专业知识技能以及自我管理技能。

可迁移技能，又称通用技能，是个人在多种情境下都能运用的能力，它们不局限于特定的工作环境，而是可以在生活的各个领域得到培养和应用。这些技能具有跨学科和跨领域的特点，可以轻松地从一个工作转移到另一个工作。可迁移技能主要包括以下几种：事务性技能，如组织、计划和执行；人际技能，如沟通、协调和领导；数字技能，如分析、计算和解释数据；创新技能，如设计、想象和概念化。

专业知识技能是特定于某一职业领域的技能，通常需要通过专业的教育和培训才能获得。这类技能与特定职业的工作要求密切相关，不易迁移到其他职业领域。在招聘过程中，雇主通常会特别关注求职者是否具备所需的专业知识技能，例如，对于会计职位，雇主会检查求职者是否掌握了会计学的基本原理和实践技能。

自我管理技能涉及个人特质和行为习惯，它们对于个人在工作中的表现至关重要。这些技能包括时间管理、自我激励、适应性和抗压能力等，它们可以通过不断地实践和自我反思而获得。自我管理技能不仅有助于个人在工作中取得成功，也对个人的整体发展和生活质量有积极影响。

职业能力特指个体在进行某项职业活动时所必需的各类能力。职业兴趣可能影响一个人的就业选择和在该领域努力的程度，而职业能力则关系到个体是否适合某职业以及在该职业中成功的可能性。由于职业能力涉及多种能力的综合体现，我们可以将职业能力细分为一般职业能力、专业能力和职业综合能力。一般职业能力涉及个体在多数职业活动中普遍需要的能力，如沟通能力和团队合作能力；专业能力是与特定职业直接相关的技能和知识；职业综合能力是在特定职业领域内，个体所需展现的一系列高级技能和素质的集合。

🔑 **案例链接**

高职学生就业能力培养：剑不如人，剑术胜于人

近年来，每年高校毕业生持续在 1 000 万以上。其中，来自高职院校的毕业生将占据半壁江山。

客观而言，在社会用人学历至上的错误导向下，相对于普通本科院校而言，高职院校毕业生所承受的就业压力就更为严峻，因此，对于高职院校来说，就业是一个非常重大的课题。

与其临阵磨枪，不如厉兵秣马。高职学生的就业工作，应该重在平时，从源头上做起，依托职业教育的优势，夯实就业能力，提升竞争力，以不变应万变。按照社会对于职业教育的普遍认知，高职毕业生输在学历，赢在技能。既然如此，我们就应该将这种认知发挥到极致，将学历劣势的不利影响降至最低，将技能优势最大化，这就是所谓的"剑不如人，剑术胜于人"。

"剑不如人"是因为相对普通本科的四年，目前绝大多数的高职院校的教学周期都是三年。从学生理论知识储备的角度上说，这确实是一种缺憾，但也是必须面对的现实。因此，理论够用原则就必须在高职人才培养方案中得到充分的贯彻落实。坦率地说，在实际的教学中，还有相当一批教师习惯于知识讲授，因为无论是教材的选择还是教学方法的实施，这样的安排最为简单。只是，大量的知识性传授，既占用了学生的技能学习时间，又造成了他们对于专业学习的兴趣淡化。毕竟，对于不少高职学生来说，因为学习习惯和能力上的差异，他们在理论知识的消化吸收方面往往表现平平，一旦将过量的理论知识硬性强塞给他们，容易形成学习困难，并导致他们对专业学习的恐慌和本能抵制。这一点，一定要引起高职院校的警觉，不能因为教师的方便，就造成学生的学习障碍。

而"剑术胜于人"就是要突出技能的培养，在学生技能获得方面下大功夫。这就要求老师首先要手中有活，倒逼自己先去学习技能、学好技能，不能总是在办公室里、在电脑上做专业研究，要去生产现场、社会市场去挖掘专业教学的素材，去提高自己的专业教学能力。

在这个方面，有个陷阱需要警惕。具体而言，就是在技能培养方面，用敬业代替技能。高职培养的是技术技能型人才，不是在流水线上重复单调劳动的普通务工人员。

对于高职学生来说，敬业精神的底层逻辑必须要有技能保障，否则就是单纯的体力劳动者。大国工匠确实是靠多年岗位工作的坚持，但是这种坚持是对于技能的极致追求。没有功夫作为底色，扫地僧永远不会出现。对于高职学生来说，在求职就业的时候，与其因为学历因素处处被动，还不如主动将强大的技能握在手里，真正以一技之长实现顺利就业、稳定从业。这样的技能诉求，学校、教师和学生自己，必须协同努力，才能早日达成。

（案例来源：浙江工人日报，2023年3月16日00003版）

（二）职业能力的类型

1. 基础职业能力

基础职业能力涵盖了一系列核心能力，这些核心能力对于大多数职业岗位都是必需的，这其中包括基本的学习技巧、文字和语言表达能力、数学计算与逻辑推理能力、空间感知与分析能力、形体感知能力、色彩识别能力、手部灵活性、手眼协调能力。除了这些技术性能力外，人际交往技能、团队合作精神、对不同工作环境的适应性，以及面对挑战和压力时的心理韧性，同样是职业活动中极为重要的基础能力。

2. 特定职业能力

特定职业能力是指个体在某一特定职业领域内所展现的专业能力。在求职过程中，雇主通常会特别关注求职者是否具备岗位所需的特定专业能力。例如，应聘教学岗位时，雇主会重点考察求职者是否拥有必要的教学技巧和教育理念。

3. 综合职业能力

综合职业能力涉及国际上普遍认为重要的一系列关键能力，这些能力对于个体在多变的职业环境中取得成功至关重要。具体来说，综合职业能力主要包括以下四个方面。

（1）通用专业技能。通用专业能力包括几项关键技能：首先是数学和测量的应用能力，这涉及对数据的理解和分析；其次是熟练使用计算机的能力，包括基本的计算机操作和高级的技术应用；最后是运用外语解决专业问题和进行交流的能力，这在全球化的工作环境中尤为重要。

（2）方法能力。方法能力是指个体在工作中所采用的策略和方法，包括信息搜集和筛选的能力，这要求个体能够有效地从大量信息中提取有价值的内容。此外，还包括制订工作计划、独立作出决策和执行的能力。同时，具备准确的自我评价能力，能够接受他人评价，并能从成功或失败的经历中吸取教训，也是持续个人发展和职业成长的关键。

（3）社会能力。社会能力涉及个体在团队中的协作能力、人际交往和沟通技巧。这包括在工作中与他人协同合作，对同事持有公正和宽容的态度，以及具备判断力和自律能力。这些能力是确保岗位胜任力和在工作中实现个人抱负的重要因素。

（4）个人能力。随着中国经济体制改革的不断深化和法制的完善，个人的社会责任和诚信变得越来越重要。职业道德受到社会的尊重和赞赏，具有爱岗敬业、负责任、注重细节的职业人格将获得社会的认可和推崇。

在不同职业中，对个人能力的要求各有侧重。

（1）商务经理需要具备出色的领导才能和协作技巧。

（2）会计职业需要具备数学能力和沟通技巧。

（3）教师职业需要具备沟通技巧、表达能力和创新能力。

（4）记者职业需要具备出色的沟通技巧和计算机技能。

（5）工程师职业侧重于具备数学才能和分析能力。

（6）市场营销人员需要具备推销技巧和研究能力。

（7）律师职业需要具备行政管理才能和沟通技巧。

二、职业核心能力分析

我国劳动和社会保障部（现中华人民共和国人力资源和社会保障部）在《国家技能振兴战略》中把职业核心能力分为 8 项，称为 8 项核心能力，包括：人际沟通交流能力、数字应用能力、信息处理能力、与人合作能力、解决问题能力、学习能力、创新思维能力、外语应用能力。

1. 人际沟通与交流能力

人际沟通与交流能力是这 8 项核心能力的首位能力，是每个人事业成功的基础。培养与提高符合时代要求的人际沟通与交流能力具有重要的现实意义。这不仅是个人具有较高素养，具备较强竞争实力，为顺利进入职场做好充分准备的体现，更是职场现代化实现个体生存及可持续发展的最经济、最有效的重要保障，是符合新时代创造型、实用型、复合型人才要求的重要体现。

2. 数字应用能力

《中国数字化人才现状与展望 2020》调查数据显示，82% 的受访人表示未来任何岗位都需要具备数字化应用能力，其中数据分析能力是其首选想要提升的数字化技能。数字化运用能力是数字化时代职场人提效的必备思维，利用数字化工具为企业提效，释放工作时间，提升工作的价值感。当前流行的一些数字化工具主要包括 Excel、Python、Tableau 等。

3. 信息处理能力

信息时代新知识不断涌现，能够适应这种发展潮流的人被称为现代人才，也被称为信息人才。只有具备了一定水平的信息能力，才能在信息时代的浪潮中游刃有余。信息处理能力的四个方面包括收集信息的能力、判断信息的能力、分析信息的能力、表现信息的能力。

4. 与人合作能力

在现代职场中，团队合作能力已经成为很多招聘者所看重的一个能力。因为在团队中，我们需要与多位不同背景的人一起工作，而不是单打独斗。一个具有良好团队合作能力的员工可以更好地协调资源，快速解决问题，优化团队流程，使得整个团队的效率水平有所提升。

5. 解决问题能力

解决问题能力是指人们运用观念、规则、一定的程序方法等对客观问题进行分析并提出解决方案的能力。初级的解决问题能力表现在能够发现一般的显性问题，能够初步判断，可以简单处理；解决问题能力较强者，能在自己熟悉的领域或范围较容易发现隐藏的问题，有一定的发现问题的技巧，具备一定的分析能力，能够根据现象探求解决问题的途径，并找到答案，可以较好解决问题；具备更高层次的解决问题能力者，能更早期地发现问题，感知外界对自己或工作生活的不良影响，可以准确预测事情发展过程中的各种问题，并将其消灭在萌芽状态，同时能归纳总结问题发生的规律，可以指导并提高他人发现问题的能力。

6. 学习能力

学习能力是一个人在职场中持续成长的基础能力。在快速变化的市场环境中，我们不断地面对新的技术、新的概念和新的挑战，如果不具备良好的学习能力，就难以适应变化。因此，有一个快速学习和更新知识的习惯是每个员工都应该拥有的能力之一。

7. 创新思维能力

创新思维能力在现代职场中也非常受欢迎。在高度竞争的市场中，每个企业都需要拥有不同的竞争优势才能在市场中立于不败之地。而创新思维能力可以帮助个人更好地发现问题，寻找突破口，提出更具有前瞻性的解决方案，从而在各种竞争中获得更好的胜利。

8. 外语应用能力

当前，世界正处于百年未有之大变局，世界多极化、经济全球化潮流势不可当，合作共赢是人类发展的必然选择，携手构建人类命运共同体符合历史发展规律。在国际化进程中加强交流合作，提升外语应用能力也是个人发展的重要内容。以应用英语为例，应用英语的能力主要包含以下方面。

（1）具有英语听、说、读、写、译方面的实际操作能力。

（2）具有良好的人文素质与语言、文字表达能力。

（3）具有综合、灵活运用所学知识的能力及较强的自学能力。

在本活动中，大家需要反思过去的学习经历和实践活动，诚实地评估自己的强项和待提升的领域。通过小组讨论和同伴反馈，大家将进一步理解如何在实际情境中应用和增强这些技能。最后，可通过制订一个个性化的能力提升计划，明确未来发展方向和提升路径，为个人职业发展奠定坚实的基础。

活动内容分为以下四个步骤。

第一步：分小组，各组成员对下面所列出的经历进行分析，尽可能全面地列出所掌握的技能，再从中挑选自己认为比较精通的技能和自己希望在工作中应用的技能，最后列出对你来说最重要的五项技能。

（1）在学校课程中学到的技能（如英语、写作等）：_____。

（2）在工作（包括兼职和暑假工作）中学到的技能（如 PS 等）：_____。

（3）从专业会议、讲座等活动中学到的技能（如会计知识的应用等）：_____。

（4）从志愿服务中学到的技能（如饲养小动物、照顾老人等）：_____。

（5）从课外培训、学习班学到的技能（如舞蹈、绘画等）：_____。

（6）从爱好、娱乐休闲、社团活动、家庭职责中学到的技能（如摄影、烹饪等）：

_____。

（7）通过阅读、看电视、看视频等方式学到的技能（如阅读、快速记忆法等）：

_____。

（8）请亲友和同学评价你所掌握的专业知识（不论掌握程度如何）：_____。

第二步：各小组的每个成员轮流说出一种自己具备而其他成员还没提到过的技能。

第三步：盘点了自己现有的主要技能后，想想自己暂时还没掌握但希望掌握的技能，自己尚不具备但希望掌握的技能有：_____。

第四步：分组讨论可以通过哪些途径获得自己尚不具备但希望拥有的技能。

三、提升职业能力的途径

个人能力的形成和发展是一个逐步演化的过程，它在不同的个体中表现出显著的差异，并通过个体的具体行为在各种活动中得到体现。经过长期的研究发现，心理学家罗圭斯特与戴维斯提出了明尼苏达工作适应理论。该理论认为，当个人的内在需求得到工作环境的满足时，会感到内在的满足；而当个人能够满足工作的要求，并获得雇主和同事的认可时，会感到外在的满足。当个人同时实现内在与外在的满足时，个人与工作环境之间的关系将达到一种协调状态，工作满意度会提高，个人在该领域的职业发展也更可能持续和成功。

在衡量内在满足和外在满足时，个人能力是一个关键因素。每个人都有独特的能力倾向，深入挖掘并有效利用这些能力，可以在适合的职业领域中发挥潜力，从而提高工作效率和成功的可能性。例如，软件开发者需要具备强大的逻辑思维能力和编程技能，这些能力使他们能够设计复杂的软件系统；建筑师需要具备空间设计能力和创新思维，这些能力让他们能够创造出既美观又实用的建筑作品。

特定的职业能力是从事某种职业活动的必要条件和保证。例如，如果一个人不具备软件开发所需的逻辑思维和编程技能，那么他很难成为专业的软件开发者。如果他拥有出色的财务分析和数字处理能力，他可能在财务分析领域取得成功，能够有效地完成财务相关的工作。

个人能力的提升可以通过多种途径实现，可以通过可量化的工作成果、来自他人（如教师、领导、雇主或同学）的正面反馈、专业的职业能力评估工具来体现。值得注意的是，职业能力的培养是一个逐步发展的过程。

（一）知识的积累

职业能力的构建始于知识的学习，这是基础阶段。在此阶段，新信息被吸收进入短期记忆，并与长期记忆中的现有知识结构相连接，融入个人的已有知识体系。个体通过归纳、分类和综合等认知过程来吸收和理解新知识，并通过记忆策略来巩固知识，最终能够将所学应用于解决类似问题，从而实现知识的应用和迁移。

（二）技能的掌握

技能是指个体在明确目标的指引下，通过反复练习而逐步掌握的一系列操作流程。技能的学习建立在对程序性知识的掌握上，通常经历观察、模仿和实践反馈的过程，从初学者成长为熟练者，直至达到技能的流程化和精细化。

（三）态度的塑造

个体对于职业的态度不仅影响其认知和情感反应，还影响其在工作中的表现。态度并非与生俱来，而是通过社会化学习形成的。在家庭、社会和教育机构的影响下，个体通过观察他人的行为、接受指导和建议，将社会期望内化为个人的态度，并在适当情境下进行调整和改变。

（四）综合能力的发展

仅仅获得知识、技能和态度并不等于完全具备了职业能力。职业能力的形成需要在具体的职业活动或模拟的职业环境中，通过将已有的知识、技能和态度进行类化迁移，并经过特殊的发展和整合，才能最终形成。例如，一名厨师不仅需要掌握烹饪技巧（技能），了解食材特性和营养搭配（知识），还需要对食物和顾客持有尊重和热情的态度，这些因素综合起来，才能使他成为一名优秀的烹饪专家。

> **案例链接**
>
> **没有逆袭的天才唯有奋斗的青春**
>
> 我叫姜雨荷，今年 20 岁，老家在河南农村，父母都是农民。
>
> 2022 年 11 月 27 日，我荣获世界技能大赛特别赛化学实验室技术项目金牌，实现了我国该项目金牌零的突破。当我身披国旗登上领奖台，泪水夺眶而出，冲击金牌的过程历历在目。
>
> 选择学习技能，把命运掌握在自己手中。
>
> 初中毕业后，我踏上了南下打工之路。因为缺乏知识和技能，只能做没有技术含量

的工作，枯燥的打工生活让我一度开始怀疑人生。这不是我想要的生活！我想重返校园，学一门真正的技术，找个好工作，过上幸福生活。后来，河南化工技师学院引领我踏上了技能求学路，彻底改变了我的命运。

立志技能成才，向最优秀的人看齐。

走进技工院校，就像开启了惊喜的盲盒，我第一次知道了世赛，并见到第45届世赛工业控制项目铜牌获得者——我的学长贺江涛，我立志也要成为他那样的人。

经过层层选拔，我入选了学校集训队，开启了三年半的征程。越努力就越幸运，我一路过关斩将，从省赛、国赛，奔向世赛的舞台。精益求精，验证一万小时定律。备赛时一个动作要重复成千上万遍，模拟测试更是家常便饭，每天训练都是十四五个小时。

春节期间，别人都是和亲人团圆，而我却在实验室与瓶瓶罐罐相伴。比赛中，由于必须使用化学滴定法，关键时刻，单次滴入溶液量要精确到1/4滴，也就是0.01毫升，因此，极轻微的手抖都会前功尽弃。在一个月的集训中，我每天都坚持训练到凌晨两点。在奥地利比赛第一天，面对从未见过的新题型和仪器设备，一时间我不知所措，但长期精益求精训练形成的肌肉记忆，让我迅速进入状态，最终圆满完成比赛。

一位著名作家说过："一万小时的锤炼，是任何人从平凡变成世界级大师的必要条件。"粗略一算，这几年我的训练时间累计超过14 000小时，不知不觉中，我把一万小时定律从概念变成现实，挑战不可能，成为最闪亮的自己。化学实验室技术项目要求选手独立撰写大篇幅、高质量的英文实验报告，这对很多本科生甚至研究生都是巨大的挑战。初中毕业的我，几乎只记得26个字母，英语就像一座大山横亘眼前。在翻译老师的精心指导下，我一字一句啃起了"硬骨头"。随身携带单词本，吃饭时背、睡觉前背、走在路上继续背。终于，我像愚公一样搬走了这座大山，在世赛特别赛上，以优异成绩完成了长达11页的英文实验报告！英文是母语的外国选手，现场也对我竖起了大拇指。

漫漫技能路上，我从来不是一个人在战斗，领导、专家、教练、亲人……把最无私的爱汇成强大温暖的光束，照亮我的人生，引领我走向技能成才、技能报国的广阔道路，让激昂的青春梦与伟大的中国梦相遇、相融。我由衷感恩党和国家，感谢老师和亲人。身处一个劳动光荣、技能宝贵、创造伟大的时代，是多么幸运！

技能报国，我肩负着更多责任和使命。如今，我已成为学校最年轻的教师，我将向前辈和专家学习并不断提升自己，把世赛精神、工匠精神继续发扬在工作中，把大赛经历、训练经验分享给我的学生们，让更多学生热爱技能、学习技能、掌握技能，用技能实现人生梦想，用技能更好地回报国家与社会。

奋斗是青春最亮丽的底色。党的二十大报告中，将大国工匠、高技能人才列为国家战略人才力量。青年的我们，既是技工教育的受益者，更是技能中国的建设者。希望同学们坚持技能学习之路，树立远大目标，并直面挑战，勇于突破自己。从来没有逆袭的天才，唯有奋斗不止的青春！

（选自技能中国，2023年3月23日发布）

项目反馈

请完成下面的项目反馈内容。

发现问题
改正措施
经验心得

项目 4.4　职业性格探索

项目导入

案例分析：王娟和小林的困惑

王娟是某高校会计专业一年级的学生，性格外向、做事追求速度，有时比较马虎、毛躁。会计是她高考时的第一志愿第一专业，经过半学期的学习，她发现自己对所学专业越来越感兴趣，而且成绩也不错。按说一切都尽如人意，但她依然有困惑。她觉得自己在性格上是个很感性的人，而且不够细心沉稳，但会计从业需要更多的理性、谨慎，自己的性格可能会不利于今后在专业上的发展。因此，王娟不知道自己是否适合向会计方面发展。

小林觉得自己十分幸运，一直以来成绩一般的他在高考前夕虽然生病并且状态不佳，但仍如愿进入自己想去的学校。进入大学后，小林每年都拿奖学金，对此，他却不以为意，因为让他为难的不是成绩，而是自己的性格。大二下学期，身边的同学准备参加专升本考试的已经在着手准备了，找工作的同学也开始物色意向企业了，但参加专升本考试还是找工作小林一直犹豫不决。如果参加专升本考试，以自己的成绩通过考试应该不会太困难，但是他又希望早点踏入社会，投入更丰富的生活；如果找工作，自己的性格很内向，不善言辞，在人群中很难引起别人的注意。自己这样的性格在工作中是否能受到领导或同事的赏识和欢迎，是否能够顺利开展工作并取得成功？是否应该再读几年书，趁这段时间把性格改变一下？不过，性格能改变吗？

案例分析：王娟和小林的困惑在大学生中比较有代表性。一方面，他们不清楚如何从性格角度考虑自己适合学什么专业、做什么工作；另一方面，他们也常常对自己的性格有这样或那样的不满，担心性格影响未来发展，又不知道性格能否改变。要解决这些困惑，需要更清晰地了解自己的性格，了解性格与职业的关系，更要知道如何在现有的职业选择中更好地发挥自己的性格优势。

知识储备

一、性格与职业性格

（一）性格及其特点

性格是个体在不同情境下表现出来的一致性和持续性的心理特征，它反映了一个人在对内、对外的互动中所展现的稳定的行为倾向和情感反应。例如，若一个人在多种不同的社交和工作环境中，一贯展现出热情、真诚、乐于助人、自律严格和决策果断等特质，这些稳定的态度和行为模式便是该人性格的体现。相反，如果另一个人在多种情境中总是表现出尖酸刻薄、喜欢讽刺挖苦、自负傲慢、犹豫不决等行为特征，这些同样是该人性格的体现。

性格的形成是一个复杂的过程，它受到遗传、环境、个人经历和文化等多种因素的影响。性格一旦形成，通常在个体的一生中具有较高的稳定性，但同时也具有一定的可塑性，能够在重要的生活事件和持续的环境作用下发生一定程度的变化。

性格对个体的职业生涯有着深远的影响。它不仅影响着个人的工作方式和职业选择，还影响着人际交往、团队合作以及职业发展等多个方面。了解和认识自己的性格，有助于个人在职业规划和发展中做出更符合自身特点的决策，实现个人职业生涯的最大潜力。同时，性格的自我认识也对提高个人的社交能力和生活质量具有重要意义。

（二）性格影响职业选择

性格的可塑性是人们普遍讨论的话题。确实，性格在一定程度上是可以被塑造和改变的，尤其是当生活环境、教育经历等外部因素发生变化时。然而，每个人性格的可塑性都有一定的范围和限制，就像弹簧在受力后可以伸展或压缩，但终究不能超越其物理极限。

性格不仅仅是个人特质的体现，它还常常与道德评价相关联。一些性格特征，如温和、慷慨、体贴等，通常被视为积极的性格；而另一些性格特征，如刻薄、挑剔、自私等，则被认为是消极的性格，需要改进。性格中的某些方面可能会影响个人与他人建立良好人际关系的能力。然而，从职业选择和发展的角度来看，每种性格都有其独特的优势和价值。

职业选择和发展的关键在于发挥个人的性格优势，而非仅仅弥补不足。以历史人物为例，虽然拿破仑的野心和决断力最终导致了他的失败，但正是这种性格使他在军事征服中取得了一系列辉煌的成就，为法国的崛起奠定了基础。

性格类型与职业之间存在一定的关联性。一方面，不同的性格类型适应不同的职业环境和要求；另一方面，从事某种特定职业的人可能会根据职业的需求，不断调整或强化自己的性格特征，甚至改变一些原有的特点。但是，性格与职业之间并不存在严格的一一对应关系。不同性格的人在同一职业领域中能够展现出各自的优势，而同一性格的人在不同职业领域中也能发挥出不同的魅力。例如，一个情感丰富的个体如果从事文学创作，可能因其对情感的敏感和细腻表达而创作出深刻的作品；如果转向社会科学研究，可能因其出色的想象力而在非逻辑思维方面超越那些更为理性的个体。性格的多样性为职业领域带来了丰富的人才资源，而个体应根据自己的性格特点，选择能够发挥自身优势的职业道路，实现个人职业生涯的最大化发展。

美国知名的职业指导专家霍兰德将职业选择视为个人性格特质的反映。他的理念是，个人的职业选择反映了其性格，而性格与职业的高度匹配是实现职业满意度、稳定性和成就的关键。一个人在工作中的态度，往往由其性格所决定，这进而影响其对职业的偏好和未来的职业成就。因此，在规划职业生涯时，考虑个人的性格特征，追求性格与职业的一致性是至关重要的。

每个人都有自己的优势和劣势，职业心理学研究表明，特定的性格类型与一定的职业领域相匹配，而不同的职业同样需要具备相应性格特质的人才。如果个人的职业选择与其性格不相契合，可能会导致其才能和潜力无法得到充分发挥。例如，让一个性格急躁的人从事需要耐心和细致的客服工作，或者让一个性格温和的人从事需要果断和强硬的刑警工作，都可能产生不良后果。职业性格并不仅仅指一个人所展现的专业技能、工作经验或智力水平，而是指那些受心理条件影响，与生俱来、内在稳定，并在职业匹配、环境适应、工作表现和职业成就上发挥作用的一系列难以改变的非智力因素。因此，个人首先需要深入了解自己的性格，根据自己的性格特点和兴趣爱好选择合适的职业；其次应致力于塑造和完善自己的性格，使其更好地适应工作的要求。

俗话说："性格决定命运。"事业成功与否与性格和职业的匹配度紧密相关。虽然个人能力可以通过培训和学习得到提升，但改变一个人的基本性格，尤其是强迫其从事与性格不匹配的工作，是非常困难的。正如许多成功人士所证明的，他们之所以成功，往往是因为在与其性格相匹配的领域内，充分发掘和利用了自己的优秀品质，从而实现了职业生涯卓越成就。

二、职业性格初探

职业性格是指在长期特定的职业生活中所形成的与职业相联系的、稳定的心理特征。例如，有的人对待工作总是一丝不苟，踏实认真；待人处世中总是表现出高度的原则性、果断、负责；在对待自己的态度上表现为谦虚、自信、自律等，所有这些特征的总和就是其职业性格。职业性格特征与职业生涯规划关系密切，所以大学生在进行职业生涯规划时应了解自己的职业性格类型和特征。

（一）内向型性格和外向型性格

在性格分类的众多方法中，瑞士心理学家卡尔·荣格的分类法是最为基础和最被广泛接受的一种。荣格根据个体心理能量的倾向，将性格主要分为内向型性格和外向型性格两大类。内向型个体倾向于内省和个人思考，而外向型个体则更偏好社交和外部活动。荣格进一步对这两种性格类型的特征进行了描述，并探讨了每种性格类型适合的职业类型。

荣格的理论为理解职业性格与职业匹配提供了一个框架，帮助人们根据自己的职业性格倾向选择更适合的工作环境。例如，内向型个体可能更适合独立工作、需要深度思考的职业，如作家、研究员或程序员；而外向型个体可能更适合团队合作、频繁交流的职业，如销售经理、公关专员或团队领导者，内向型性格与外向型性格分析见表4-3。

表4-3 内向型性格与外向型性格分析

性格类型	性格特征	较适合的职业
内向型	感情比较深沉，待人接物小心谨慎，喜欢单独工作，喜欢思考，具有自我分析和自我批判精神，但不善于表达自己的思想、不善于社交、对新环境的适应不够灵活	较适合从事有计划的、稳定的、不需要与人过多交往的职业，如自然科学家、技术人员、会计师、打字员、程序设计员、统计员、资料管理员、一般事务性工作人员等
外向型	活泼开朗、善于交际、心直口快、感情外露、待人热情，与人交往时随和、不拘小节，适应环境的能力较强，但注意力不稳定、兴趣容易转移	较适合从事与外界广泛接触的职业，如管理人员、律师、推销员、警察、记者、教师、人力资源工作者等

（二）九种典型职业性格

近期，依据中国的社会文化背景和职场环境，教育和心理学领域的专家们提出了一种分类方法，将职业性格归纳为九大基本类型，见表4-4。

表4-4 职业性格分类

性格类型	性格特征	较适合的职业
变化型	在新的和意外的活动中感到愉快，喜欢有变化的和多样的工作，善于转移注意力	记者、推销员、演员等
重复型	适合连续从事同样的工作，按固定的计划或进度办事，喜欢重复的、有规律的、有标准的工作	纺织/机械/印刷工、电影放映员等
服从型	愿意配合别人或按别人指示办事，不愿意自己独立作出决策和承担责任	办公室职员、秘书、翻译等
独立型	喜欢计划自己的活动和指导别人的活动或对未来的事情作出决定，在独立负责的工作情境中感到愉快	管理人员、律师、警察、侦查人员等
协作型	在与人协同工作时感到愉快，善于引导别人并想得到同事们的喜欢	社会工作者、咨询人员等
劝服型	通过谈话或写作等使别人同意自己的观点，对别人的反应有较强的判断力，善于影响别人的态度和观点	辅导员、思想政治教育工作者、宣传员、作家等
机智型	在紧张和危险的情况下能自我控制沉着应对，发生意外和差错时能不慌不忙地出色完成工作	驾驶员、飞行员、消防员、救生员等
自我表现型	喜欢表现自己的爱好和个性，根据自己的感情做出选择，通过自己的工作来表现自己的思想	演员、诗人、音乐家、画家等
严谨型	注重工作过程的各个环节、细节的精确性，愿意按一套规划和步骤将工作尽可能做得完美，倾向于严格、努力地工作，以看到自己出色完成工作的效果	会计、出纳、统计员、打字员、图书管理员等

（三）职业性格测评

MBTI性格测评，全称为迈尔斯-布里格斯格类型测验（Myers-Briggs type Indicator），是一种广泛使用的性格评估工具，旨在帮助人们了解自己的性格特点和偏好。该测评基于瑞士心理学家卡尔·荣格（Carl Jung）的心理类型理论，由凯瑟琳·库克·布里格斯（Katharine Cook Briggs）和她的女儿伊莎贝尔·布里格斯·迈尔斯（Isabel Briggs Myers）进一步发展而成。

1. MBTI性格测评的核心概念

MBTI性格测评通过4个维度来描述个体的性格类型，每个维度有两种相对的特性，这些特性组合起来形成16种不同的性格类型。这4个维度包括以下内容。

（1）外向（extrovert，E）/内向（introvert，I）

外向者倾向于从外部世界和与人交往中获得能量，喜欢社交活动，通常表现得更为活跃和开放。

内向者则从内部世界和独处中获得能量，倾向于反思和内省，通常表现得更为独立和沉思。

（2）感觉（sensing，S）／直觉（intuition，N）

感觉型人士侧重于通过五官直接感知的现实和具体信息，注重实际经验和细节。

直觉型人士则侧重于潜意识的模式、想象和可能性，注重潜在的意义和未来发展。

（3）思考（thinking，T）／感觉（feeling，F）

思考型人士在决策过程中侧重于逻辑和客观标准，强调理性分析和原则。

感觉型人士则侧重于人际关系和对他人情感的考虑，强调个人价值和人际间的和谐。

（4）判断（judging，J）／知觉（perceiving，P）

判断型人士倾向于有计划和有组织性地生活，喜欢事情安排合理有序且可以掌控，倾向于闭合和决断。

知觉型人士则更灵活、开放，喜欢保持选择的可能性，倾向于适应和开放。

2. MBTI 性格测评的应用

MBTI 性格测评在个人发展、职业规划、团队建设、领导力发展、人际关系改善等领域有着广泛应用。通过了解自己和他人的性格类型，可以帮助个体更好地理解自己和他人的行为动机，提高沟通效率，优化团队合作，以及做出更符合自身性格特点的职业和生活决策。

3. MBTI 性格测评的过程

进行 MBTI 性格测评通常需要填写一份问卷，该问卷包含一系列问题，旨在评估个体在上述四个维度上的倾向性。完成问卷后，根据答案中四个维度的倾向性，个体会得到一个由四个字母组成的类型代码，如 INTJ，ENFP 等，每个字母代表了一个维度上的偏好。

4. MBTI 性格测评的价值

MBTI 性格测评的价值在于提供了一个框架，帮助个体认识到自己的优势和潜在的成长领域。它鼓励个体根据自己的性格特点来选择适合自己的工作和生活方式，同时也增进了对他人差异的理解和尊重。此外，MBTI 也被用于指导职业发展，帮助个体找到与自己性格相匹配的职业路径，从而提高个体的工作满意度和职业成就。

需要特别注意的是，MBTI 性格测评并不是用来评判个体的优劣，而是作为一个自我了解和自我发展的工具。它提供了一种方式来探索个体的独特性，以及如何将这些独特性应用到日常生活和职业发展中。

5. 16 种性格类型解释

16 种性格类型及其特征见表4-5。

表4-5　16种性格类型及其特征

序号	性格类型	特征	序号	性格类型	特征
1	ISTJ 检查员	严肃、有责任心，注重实际和事实，有强烈的组织性和可靠性	3	INFJ 倡导者	深思熟虑、理想主义，注重内在价值和长远目标，倾向于帮助他人实现潜力
2	ISFJ 保护者	温和、关怀，注重维护传统和秩序，善于照顾他人	4	INTJ 策划者	独立、有远见，注重效率和逻辑，善于制订长期计划和战略

续表

序号	性格类型	特征	序号	性格类型	特征
5	ISTP 工匠	灵活、实际，善于解决问题和应对紧急情况，喜欢挑战和实践	11	ENFP 激励者	热情、创造性，注重可能性和新想法，倾向于激励和影响他人
6	ISFP 冒险家	温和、敏感，注重个人自由和审美体验，倾向于探索和享受当下	12	ENTP 发明家	聪明、好奇，注重创新和挑战传统，善于辩论和发现新的可能性
7	INFP 调解者	理想主义、忠诚，注重个人价值和道德，追求内在和谐和意义	13	ESTJ 管理者	有组织、决断，注重秩序和效率，善于管理和指导他人
8	INTP 建筑师	创新、好奇，注重理论和抽象思维，善于分析和构建复杂的思想体系	14	ESFJ 支持者	热心、负责，注重社会关系的和谐，倾向于支持和帮助他人
9	ESTP 挑战者	活跃、直接，注重实际经验和现实结果，善于应对变化和竞争	15	ENFJ 教师	富有同情心、有魅力，注重他人的成长和发展，善于沟通和激励
10	ESFP 表演者	热情、友好，注重社交和享受生活，善于娱乐和吸引他人	16	ENTJ 指挥者	坚定、有领导力，注重目标和成就，善于规划和组织

三、优势性格培养及调适

性格对于职业发展具有长远的影响，个人应致力于塑造和完善自己的性格，使其更好地适应工作的要求。完善职业性格的方法和途径主要有以下几个方面。

（一）树立正确的职业价值观

工作中难免有枯燥的时候，把自己喜欢的工作做好是一种享受，把自己不喜欢的工作做好，更需使命感。正确的职业价值观是做好工作的前提条件。只有对职业有了正确的认识，才能热爱自己的本职工作，进而主动调适自己不适应职业要求的性格特征。

（二）学习职业生涯榜样

个人可以通过学习榜样来逐步完善职业性格。这方面的榜样主要包括两类：一类是从事与所学专业对应职业群的成功者；另一类是原有性格与职业不相适应，经过调适而取得了成功的人。

（三）严格要求自我

大学生可以从生活、学习、工作、对人对己的思想行为等方面，通过自我分析、自我评价、自我监督、自我誓约等方式进行自我教育，从而提高自己的职业性格素养。当然，前提是自身必须有较强的自制力和意志力。

（四）积极参与实践锻炼

通过长期实践和磨炼，养成了自觉行动，形成习惯，就能结出硕果。任何职业性格的培养都离不开实践活动，人的职业性格是在职业活动中造就的。

拓展学习

自我认知的方法

在职业生涯规划中，自我认知是一个核心环节，它涉及个体对自己的兴趣、能力、价值观、个性和职业倾向等方面的深入了解。以下是几种常见的自我认知方法。

1. 自我反思

通过反思个人的经历、成功和失败，识别自己的强项和弱点。自我反思可以通过日记、思维导图或个人博客来进行。

2. 职业兴趣测试

利用标准化的职业兴趣测试，如霍兰德职业兴趣测试，帮助个体识别自己的兴趣领域。

3. 技能和能力评估

通过自我评估或职业咨询师的评估，确定个体的专业技能和潜在能力。

4. 职业价值观澄清

通过价值观问卷或讨论，明确个体的职业价值观，了解他们在选择职业时最看重的因素。

5. 职业性格测试

使用如 MBTI 等性格测试工具，帮助个体了解自己的性格类型及其对职业选择的影响。

6. 职业倾向分析

分析个体的职业倾向，了解他们对不同职业环境的偏好，如独立工作还是团队合作。

7. 职业目标设定

通过 SMART 目标设定法，帮助个体明确自己的职业目标。

8. 职业路径探索

研究不同职业的工作内容、发展前景和所需技能，以确定与个人特质相匹配的职业路径。

9. 职业模拟和角色扮演

通过模拟面试、工作场景模拟等活动，让个体体验不同职业角色，增强对职业的感知。

10. 职业咨询和指导

寻求职业咨询师的帮助，通过专业的职业规划服务，获得个性化的职业发展建议。

11. 职业发展工作坊和研讨会

参加相关的工作坊和研讨会，与其他职业探索者交流，获取新的视角和信息。

12. 信息访谈

与行业内的专业人士进行一对一访谈，了解他们的工作经验和职业建议。

13. 持续学习和实践

通过参加培训课程、在线学习或实际工作中的实践，不断提升自己的职业技能和认知。

项目反馈

请完成下面的项目反馈内容。

发现问题
改正措施
经验心得

综合项目4 完成《我的自画像》

《我的自画像》包括个体对自我性格、兴趣、能力、价值观的全面剖析，能够帮助同学们获得一个全面认识自我、展示自我的机会。正确认识自我，是个体做职业规划的前提，正确认识自我与职业需求之间的差距，是个体制订生涯行动路径的基础。

项目实施

在前面的项目中，我们已经对自己的职业兴趣、价值观等方面有了全面的了解，现请大家收集与自己相关的信息，如个人经历、成就、挑战、梦想，以及他人对自己的评价等，然后创造性地将这些元素融合在自画像中，如图4-3所示。最终的自画像作品将在班级或小组内展示，促进学生之间的相互理解和交流，同时也是一次自我表达和自我探索的过程。通过这个活动，学生不仅能更好地了解自己，还能学会如何将内在的自我认知与外部世界沟通和分享。

兴趣性格
对所从事的专业兴趣浓厚，在枯燥乏味的科研工作中能够耐住寂寞、持之以恒。

学历背景
取得相关专业博士学位。

综合素质
有团队精神，擅长沟通协调各方力量完成科研工作目标。有大局观和组织领导能力，对科研工作方向有整体的把握，可以胜任实验室日常管理工作。

创新能力
富有创新精神，对知识探索充满好奇，乐于挑战新的知识领域。

专业能力
具备较强的学科专业能力，逻辑性强，熟悉科学研究的思维方法，在专业领域有较丰富的学术研究成果公开发表。

我的自画像

图4-3 《我的自画像》示例

项目反馈

请完成下面的项目反馈内容。

发现问题

改正措施
经验心得

模块五 决策篇

——生涯决策·规划行动

【模块任务】完成职业连连看

【知识导图】

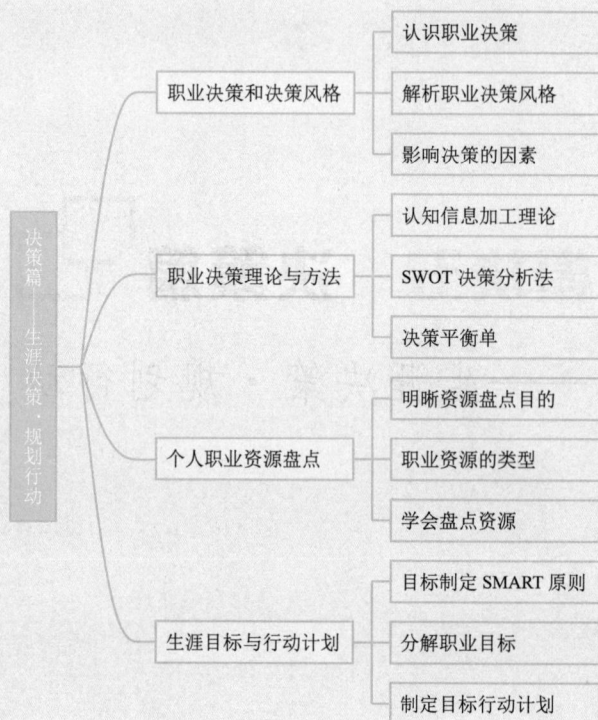

决策篇——生涯决策·规划行动

- 职业决策和决策风格
  - 认识职业决策
  - 解析职业决策风格
  - 影响决策的因素
- 职业决策理论与方法
  - 认知信息加工理论
  - SWOT 决策分析法
  - 决策平衡单
- 个人职业资源盘点
  - 明晰资源盘点目的
  - 职业资源的类型
  - 学会盘点资源
- 生涯目标与行动计划
  - 目标制定 SMART 原则
  - 分解职业目标
  - 制定目标行动计划

【学习目标】

知识目标：

1. 了解职业决策风格及影响决策的因素。
2. 掌握不同的生涯决策理念及其应用场景。
3. 学会构建资源网络、挖掘资源的方法。
4. 掌握目标制订及分解方法的应用。

能力目标：

1. 能够独立应用生涯决策理论及生涯决策方法于日常决策中。
2. 能够通过决策确定职业目标，并对目标进行分解。
3. 能够为目标制订相应的行动计划。

素养目标：

1. 培养批判性思维能力，能够分析和评估生涯决策过程中的各种因素。
2. 提升个人职业规划意识和自我管理能力。
3. 培养多渠道解决问题的创新精神。

项目 5.1 职业决策和决策风格

项目导入

"最重要的一次决策"分享：同学们，在你们的成长过程中让你至今印象深刻的一次决定是什么？你在决策时考虑了哪些因素？你是否有寻求过他人的建议？这个决定给你带来什么样的结果？面对同一个问题，如果现在再给你一次重新做决策的机会，你还会做出和之前一样的决定吗？先回想，再和小组成员分享一下吧！

知识储备

案例链接

人生十字路口，何去何从？

小青是某高校英语专业的大三学生，需要找一份工作，却不知道该找什么样的工作，迟迟无法做出决定。

小丽上大学后就感到很迷茫，已经上大二了，一年后就要面临毕业了，周围的同学看起来很忙碌，似乎都已经有了自己的目标与方向，她却不知道自己到底是做本专业相关的工作，还是做自己喜欢的工作。

张跃已经决定要工作，但是到底是去公司还是当教师，他仍拿不定主意。父母建议他当教师，认为社会地位高而且稳定，他也同意父母的看法，但是又很想去企业闯闯。

上面几位同学的问题都涉及职业决策。决策不是一件容易的事情，小到选择买什么样的衣服，大到选择职业或者伴侣，让很多人都茫然失措。萨特曾经说："我们的决定，决定了我们。"当然，他也告诉了我们，不去选择也是一种选择。

通过前面内容的学习，相信大家对自己与职业世界有了深入的了解与探索，我们通过了解自己的兴趣、性格、能力倾向等，知道了自己在复杂的社会分工中应该扮演哪些角色。我们会有数个职业发展意向可供考量，这时就需要做出最终的决定。到底该将自己的时间精力花在哪里，这个重要决定该如何做出呢，下面我们就来讨论我们将如何做出有关职业决策。

➤ 一、认识职业决策

职业决策是一个复杂的认知过程，通过此过程，决策者组织有关自我和职业环境的信息，仔细考虑各种可供选择的职业前景，做出职业行为承诺。职业生涯决策是职业目标、职业方向确定并实现的过程。在这里我们要了解职业生涯决策，就要充分理解它所包含的三层含义。

首先，职业决策是人生的重要决策之一。就像选择配偶一样，选择了一种职业，就意味着选择了一种生活。职业会对我们的身心发展、社交网络、社会地位、家庭生活等诸多方面带来不同程度的影响。俗语"男怕入错行，女怕嫁错郎"，就是强调了职业选择的重要性。

因此若要过好这一生，我们每个人都要郑重地面对职业选择，理性进行职业决策。

其次，职业决策是复杂的认知过程。每个人都是独一无二的，经济社会的发展也在瞬息万变，如何在不断成长的自我与复杂的社会分工中找到一群志趣相同的伙伴，且能一起做着彼此热爱的事业，并在这个过程中能实现自己的价值，是我们每个人对职业的美好期待。因此我们在做出职业生涯决策时，不仅要考虑到自己的性格、兴趣、气质、技能和价值观等因素，同时必须面对职业、教育和休闲的各种考虑，这样才能在综合自我信息和职业性的基础上，利用职业生涯知识与技能，对自身个性因素和职业因素进行优化统一，制订出有效的个人职业生涯发展决策。

最后，职业生涯决策意味着承担责任。每一个决策都处在众多的决策链条中，我们的每一个决策都会承接着上一个决策的结果，而当下的这个决策同样也会对接下来的人生带来影响。而职业角色的失误带来的后果远大于生活中其他普通决策，毕竟不论是选错了专业，还是入错了行，造成的损失不是一点金钱或时间，而是让我们的人生拐错了岔路，在别人的路上，我们又如何能成为更好的自己，我们把自己都弄丢了。因此我们需要学会科学的职业决策方法，让自己一直行进在对的路上，最终成为自己想成为的样子。

二、解析职业决策风格

决策风格可以认为是人们在做决策时表现出来的行为偏好和心理倾向，反映了个体在决策的过程中习惯的反应模式，其中职业决策风格是个人的个性特征在职业决策过程中的体现。美国职业生涯专家斯科特（Scott）和布鲁斯（Bruce）在1995年提出决策风格是在后天的学习经验中逐渐形成的，他们将决策风格划分为四种类型：理智型、直觉型、依赖型、回避型，如图5-1所示。

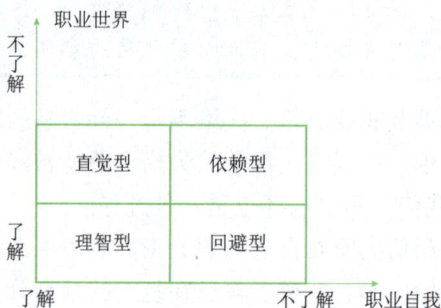

图5-1　决策风格

第一，理智型，代表人物为巴菲特。这类决策风格的人，以周全地探求对选择的逻辑性评估为特征。如果你是一个理智行为决策者，你的高考报考过程应具备深思熟虑、分析、逻辑的特征，在报考的过程中你综合全面地收集信息、理智地思考和冷静地分析判断，不仅考虑了自己的倾向，并将所有可能报考的学校与专业的信息，搜集在一起进行对比分析，最后才得出你的结论。你是理智型的决策者吗？

第二，直觉性，代表人物是"007"。这类决策风格的人，以依赖直觉和感觉为特征，比较关注内心的感受。如果你在报考时并没有收集太多信息，只是凭借自己的直觉就报考了某所学校某个专业，比如你看了某综艺节目，对某座城市产生了兴趣，就报考了这所城市的某所学校，那么你就是直觉性决策者。依靠直觉而不是以理性分析为基础，这类决策发生错误的可能性就比较大，造成决策不确定性，你属于直觉型的决策者吗？

第三，依赖型，代表人物刘禅。这一类决策风格的人以寻求他人的指导和建议为特征。依赖型的决策者往往不能够承担自己做决策的责任，于是他们允许他人参与决策并共同分享决策成果。这类决策者会收到别人的正面评价，但也可能因为简单地模仿他人的行为导致负面的反应。如果你在报考的时候，总是对自己的想法不够确定，到处寻求他人的建议，当他人的建议与你的想法一致时，你就觉得没错，自己的选择是对的；当他人建议与你的想法相左时，你又陷入了选择恐惧中，这主要是因为我们对自己不自信，以及对决策责任不敢承担。你是依赖型的决策者吗？

第四，回避型，代表人物袁绍。这类决策风格的人以试图回避作出决策为特征。回避型的决策风格是一种拖延不果断的方式。如果你在报考过程中一直有焦虑的情绪，总是因为害怕做出错误决策而惶恐，同样是由于你不能够承担做决策的责任，而倾向于不考虑未来的方向，不去做准备，不知道自己的目标，不思考也不寻求帮助。这样的决策者需要适度求助生涯辅导教师等专业人员，从而明确自己的决策风格及这种决策风格可能造成的危害，再努力增强职业生涯规划的意识和动机，这样才能从根本上得到帮助。你是回避型的决策者吗？

通过前面讲述，看看你的决策风格属于哪一种呢？当然也有可能你惯用的决策风格不止一种，这也是常见的情况。

如果我们的体会不深的话，下面还有一个小活动再次来印证你的决策风格。

课堂训练： 有一片桃园，允许你进去摘桃子，但是只允许你前进，不允许后退，只能摘一次，要摘一个最大的，你会怎么办？大家先闭上眼睛花几分钟想象一下这种情景，你会怎么样摘出那个最大的桃子呢？

我们总结归纳一下，其实也不过下面这几种选择：

A. 对视野内的桃子进行比较，形成一个大概的标准，再根据这个标准选择最大的桃子。

B. 感觉哪个大，就直接摘了哪个。

C. 去问看桃园的人，让他告诉什么样的桃子大，或者问旁边的人，什么样的桃子大

D. 先别管了，走到最后再说。

E. 稍微比较一下，迅速摘一个。

其实，不同的挑选桃子方法就对应着不同的决策风格，如果选择 A 做法，就属于理智型的决策风格，理性地对情况进行分析判断，最终做出最优的决策；如果选择 B 做法，就是跟着感觉走，属于直觉型的决策风格；如果选择 C 做法，总是去询问别人的意见，这就属于依赖性决策风格，自己不做决策，把责任推给别人；如果选择 D 做法，就属于典型的回避型，把决策一拖再拖，希望能躲过这个过程，然而最终一样还是要面对；如果选择 E 做法，稍微比较就迅速地摘一个，则属于自发型的决策风格，比较果断，但草率，显然也容易留下遗憾甚至后悔。所以你是怎么摘出最大的桃子的呢？

总的来说，理智型和直觉型这两种风格比较积极主动，而依赖型和回避型则比较消极被动。不同的决策风格都有其优劣之处，都可以在某种程度上满足决策者的需要，重要的是识别自身的决策风格，并有针对性地进行调整。

三、影响决策的因素

决策难为的另一个原因是它的复杂性——有诸多因素可能会影响到我们的决策。著名的

职业辅导理论家克朗伯兹将影响个人职业决策的因素划分为以下四类。

（一）遗传和特殊能力

遗传和特殊能力即个人得自于遗传的一些特质，如种族、性别、外表特征、智力、个人天赋等。遗传和特殊能力在某种程度上决定了个人的职业表现或影响到个人的生涯。例如，在现阶段的大学生就业中，性别因素仍然不可否认地影响求职者是否有机会参与面试和被录用；而身高、体形、健康状况等先天条件在诸如模特、文艺工作者、军人等职业的招募当中也是重要的考量因素。

（二）环境和重要事件

环境和重要事件包括人类活动（如社会、文化、政治、经济活动，家庭、教育活动）的影响和自然力量（如自然资源的分布或自然灾害，如地震、洪水及干旱）的影响。很显然，家庭的社会经济地位（如偏远农村还是沿海城市，是否是贫困家庭）、家庭对于个人的期望（如是否重视教育）、所在地区的教育水平等，都会在很大程度地影响到个人的求学背景和发展机会。

（三）学习经验

这里所说的"学习"是广义的学习，即每个人在日常生活中不断积累的经验和认知。例如，一个孩子在与小伙伴玩耍的过程中，发现如果自己愿意与伙伴们分享玩具，别人就会更乐意跟自己玩，那么，这个孩子可能由此学到了分享、合作；而如果父母总是为自己的孩子包办代替一切，不允许他有自己独立的想法或喜好，那这个孩子就学到了不负责任，这样的孩子长大到该独立进行职业决策的时候，就很难承担决策的责任，也没有自己的主见。又如，某小学生恰好遇上了一位特别和蔼可亲、循循善诱的数学老师，于是对数学产生了浓厚的兴趣，对教师这一职业也怀有美好的向往，在成年后，他最终选择数学教师作为自己的终身职业。由此可见，每个人在其成长过程中都积累了无数的学习经验，个体的学习经验是独特的，而这对于个体的职业生涯选择又有重要的影响。一个人是自信还是自卑、敢于冒险还是畏惧变化，他怎样看待他人，他对于教师、医生、警察等各种职业有些什么样的印象，他更看重工作带来的成就感还是与家人相处的时间……这一切，无不与个人的学习经验有关。

（四）任务取向的技能

受到上述种种因素的作用，个人在面临一项任务时，会表现出特定的工作习惯、解决问题的能力、心理状态、情绪反应和认知的历程，这称为任务取向的技能。比如，面对找工作这件事情，同一个班里所有的同学都没有经验，都感到犯愁，但其中有的人可能会积极地面对困难，会想到利用学校就业指导中心所提供的各种信息和资源（例如，选修职业生涯规划课程、听讲座、参加学校组织的各种考察实践活动等），向自己的亲友、老师和高年级的同学请教，之后会开始探索和思考自己的兴趣、能力，并着手联系实习的机会。这样，当他们到了毕业的时候，已经对自己和劳动力市场都有了相当的认识，也积累了不少的信息和资源，可以说是胸有成竹了。而另外一些人则一味地拖延，不去面对困难，直到大三或大四时才开始着急，或者寄希望于自己的某个亲戚能够帮忙找一份工作，或者埋怨学校不帮助毕业生联系就业单位，最后草草找到一个职位了事。在这个过程中，不同的人所表现出来的心态、习惯和能力，其实反映了他们不同的任务取向的技能。

克朗伯兹提出影响职业决策的四类因素，前两类因素（遗传和环境）通常都在个人的控制之外，而后两类因素（学习经验和任务取向的技能）则是个人在成长过程中可以不断积累和更新的。克朗伯兹认为上述四种因素交互作用的结果，形成了个人对自我和世界的推论或信念。这些推论不一定完全正确，要视个人的学习经验是否丰富而定。但是，人们往往会以偏概全，在一两次深刻经历的基础上得出些刻板

知识链接：决策
的非理性信念

的印象和先入为主的偏见，这就是所谓的非理性信念。例如，由于某次住院时遭到医生的粗暴对待，人们就认为现在的医生都唯利是图，从而在职业选择上排除了医生；因为家庭经济上的困窘，就牢牢记住了没钱就会让人瞧不起，从而在职业选择上将收入作为考虑的首要标准。以下是一些常见的与生涯相关的非理性信念。

1. 自我方面

（1）有关个人价值。

我必须得到他人的认可。

个人的价值，与我所从事的职业有密切的关系。

我不知道自己该干什么，我真没用。

（2）有关工作能力的信心。

我无法从事任何与我本身能力、专长不合的工作。

只要我愿意去做，我就能做任何事。

虽然我很喜欢/很希望当一个……但如果我真去做的话，我很有可能会一事无成。

2. 职业方面

（1）有关工作的性质。

就像谈恋爱一样，只有某一种职业才是真正适合我的，我一定要设法把它找出来。

这个行业不适合男生/女生。

（2）有关工作的条件。

我所做的工作应该满足我所有的要求。

专业工作所要求的条件是非常苛刻的。

3. 决策方面

（1）方法。

我会凭直觉找到最适合我的职业。

总有某位专家或比我懂得更多的人，可以为我找到最好的职业。

也许有某项测试可以明确指出我最适合从事什么工作。

在我采取行动之前，我必须有绝对的把握。

（2）结果。

一旦我作出了职业选择，就很难再改了。

如果我改变了决定，那我就失败了。

在我的生涯发展中，我只能做一次决定。

4. 满意的生涯所需条件方面

（1）他人的期待。

我所选择的职业也应该让我的家人、亲友感到满意。

（2）自己的标准。

除非我能找到最佳的职业，否则我不会感到满意。

只有做到我想做的，我才会感到快乐。

在选择要从事的工作领域中，我必须成为专家或领导者，才算是成功。

这些非理性信念的不合理之处，在于其绝对化。"应该""必须"这样的表述方式都体现了思想观念上的束缚，将个人的选择限制在狭小的范围内，缺乏弹性，最终阻碍了个人长久健康的发展。在真实情境中，人们也许不会作如此绝对化的表述，或者即使持有这种观念，虽然可能在理性上也它们是不合理的，但是在潜意识中仍然相信这些想法并且据此作出判断和行动。例如，有的人会希望所有人都喜欢自己，所以如果别人做什么事或搞什么活动没有叫上自己，他就会觉得很郁闷。在他的内心深处，可能存在"只有当所有人都喜欢我，我才是有价值的"这样的观念。

对于非理性信念，如果你能对其作适当的调整，改为"我希望如此（而非"应该"或"必须"如此），但如果不能实现，我也能接受"，则你的认识可以更加切合实际，更有利于你的健康发展。

5. 对一些常见的非理性生涯信念的辨析

（1）大家都说第一份职业非常重要，会对人的一生产生深远的影响，第一份工作我一定要找好。

辨析：任何一份职业都会对人产生影响，但正如我们从小到大所经历过的无数次成功和失败那样，第一份职业的成败不过是一次成败而已。我们当然希望第一份工作是一份好工作，但即使它是一次失败的经历，我们也可以从中学到很多关于自己（兴趣爱好、能力特长、处理问题和人际关系的能力、决策方式等）和职场的知识。只要我们愿意学习，任何一种经历都可以是有意义的，都可以成为我们的财富。如果因为一份工作没找好就觉得贻误终身，那多半不是因为这份工作的原因，而是你的心态需要调整。

（2）可是，如果我做出某种决定，那我就永远甩不掉它了。我就会走弯路，浪费时间和精力，甚至再也无法回头。万一这个决定是错误的怎么办呢？

辨析：事实上，在生活中即使作出了错误的选择，也没有多少决定是不可更改的。在职业选择上，你总是会有机会开始另一轮的职业决策，选择新的职业和生活。错误的选择可能会使你付出更多的时间，但也许这个过程正是你在迈向自己的终极目标前所需要经历的锤炼。的确，两点之间直线是最短的。但在人生中，我们很少能像数学上那样走直线。有时候，我们走了一些弯路，却因此学习了重要的人生功课，积累了经验和资源，而这些其实为我们走好下一步作好了准备。

（3）我一定要找到这样的职业：它能帮我得到对我来说非常重要的人的喜爱和赞许，比如父母、老师。

辨析：我们每个人都希望得到他人的认可，这是正常的人性的需要。但如果我们一定要通过自己的职业来实现这一点，很可能出现的情况就是：我在做着我并不喜欢的工作，仅仅是为了他人能够认可我。当一个人只是为了他人而生活的时候，他会感到非常痛苦，一旦他没有得到自己想要获得的赞许，他的心理就会失衡，他所做的一切就失去了意义。重要的是，我们能够首先认同和欣赏自己，这样我们就不必依赖他人的赞许而活着，我们仍然希望父母和师长也能认可自己，但是当他们与我们有不同观点的时候，我们不必过于沮丧。

（4）你说的这些方法都挺好，但不适用于我。我跟别的人不一样，我各方面的条件比他们差，我做不到你说的那些。

辨析：问题在哪里呢？是什么东西使你做不到你说的这些事呢？真的是由于你说的那些不及别人的"条件"吗？还是那些"条件"已经变成了你的一种借口，用来逃避任何的行动？变化的全部目的就是去做"不是你"的那些事。它虽然伴随着一些害怕和不安全的感觉，但你只有真正地尝试过，才知道这些方法是否适合自己，这些事自己是不是能够做到。

项目反馈

请完成下面的项目反馈内容。

发现问题
改正措施
经验心得

项目 5.2　职业决策理论与方法

小敏的烦扰

基本情况：小敏，女，某大学云计算机专业三年级学生，性格外向，开朗活泼，喜欢与人交往，口头表达能力很强，是学院学生会干部，组织能力强。还有一年就要毕业了，她考虑自己的职业有三个发展方向：中学信息技术教师、市场销售总监、考取计算机相关专业硕士研究生。以下是她的具体想法。

1. 中学信息技术教师

小敏认为这个职业对口她的本专业，自己有最大的专业优势，此工作也比较稳定，但目前社会对这个职位人才的需求量并不大。

2. 市场销售总监

小敏希望用 10 年的时间能实现这个目标，认为这个职业符合自己的性格、兴趣的需要，同时她也有利用暑期和课余时间兼职做销售的经历，她认为可以利用自己的专业更好地辅助销售工作。

3. 考取计算机相关专业硕士研究生

小敏的父母都是中小学老师，他们希望小敏能够继续深造，以后到大学担任计算机专业教师。但小敏认为虽然高校教师工作稳定，收入也高，但她不喜欢计算机专业的教学工作，且考研也有一定的困难。

如果你是小敏的朋友，或者此时的你也面临像小敏一样有抉择困惑，你会怎么引导小敏做抉择呢？和小组成员一起聊聊你的想法。

知识储备

毕业后去哪里找工作？找什么样的工作？去 A 公司还是去 B 公司？或者选择考研，还是考公考编……

家人让我考研（专升本），但我没有信心，怎么办？老师让我负责一个新的项目，我很焦虑，怎么办？室友有一个创业项目邀请我参加，但我很不看好，怎么办？进入社团后，新的工作事务和我的学习经常冲突，我想放弃，但又非常不舍得，觉得还是能学到东西，怎么办……

很多学生在初入校或临近毕业时，通常会很迷茫，不知道应该做什么。有些会随大流；有些可能会随意地做出职业选择；也有很多人在面对职业决策的时候，会遇到很多困难。这些困难在无形中对我们的情绪产生了影响，而这些影响，又会反过来影响我们的职业决策，进而让我们做出不合理的、错误的决策。生涯决策理论是一个针对职业选择过程的动态性研究理论，它涵盖多个不同的观点和模型，帮助个体理解和指导自己的职业决策过程。

以下介绍几种典型生涯决策理论，以使同学们面临生涯决策困惑时，选择更加恰当的理论模型，让生涯决策更合理。

➤ 一、认知信息加工理论

1991 年，彼得森和团队受计算机加工处理信息的启发，研究人类的大脑是如何接受、编码、存储和利用信息和知识的，进而提出了认知信息加工理论（cognitive information process，CIP）。CIP 学者们认为，影响人们决策的因素包含三个层面，分别是知识层面、决策层面、认知层面。我们要获取相应的信息，并对这些信息进行分析和加工，加工的过程中，我们还会受到固有思维方式的影响。

（一）知识层面

知识层面（包含自我认知和职业知识。）自我认知主要指我们的兴趣、性格、能力、价值观、挑战、资源等。职业知识主要指职业的要求、回馈、发展趋势、劳动强度、工作环境等。掌握足够的自我和职业的信息，是决策的前提。决策者可以通过自我探索、测评、他人评价等多种方式，了解自己；通过信息搜集、职业访谈的方式，了解职业知识。为自己的决策，去获取更多有效的信息，本身就是对自己负责的表现。

（二）决策层面

决策层面（主要是指决策的方法。）经过研究，CIP 研究者提出了决策的五个步骤：沟通（communication）→分析（analysis）→综合（synthesis）→评估（evaluation）→执行（execution），简称 CASVE 循环，如图 5-2 所示。

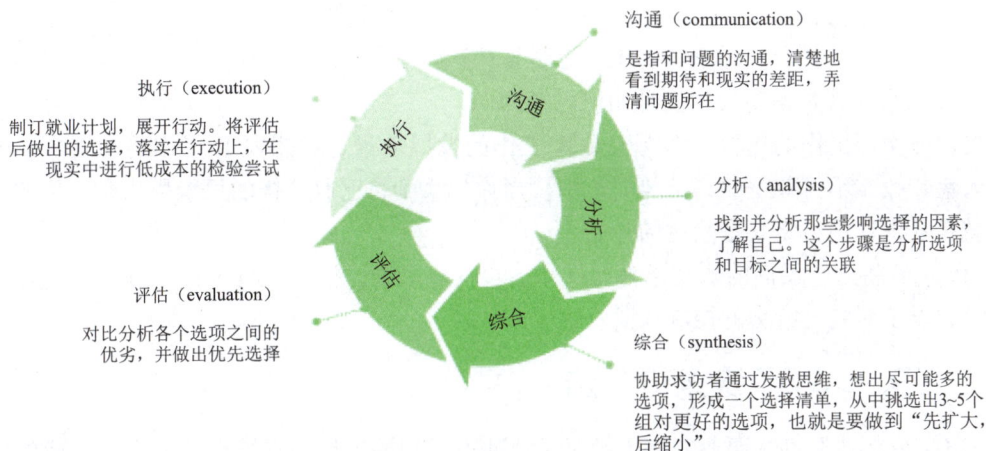

沟通（communication）
是指和问题的沟通，清楚地看到期待和现实的差距，弄清问题所在

执行（execution）
制订就业计划，展开行动。将评估后做出的选择，落实在行动上，在现实中进行低成本的检验尝试

分析（analysis）
找到并分析那些影响选择的因素，了解自己。这个步骤是分析选项和目标之间的关联

评估（evaluation）
对比分析各个选项之间的优劣，并做出优先选择

综合（synthesis）
协助求访者通过发散思维，想出尽可能多的选项，形成一个选择清单，从中挑选出3~5个组对更好的选项，也就是要做到"先扩大，后缩小"

图 5-2 决策的 CASVE 循环

第一步：沟通。

在这一步，决策者通常会陷入当下的困惑和迷茫中，不知道自己的期待是什么，这时决策者要搞清自己的期待，将当下的困惑具体化。

可以通过下面的问题，来澄清问题。

（1）你当下的具体困惑是什么？

（2）你心中期待的理想状态是什么？

（3）当下都有哪些选项？

（4）这些选项你都有最终的决策权吗？

（5）最迟到什么时候，你就必须要做出选择？

第二步：分析。

可以通过下面的问题来分析。

（1）你对自己和选项的了解有多少？（打分能打几分）

（2）他人如何看待你的选择？你是怎么看待他们的观点的？

（3）无论做出什么选择，你最终想要实现的目标是什么？

第三步：综合。

在这一步，决策者往往受到困扰和压力的影响，难以进行发散思考，这时决策者可以咨询身边的榜样人物、老师或职业指导师，激活头脑。

可以进行这样的思考：

（1）为了达成目标，除了已经列出的选项之外，我们还有哪些选择？

（2）在列出的这些选项中，哪些是你最愿意尝试、成功率也更高的选项？

第四步：评估。

可以进行这样的思考：

（1）选项都有哪些价值和不足？

（2）哪一个可以作为优先选项？哪一个可以作为备选项？

第五步：执行。

如果行动无法消除现实和期待之间的差距，则可以再次从沟通开始，进行下一轮的循环。

（三）认知层面

认知层面（就是觉察到我们是如何思考的。）

在两份实习工作的选中，你既想要 A 工作的发展前景，又想要 B 工作的高工资，这让你陷入鱼和熊掌不可兼得的纠结与痛苦中。当你觉察到自己有这样的思维模式时，你的自我认知就在发挥作用，觉察是改变的开始。

CIP 学者将这个层面的认知称为元认知，包括对思维、情绪、行为进行洞察和监控，自我觉察，以及对自己行为的控制和监督。

二、SWOT 决策分析法

SWOT 分析法原本是商业领域中用于企业战略规划的工具，它被设计来评估企业的优势（strength，S）、劣势（weakness，W）、机会（opportunity，O）和威胁（threat，T），如图 5-3、图 5-4 所示。其中，优势和劣势是内部因素，机会和威胁是外部因素。随着时间的推移，这一方法也被应用于个人职业生涯规划，帮助大学生全面审视自己的职业发展状况。

图 5-3 SWOT 分析法

S	W
擅长什么 能做什么别人做不到的 人际关系、家庭状况、个人健康状况 性格、兴趣、专业、经验	缺乏什么技术 别人有什么比自己好 人际关系、家庭状况、个人健康状况 性格、兴趣、专业、经验
O	T
自身能力、条件 行业发展、职业需求 社会、国家或区域政策、经济形势	行业竞争 工作性质

图 5-4   SWOT 分析详解

（一）优势

在大学生的职业发展中，优势这一概念涵盖个人优势和资源优势两大类。个人优势根植于个体本身，是不受外部变化影响的特质，例如，一些学生具备出色的自学能力，能够在没有外界监督的情况下，自主进行学习、完成作业和进行知识总结；他们可能拥有出色的理解力和记忆力，能够迅速把握文章的核心内容，这些都是他们独特的个人优势。

资源优势则包括个人可以利用的各种外部资源，如人脉、资金、品牌和知识等，例如，如果父母能够在求职过程中提供帮助，那么个人的事业发展可能会更加顺利；家庭能够提供一定的资金支持用于创业或投资，也是一种资源优势；同样，就读于知名度高、社会声誉好的大学，或者所学的专业在市场上需求量大，都能为未来的就业提供有利条件。

然而，需要注意的是，资源优势虽然能够提供帮助，但个人的努力和能力才是决定长远发展的关键。他人的帮助可能只是阶段性的，真正的职业成功还是需要建立在个人不懈地奋斗和持续的自我提升之上。

（二）劣势

劣势是指个人在某些方面相对于他人或社会期望所存在的不足。识别并正视个人的劣势，对于个人的职业发展和人生规划具有重要的正面价值。

自我评价的偏差，如过分的谦虚、自大或自卑，都可能对个人的自我认知和决策产生负面影响。适度的谦虚是美德，但过度则可能转化为虚伪。在人际交往中，应当展现个人的知识和文化素养。自大或狂妄是指在取得一定成就后变得骄傲自满，而忘记了"山外有山，人外有人"的道理。自傲的人往往只关注自己，忽视他人，这是一种自我欺骗的行为。自卑则是自我评价过低，总是对自己持否定态度，缺乏自信，这样的人难以建立起真正的自我价值感。

（三）机会

机会主要指外部环境中存在的有利条件和时机，这包括学校能提供的各种学习和发展机会，如出国留学、专业进修、考研深造等以及其他可能对个人有益的时机。校园招聘是一个很好的机会，应当积极把握，但同时也需要有长远的职业规划。机会的把握不仅在于对校园内信息的关注，更在于对宏观环境的洞察，如国家经济状况、产业政策、法律法规以及各地区产业发展和行业趋势等。在微观层面，应关注来自企业、政府机构、人才市场、教育机构或校友网络提供的各类信息，特别是要留意那些增长迅速、前景广阔的职业领域，与个人专业或优势相关的行业动态以及国家提供的人才政策等信息。机会往往是隐蔽的，需要敏锐地捕捉，因为它们可能稍纵即逝。

（四）威胁

普遍观点认为，随着每年大学毕业生人数的增加，尽早进入职场对个人而言可能更为有利。大学生活虽充满挑战，但也是成长的过程。对于大学生而言，所面临的威胁主要体现在以下几个方面。

第一，随着社会中受过高等教育的人才数量不断增加，部分大学生可能会遭遇就业难题，特别是那些不愿降低期望值的毕业生。他们不仅要应对就业市场的激烈竞争，还要承担日益增长的社会责任和家庭期望，这无疑加重了他们的压力。

第二，由于缺乏实际的社会和工作经验，尤其在当前许多雇主更加看重工作经验和专业技能的情况下，大学生可能会在求职时处于不利地位。

第三，一些大学生可能过于理论化，他们的创业想法可能宏大但不切实际，对市场的预测过于乐观，而忽视了市场的不确定性和潜在风险。

第四，部分学生可能存在好高骛远的心态，他们更关注如何快速获得成功，而忽视了积累经验和基础工作的重要性。

第五，一些大学生可能尚未形成独立的人格，缺乏对个人和社会的责任感，甚至有毕业后继续依赖父母的想法。

第六，有些学生的心理承受能力较弱，面对挫折容易选择放弃，而不是坚持和克服困难。

第七，社会对青年人尤其是大学生的不信任感，可能会对他们的就业前景产生不利影响。

面对这些压力，大学生需要认识到压力既来自个人也来自社会，解决这些压力关键在于如何应对。正如古语所言："少壮不努力，老大徒伤悲。"大学生应该不断充实自己，深入学习专业知识，并且对自己的未来负责。

在确定职业目标之前，大学生应该分析自己的优势和劣势，包括个人性格、技能和学习经历，并根据重要性进行排序。同时，也可以邀请了解你的人，如父母、朋友等，为你提供全面的分析。通过了解自己的优势和劣势，可以更有针对性地选择感兴趣的行业和职业，并深入研究这些领域所面临的机会和威胁。

此外，SWOT 分析法还包含如下几种基本的战略规划方向。

SO 战略：当个人拥有较强的竞争优势且外部机会较多时，应采取主动策略，充分利用优势和机会。

WO 战略：面对外部机会而自身竞争优势不足时，应专注于抓住机会，同时努力克服劣势，提升个人竞争力。

ST 战略：在外部威胁较多但个人竞争力强的情况下，应最大化地利用个人优势，减少威胁的影响。

WT 战略：当市场威胁多于机会且个人竞争力不足时，应积极地改进个人劣势，并采取措施减少外部威胁的影响。

三、决策平衡单

决策平衡单是一种决策辅助工具，它以表格形式展现，广泛应用于个人问题解决和职业规划咨询中。该方法通过量化和比较不同职业选择的利弊，辅助决策者做出最符合个人利益的选择。决策平衡单的结构通常包括以下四个维度。

（1）个人物质收益与损失：涉及个人经济利益的考量，如预期收入、职业晋升机会、薪酬福利等。

（2）他人物质收益与损失：考虑决策对家庭成员经济状况的影响，如家庭收入变化、对家庭生活的影响等。

（3）个人精神收益与损失：包括个人情感和心理层面的因素，如工作是否符合个人兴趣、是否能带来成就感、是否与个人价值观相符等。

（4）他人精神收益与损失：涉及家人或朋友对职业选择的支持程度、与家人相处时间的多少等。

使用决策平衡单的过程既直观又具体，能够帮助大学生对各个职业选项进行全面分析。具体操作步骤如下。

（1）列出职业选项：大学生首先需要列出所有具有评估价值的职业选项。

（2）设定权重：根据个人情况和各因素的相对重要性，为每个考虑因素设定一个 $1\sim5$ 之间的权重系数。

（3）评估利弊：对每个职业选项在物质和精神层面的得失进行评分，使用 $0\sim10$ 的评分系统或 ±5 分的评分标准。

（4）计算得分：结合权重系数，计算每个职业选项的加权总分。

（5）确定优先级：根据总分的高低，对职业选项进行排序，形成优先级列表。

值得注意的是，决策平衡单的价值不仅在于最终的权衡结果，其过程中的梳理和赋分环节也有助于大学生清晰自己的思考路径，有时甚至能在这个过程中发现自己真正的职业兴趣和目标。

以【项目导入】中的小敏为例，小敏应用决策平衡单的方法来帮助自己做决策，见表5-1。

表 5-1　决策平衡单

考虑因素	选择项目 / 加权分数	重要性的权重系数（1~5 倍）	中学信息技术教师		市场销售总监		考取计算机相关专业硕士研究生	
			+	−	+	−	+	−
个人物质收益与损失	1. 符合自己的理想生活方式	5		3	9			5
	2. 适合自己的处境	4	8		9		7	
	3. 有较高的社会地位	3	5			3	9	
	4. 工作比较稳定	5				9	9	
	5. 优厚的经济报酬	4	5		8		9	

续表

选择项目 / 考虑因素	加权分数	重要性的权重系数（1~5倍）	中学信息技术教师 +	中学信息技术教师 −	市场销售总监 +	市场销售总监 −	考取计算机相关专业硕士研究生 +	考取计算机相关专业硕士研究生 −
他人物质收益与损失	足够的社会资源	5	8		7		9	
个人精神收益与损失	1. 适合自己的能力	4	8		9		7	
	2. 适合自己的兴趣	5	5		9			8
	3. 适合自己的价值观	5	6		8		5	
	4. 适合自己的个性	4	7		9		6	
	5. 未来发展空间	5		3	8		9	
	6. 就业机会	3	8		8		9	
他人精神收益与损失	1. 符合家人的期望	2	6		5		9	
	2. 与家人相处的时间	3	7		4		9	
加权后合计			312	30	399	54	384	65
加权后得失差数			282		345		319	

小敏通过生涯决策平衡单的决策之后，她的决策方案的得分分别是：市场销售总监得分>考取计算机相关专业硕士研究生（高校计算机专业教师）得分>中学信息技术教师得分，综合平衡之后，市场销售总监较为符合小敏的职业生涯目标。在进行职业选择时，小敏最为看重的职业特点为是否符合自己的兴趣、职业价值观、职业是否有发展空间、是否是自己的理想生活的需要等几个方面。

大学生可以参考此案例来衡量不同职业选项的利弊，做出更明智能职业选择。

拓展学习

李华的职业锚理论应用

背景：李华是一名计算机科学专业的大学毕业生，面临着毕业后的首次重大职业决策。他收到了两个工作邀请，一个是大型IT公司的软件工程师职位，另一个是初创公司的项目经理职位。

李华首先参考职业锚理论，对自己的职业价值观、兴趣、特长和长期职业目标进行了深入的评估。他发现自己对编程和技术创新抱有极大的热爱，热衷于解决复杂的算法难题，享受在技术领域的深度钻研，他意识到自己的职业锚是技术/职能型职业锚，也就是希望自己能在专业技术领域成为专家。

李华根据职业锚理论，对比了两个职位选项。大型IT公司的软件工程师职位提供了稳定的工作环境、丰富的资源、规范的职业发展路径以及与行业内顶级专家合作的机会，这非常符合他想要在技术领域深耕的愿望。而初创公司的项目经理职位虽然能提供更宽泛的视野和全面的项目管理经验，但需要在项目进度、团队协调和市场压力等方面分散较多精力，可能不利于他在技术专长上的进一步提升。

在全面考虑了自身的职业锚和个人发展规划后，李华做出了选择，接受了大型IT公司的软件工程师职位。他认为这个职位更符合他的职业锚定位，能让他充分发挥在技术领域的天赋和热情，同时也为他未来成长为技术专家打下了坚实的基础。

通过应用生涯决策理论中的职业锚理论，李华成功地从个人价值观、职业兴趣出发，分析了不同职业选择的优势和劣势，最终做出了一项与个人职业锚相匹配的决策，走出生涯规划的第一步。

项目反馈

请完成下面的项目反馈内容。

发现问题
改正措施
经验心得

项目 5.3　个人职业资源盘点

项目导入

本项目要求识别和评估个人在职业发展过程中可利用的各种资源，包括教育背景、专业技能、工作经验、人脉网络、兴趣爱好、个人品质等，要求使用思维导图或其他图形化工具，绘制个人职业资源分布图，将各类资源进行分类和可视化展示。该分布图应清晰地标注出每个资源的特点、优势以及潜在的改进空间。通过这一过程，不仅能够更全面地了解自己的资源状况，还能学会如何整合和利用这些资源，为实现个人职业目标制订策略。最终，学生将根据个人职业资源分布图进行自我反思，并制订相应的资源提升计划。

知识储备

一、明晰资源盘点目的

巴菲特说："人生就像滚雪球，重要的是发现很湿的雪和很长的坡。""雪"和"坡"都是我们的职业资源。职业资源是指个人在职业发展过程中所积累和利用的各种有形和无形的资产，它们对于实现职业目标和提升职业竞争力具有重要作用。很多人在职业探索期或转型期都会觉得束手无策，自觉没目标、没方向、没资源，感觉找工作或职业转型如脱胎换骨般，需要重新来过。其实，当我们学会把过往学习历程或职业路径中的人、财、物进行再次盘点组合时，资源的盘活能为我们重新开辟一条新的方向，或者向某个方向继续延伸。

二、职业资源的类型

职业资源包括但不限于个人人脉资源、信息资源、财务资源和时间资源。

1. 人脉资源

人脉资源是指个人在职业发展过程中建立和维护的人际关系网络。这些关系包括但不限于同事、行业内的联系人、领域专家、导师及其他职业人士。一个强大的人脉网络可以为个人提供多种职业机会，如推荐、合作项目、行业内部职位空缺等。此外，良好的人际关系还能够提供宝贵的行业见解、职业建议和支持。为了建立和维护这些关系，个人需要投入时间和精力，通过参加行业会议、专业团体活动、社交活动和网络平台等方式与他人建立联系。

2. 信息资源

信息资源包括个人获取行业动态、职业机会和市场发展趋势的各种渠道。专业网站、行业报告、社交媒体平台和专业论坛是获取这些信息的重要来源。通过这些资源，个人可以及时了解行业新闻、技术进展、市场变化和职业发展趋势，从而做出更明智的职业决策。有效的信息资源利用能够帮助个人把握行业脉搏，发现新的职业机会，并保持自身的竞争力。

3. 财物资源

财物资源是个人可用于投资自己职业发展的资金。这包括储蓄、投资收益、奖学金或其他财物支持。这些资源可以用来参加专业培训、购买专业书籍、获取专业资格认证或启动创业项目。合理的财物规划和管理能够确保个人在需要时有足够的资金支持自己的职业发展计划。

4. 时间资源

时间资源是个人能够投入到职业规划、技能提升和职业发展中的时间。有效的时间管理对于实现职业目标至关重要。个人需要学会优先处理重要的职业活动，合理分配时间以平衡工作、学习和个人生活。通过有效的时间管理，个人可以提高工作效率，为自我提升和职业发展创造更多机会。

总的来说，这些外部资源对于个人的职业发展具有互补作用。人脉资源可以提供机会和支持，信息资源可以帮助个人做出明智的决策，财务资源可以为职业发展提供资金支持，而时间资源则是实现所有职业活动的基础。个人应该学会识别、利用和管理这些资源，以促进自己的职业成长和成功。

三、学会盘点资源

职业资源盘点主要分为两种方式，一种是通过盘点发现那些尚未激活的资源，比如很多人脉资源其实是沉睡在手机里的联系人，还未能助力你的职业转型；另一种是目前没有但又需要的资源，这些资源如何获取呢？可以用以下两个方法进行尝试。

（一）激活人脉资源

你也许以为关系应该会来自熟人，但其实并非如此。

《转行：发现一个未知的自己》一书中提到哈佛大学社会学家马克·格兰诺维特教授在一个著名研究中发现，能够帮助人找到工作的人脉并不是朋友、家人，也不是亲密的工作伙伴，而通常是那些只有点头之交，甚至偶尔联系的人。这就是所谓的弱关系的力量。为什么这些弱关系却有助于职业发展呢？

格兰诺维特教授认为，人脉的有效性既不在于这些人和我们关系的亲密程度，也不在于他们的权力或地位，而是在于他们认识我们所不认识的人，他们能否给我们提供不同的信息。而在自己关系紧密的圈子里的人，有时候反而会因为都具有差不多特质而缺乏异质性。

但在这里还有一个前提，就是这些弱关系虽然弱，但它必须还是"活"的，也就是随时可以为你所用。

1. 线上刷存在感

社交媒体时代，如果你有一个活跃且有效的线上存在感就可以实现，比如经常在社群里分享点有价值的资料，提出几个质量还不错的问题，积极回答他人的疑问等，都是刷存在感的方式。

2. 主动见面

社交媒体经常会给我们一种错觉——我们认识的人和联系人很多，但事实是线上关系并不一定能转化成强链接的线下关系。所以，不妨每隔一段时间主动邀请朋友们见面聊聊彼此近况。

知识链接：可尝试的有效方法

3. 做一个联结者

把新朋友介绍给老朋友，这样不但增加了彼此的了解也为自己的人脉圈注入了新的

活力。

4. 加入一些协会和公益组织，成为志愿者

在协会中可以认识到很多专业背景相似的上下游的人脉，而在公益组织中会认识到大量其他行业的人脉。

（二）加入其他圈子

1. 找到自己的独特之处，让个人品牌鲜明

如果你一直是一位自带光环和背书的职业探索者，那么你加入其他圈层的难度将会大大降低。

2. 多多参加活动，争取发言机会

一次课堂发言、一次交流会上的提问交流、一场大赛的路演都是同学们可以把握的获取更多资源的机会，主动发言不仅是一种向上积极态度的表现，也是个非常重要的技能，不仅能给你带来有效答案，还能让人眼前一亮，关键是你是否有勇气站起来。

项目反馈

请完成下面的项目反馈内容。

发现问题
改正措施
经验心得

项目 5.4　生涯目标与行动计划

项目导入

本项目要求在识别个人的职业倾向和潜在优势的基础上，研究不同职业的工作内容、职业路径、所需资质和未来趋势，以便更好地了解各种职业选项。并以此作为参照，制作个人的职业目标卡片，该卡片应详细列出学生的职业目标，包括短期目标和长期愿景，阐明实现这些目标的具体行动计划和时间表。此外，还需考虑可能遇到的挑战和应对策略。最终，学生将展示并分享自己的职业目标卡片，进一步完善个人职业规划。

知识储备

一、目标制订 SMART 原则

（一）制订目标的重要性

目标制订，对于职业发展具有多重要的指导意义不言而喻。然而，有很多时候，大家忙忙碌碌，选修各种课程，参加各种活动，准备各种考试，却没有目标。很多大学生一方面感到迷茫，另外，却又不能停下来，花一点时间看清楚自己的方向，只是盲目地胡乱奔跑。"忙-盲-茫"现象在当代大学生中屡见不鲜，这种"边跑边看路"的做法无异于缘木求鱼。职业目标在个人职业发展过程中起着至关重要的作用，它像是指引航向的罗盘，帮助人们在职业道路上做出选择和决策。职业目标的明确性往往成为区分杰出人才与普通大众的关键因素。它能够引导资质相近的人群，使其中一部分人成为行业内的佼佼者，而其他人则可能保持在一般水平。因此，大学生在规划职业生涯时，应当投入时间和精力，深思熟虑，以确保其职业目标既符合个人兴趣和能力，又具有实现的可能性和挑战性。

（二）职业发展目标设定的原则

你是否曾经给自己下定过这样的目标："进入大学后，我一定要好好学习，我要多参加社团队活动，我要控制体重、健康作息……"现在想想这些目标落实了吗？实现程度怎么样？对于许多同学来说，可能一直在制订目标的路上，目标却总无法达成。目标的制订是否科学、合理，对目标是否能顺利实现具有非常重要的意义。在确定生涯发展目标时，可以运用目标设定的 SMART 原则，如图 5-5 所示。

SMART 原则是一个广泛认可的目标设定框架，它包含以下几个要素。

1. 明确（specific）

明确就是要用具体的语言清楚地说明要达成的行为标准。很多时候，设定的目标没有实现，可能不是因为执行目标的力度不够，而是因为目标设定得太含糊，不够明确具体。只有用明确具体的语言，清楚地说明，要达到的效果，才是一个恰当的目标。比如，不要说利用课余时间了解职业，可以说每周花两个小时上网查找关于某某职业的相关资料。

2. 可量化的（measurable）

可量化的是指目标应该是明确的，而不是模糊的。这样才有衡量成功或失败的标准，从而可以准确地评价你是否达到了自己的目标。比如，加强社会实践，可以具体是在这个月内，参加一个学生社团（摄影协会），并访谈两位摄影师。

3. 可以达到但有挑战性（achievable but challenging）

可以达到但有挑战性就是说，就你的能力和特点而言，实现这个目标是现实的、可能的，但又有一定难度。比如说，如果你目前只是一个大四学生并且没有什么相关的工作经验，却计划在两年之内就成为大公司的中层经理，这个目标也许就不那么可行；但如果你计划十年之内才做到中层经理的位置，那这个目标又缺乏挑战性，导致你可能就不太有激情去实现这个目标了。

4. 目标有意义、有价值，并有奖惩的措施（rewarding）

"目标有意义，有价值，并有奖惩的措施"就是说，实现这个目标能给你成就感、愉悦感；反之，则会使你有所损失。比如说，如果你没有按照计划在一个月内完成对两位摄影师的访谈，那么你就不能在"十一"假期外出旅行，而要利用假期完成访谈的任务。

5. 有明确的时间限制（time-bounded）

有明确的时间限制就是说，不要将目标统统设定为在大学毕业前完成，而要有计划分步骤地在限定的时间内完成。以一周、一个月或者一个学期为单位来设定目标，会比将事情都堆到大四毕业前完成要有效得多。

通过 SMART 原则设立目标，更有利于目标与计划的实现，并且可以帮助同学们在一段时间之后回顾总结自己所取得的进步与不足，以更好地制订下一步的目标及行动计划。

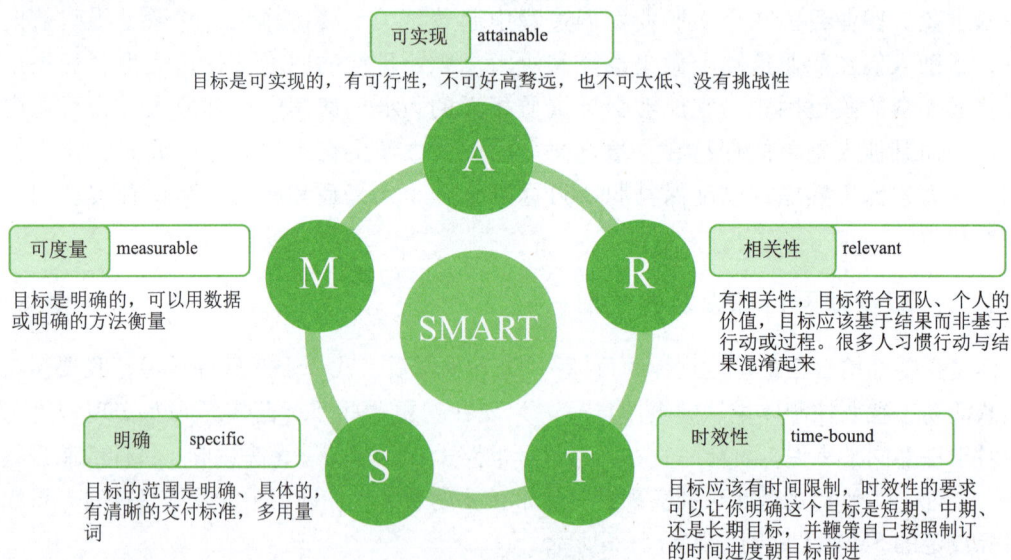

图 5-5　SMART 原则

拓展学习

SMART 原则中的 "time-bound" 如何来确定

这个期限该如何算呢？从时间维度来看，最终目标是指职业生涯的终极目标、终极职业理想，长期目标一般是5~10年的目标，中期目标是3~5年的目标，而短期目标是1~3年的目标，其中上一级的目标给下一级的目标指明方向，而下一级的目标支撑上一级目标的达成。

比如一位人力资源管理从业者的最终目标是业内知名的人力资源管理专家；长期目标是10~12年成为上市公司的人力资源总监；中期目标是5~8年成为企业人力资源管理经理，参与人力资源管理政策的制订和执行等；而短期目标是2~4年成为人力资源主管，从事人力资源管理的更多工作，全面提升人力资源管理能力。

而从性质维度来看，我们还要注意在每一个期限内设定自己的内职业生涯目标和外职业生涯目标，比如上面提到的人力资源从业者要成为上市公司的人力资源总监，从内职业生涯目标的角度来看，就要具备为公司的战略发展提供可靠的人力资源支持、优秀的战略管理能力、领导力和沟通技能、深厚的人力资源管理理论和实践知识等一系列内在素质；同时站在外职业生涯目标的角度，则要达成担任某上市公司人力资源总监、全面负责公司的人力资源管理、拥有和谐的工作环境和丰厚的薪酬等目标。

二、分解职业目标

拓展学习

目标比较

目标A：我要找到一份暑期实习工作。

目标B：我要在暑假开始前一周找到一份与电子商务专业相关的工作，如电商运营助理、网页设计，主要通过和已毕业的学姐学长、亲友和与老师联系的方式来获得实习机会，企业类型不限，工资待遇2 000~2 500元即可，包住、可不包食，关键在于能为我提供锻炼专业知识的机会，可能帮助我在专业领域有所成长。

比较目标A和目标B，可以得知目标B足够明确、足够细化，这个目标的构成由时间+职位角色+数字量化三个要素构成，有利于促使进一步的行动。为实现目标B，我们可以对这个目标再次进行分解，由目标倒推出需要具体做的工作。具体目标分解思路如图5-6所示。

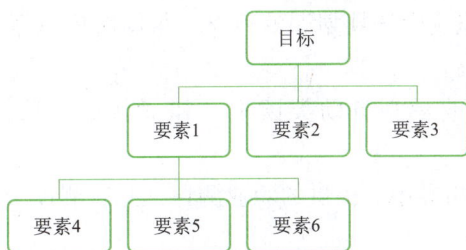

图5-6 具体目标分解思路

目标的实现需要要素1、要素2、要素3的达成，要素1的实现又会具体需要要素4、要素5、要素6的达成，以此类推。以案例中目标B的实现为例，"我要在暑假开始前一周找到一份与电子商务专业相关的工作""主要通过和已毕业的学姐学长、亲友和与老师联系的方式来获得实习机会"，按目标分解思路逻辑可得知，达成目标B首先要了解身边人脉资源的入职公司类型、入职企业实习的要求、薪资待遇；其次，要准备好相应的实习面试简历、面试作品、与HR沟通内容等具体事务，而准备一份合格的实习面试简历这个目标又可以分解为：提炼过往相关实习经历、整理过往相关知识技能及学习证明材料、设计一份合格的简历模板等内容。将目标分解在当下可以做的具体工作，才能逐步地靠近总目标，如图5-7所示。

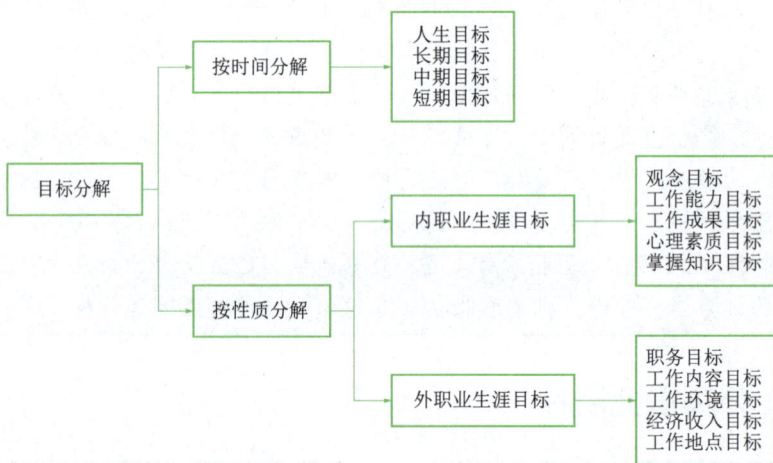

图5-7　目标分解方法

（一）按目标完成时间分解

如果你现在刚上大二，学的是管理专业，希望五年以后成为一名大公司的人力资源专业人士，那么，将这个目标倒推回来：五年后一定要跟一家大公司签上合约，三年后大学毕业时应当获得一家公司人力资源部门的初级职位，两年后应当争取进入一家公司的人力资源部门实习，这样，一年后就应当开始投递简历，寻求实习机会。因此，这一年，你就应当写好自己的简历，列出有可能向你提供相关信息的人际资源，并阅读一些与人力资源相关的书籍。

又如，如果你的目标是在这学期末前完成初步的职业生涯规划，那么你的小目标可以是以下几点。

（1）在本周五以前报名参加学校的职业生涯规划训练营，按时上课。

（2）下周一开始阅读职业生涯规划课的教材，每周阅读一章并完成书后的练习，在期末前读完这本书。

（3）课外阅读一本职业规划自助类读物（如《就业宝典》《你的降落伞是什么颜色》），每两周阅读一章。

（4）在10月完成就业指导中心提供的职业测评，并就测评结果与就业指导老师面谈一次，以便更好地了解自我。

（5）在11月参加学校组织的就业指导讲座，了解一些基本的关于工作世界的信息。

（6）在12月至放假前，联系寒假实习的单位。

如上两个事例是我们按时间将中短期目标进行分解，从人一生的时间来划分还有人生目标、长期目标、中期目标、短期目标。

（1）人生目标是指整个人生的发展目标，时间长达40年左右。一般来说，短期目标服从于中期目标，中期目标服从于长期目标，长期目标又服从于人生目标。具体实施目标通常是从具体的、短期的目标开始的。

（2）长期目标是指时间为5~10年的目标。长期目标通常比较粗略、不够具体，可能随着内外部环境的变化而变化，在设计时以画轮廓为主。

（3）中期目标是指时间一般为3~5年的目标。中期目标相对长期目标要具体一些，如参加一些旨在提高技术水平的培训并获得等级证书等。

（4）短期目标通常是指时间为1~2年内的目标，是中期目标和长期目标的具体化、现实化和可操作化的目标，是最清晰的目标。

（二）按目标内容分解

个人职业发展目标按内容可以分解为外职业生涯目标和内职业生涯目标。

外职业生涯目标侧重于职业过程的外在标记。主要包括工作内容目标、工作环境目标、经济收入目标、工作地点目标和职务目标等。

内职业生涯目标侧重于在职业生涯过程中的知识、经验的积累，观念、能力的提高，以及内心的感受。这些因素不是靠别人赐予，而是通过努力自己获得和掌握的。内职业生涯目标主要包括以下几个方面。

（1）工作能力目标：如能够和上级领导无障碍沟通的能力，组织大型公共关系活动的能力，组织结构设计的能力等。

（2）心理素质目标：主要指能经受挫折、承受成功，临危不惧、荣辱不惊。心理素质可以通过情绪智力的培训加以提高。

（3）观念目标：观念主要是指对人对事的态度和价值取向。观念目标指自己在工作学习中逐步形成一种什么样的观念或态度。

（4）工作成果目标：指发现和应用新的管理方法，创造新的业绩等。工作成果本身属于外职业生涯目标，但在取得工作成果的过程中取得的知识、经验等都属于内职业生涯目标，强调取得工作成果的内心收获和成就感。

外职业生涯目标和内职业生涯目标关系密切，内职业生涯目标的发展带动外职业生涯目标发展，外职业生涯目标的实现可以促进内职业生涯目标的实现。

案例链接

职务目标：金牌市场经理。

2019—2021年，公司市场经理。

2021—2023年，行业争相追捧的职业经理人。

2023—2025年，金牌市场经理。

工作能力目标：能顺畅清晰地进行即兴演讲；能冷静利落地解决突发事件；能游刃有余地处理协调各方面的关系。

工作成果目标：获得中国市场界"金鼎奖"，在国内权威金融类刊物上发表心得和见解。

经济收入目标：前3年年薪以30%的增长率递增，到2019年达到年薪100万元。

案例分析：这份职业目标设定清晰，时间坐标也非常明确，内、外职业目标如经济收入目标、职务目标等都很具体明确。

三、制订目标行动计划

制订目标行动计划是指按目标完成时间把任务分解。当我们把自己的中长期目标分解为一个个小的短期目标时，就有了具体的行动计划和步骤。这样做有助于个人对自己的职业生涯发展进行管理。如一个希望大学毕业后能找一份综合管理岗位就业的大一学生，就要为毕业后能够提高自己综合能力这样的职业目标制订行动计划。

培养综合能力，如沟通、表达、组织、领导等能力。这些能力看起来与专业关系不大，但是有非常强的可迁移性，在许多领域都可以运用，因此综合型人才在毕业时往往会去专业限制不强的职位，如销售、行政等。这些工作大多更看重工作经验而非专业背景和学历层次，因此如果想从事相关工作，并不一定非要在毕业时即选择继续升学，而应当将重点放在多积累一些工作经验方面。如果有必要，工作后再深造也是不错的选择。

行动计划见表5-2。

表5-2 行动计划

阶段	阶段目标	需要做的事	重点培养的能力	成果和证明
大一	1. 适应大学生活，培养良好的生活习惯； 2. 在通识课程方面打好基础； 3. 广泛涉猎，发现自己的兴趣； 4. 参加各种社团活动； 5. 确认主修专业	1. 学会自我管理和时间管理，养成良好的生活习惯； 2. 认真学习通用基础课程，掌握自主学习的方法； 3. 参加讲座，与老师、学长沟通发现自己的兴趣方向； 4. 留心观察生活中不方便的地方，或者社会的需求，尝试解决问题； 5. 参加至少1个社团或学生会	1. 自我管理和时间管理能力； 2. 逻辑思维和批判思维能力； 3. 任务的执行能力； 4. 沟通表达能力； 5. 团队合作能力； 6. 组织协调能力	1. GPA 60分以上； 2. 参与组织社团举办的大型活动
大二	1. 在社团中深入发展； 2. 日常寻找兼职机会； 3. 暑假实习	1. 广泛学习所有的专业课程； 2. 尝试加入团队，申请1项实践项目，解决一些生活中的一些问题； 3. 在社团中作为主要的组织者组织大型活动； 4. 做1份兼职，初步了解职业世界； 5. 完成1次暑期实习	1. 了解和运用专业知识的能力； 2. 组织管理能力； 3. 展示与表达能力； 4. 基本的工作技能（如Office等）	1. 项目申请成功； 2. 成功举办社团或学生会活动； 3. 通过兼职赚到自己的第一桶金； 4. 顺利完成实习

续表

阶段	阶段目标	需要做的事	重点培养的能力	成果和证明
大三上学期	1. 完成专业学习； 2. 完成研究或实践项目； 3. 暑期实习； 4. 创业准备（可选）	1. 继续学习专业的课程； 2. 至少完成1个实践项目； 3. 完成1次暑期实习； 4. 尝试加入或组织团队做一些小型的创业项目	1. 解决问题的能力和创新能力； 2. 项目管理的能力； 3. 领导能力； 4. 职场行为规范	1. 实践项目获奖； 2. 顺利完成实习并获得上级和同事的好评； 3. 创业项目完成价值验证
大三下学期	1. 求职； 2. 深造； 3. 创业	1. 参考多方面因素选择求职、深造或创业； 2. 准备简历和面试； 3. 准备商业计划书	1. 展示自己或项目的能力； 2. 沟通谈判能力； 3. 营销推广能力	1. 取得工作或升学的录取通知； 2. 创业项目落地

课堂训练： 根据本项目"活动导入"部分所提出的明确要求，采用小组讨论、查阅资料等多种形式，制订适合自身特点的职业目标卡片，并填入表5-3中。

表5-3　职业目标卡片

姓名：　　　　　　班级：　　　　　　学号：
根据目标设定原则设置你的目标。 　1. 你的长期目标：＿＿＿＿＿＿＿＿＿＿＿＿＿＿＿＿＿＿＿＿＿＿＿＿＿＿＿＿ 　2. 你的短期目标：＿＿＿＿＿＿＿＿＿＿＿＿＿＿＿＿＿＿＿＿＿＿＿＿＿＿＿＿ 　3. 你一个月内的目标：＿＿＿＿＿＿＿＿＿＿＿＿＿＿＿＿＿＿＿＿＿＿＿＿＿＿ 　4. 你一周或两周内的目标：＿＿＿＿＿＿＿＿＿＿＿＿＿＿＿＿＿＿＿＿＿＿＿＿ 　待到设定日期，请你查看自己是否完成了目标。若没有，请思考原因。

项目反馈

请完成下面的项目反馈内容。

发现问题
改正措施
经验心得

综合项目 5　完成职业连连看

项目导入

　　尽可能多地在表5-4中写出岗位（可以结合线上搜索、学姐学长咨询、企业人士访谈、专业教师询问等方式获取），将你一直的"宠爱"写出来，接下来我们一起一步一步找到你的"真爱"。

表 5-4　岗位信息汇总

姓名：		班级：		学号：	
序号	岗位名称	所属行业	所在区域	工作内容	薪酬情况

项目实施

　　第一步，在前面的项目中，你已经对自己的职业兴趣、价值观等方面有了全面的了解，将表5-4中的岗位填入表5-5，并分析岗位是否和你的这些特质相符，你可以选择保留（在表5-5中勾选"是"）或舍弃（在表5-5中勾选"否"）。

表 5-5　选择备选岗位

岗位名称	是否保留在备选岗位中	
1.	□是	□否
2.	□是	□否
3.	□是	□否
4.	□是	□否
5.	□是	□否
6.	□是	□否

　　第二步，进一步对你保留下来的岗位进行探索。首先，请结合前期对自身优势探索的结果，将自己的素质能力优势列在左边；接着，将相应岗位的招聘要求/能力要求列在右边，并与你自身的能力相对比；最后，来做一个"连连看"的小游戏，将左右两边相符合的能力连到一起，如图5-8所示。

我的能力

岗位要求

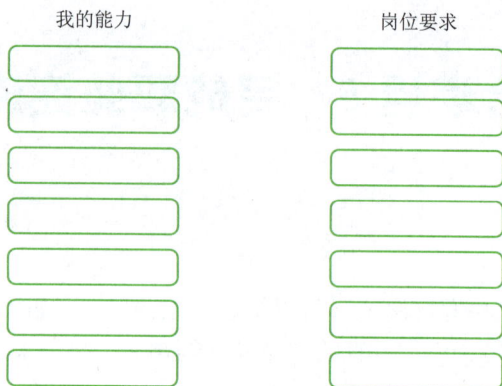

图 5-8 职业连连看

以"互联网运营岗"为例来做"连连看"游戏，如图 5-9 所示。

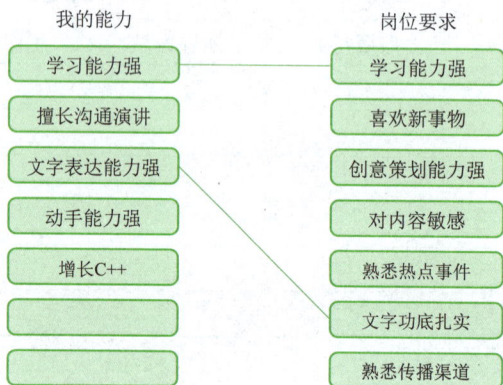

我的能力

岗位要求

学习能力强	学习能力强
擅长沟通演讲	喜欢新事物
文字表达能力强	创意策划能力强
动手能力强	对内容敏感
增长C++	熟悉热点事件
	文字功底扎实
	熟悉传播渠道

图 5-9 "互联网运营岗"职业连连看

通过"连连看"，你是否发现一些岗位和你的能力素质优势比较匹配？请你将它们写下来，并结合自己的实际情况，对自己能力和岗位要求的匹配度进行评估。分值范围为 0~10 分，每个岗位的匹配度你分别打多少分？

岗位 1：_____	匹配度：_____
岗位 2：_____	匹配度：_____
岗位 3：_____	匹配度：_____

▍项目反馈

请完成下面的项目反馈内容。

发现问题

改正措施
经验心得

模块六 实践篇

——夯实动力·评估调整

【模块任务】我的职业规划启航书

【知识导图】

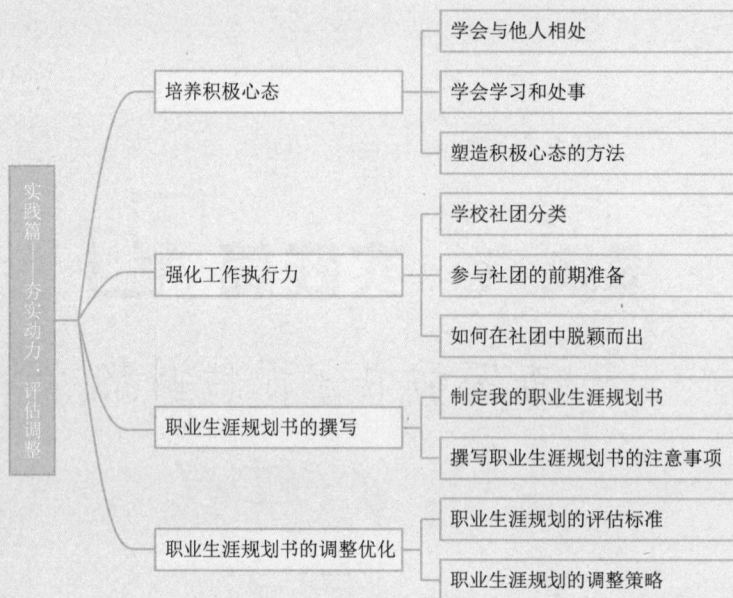

实践篇——夯实动力：评估调整

培养积极心态
- 学会与他人相处
- 学会学习和处事
- 塑造积极心态的方法

强化工作执行力
- 学校社团分类
- 参与社团的前期准备
- 如何在社团中脱颖而出

职业生涯规划书的撰写
- 制定我的职业生涯规划书
- 撰写职业生涯规划书的注意事项

职业生涯规划书的调整优化
- 职业生涯规划的评估标准
- 职业生涯规划的调整策略

【学习目标】

知识目标：

1. 正确理解职业生涯规划的理念，提高对职业生涯规划意义的认识。
2. 掌握与他人相处的原则与艺术，培养积极乐观的职业心态。

能力目标：

1. 通过自我评估，提高对个人职业兴趣和优势的认识。
2. 学会心态调整的基本理论和方法，学会学习和处事。

素养目标：

1. 能够合理评估自己的职业生涯规划书，并不断优化。
2. 能够认识到团队合作的重要性，并积极贡献自己的力量。

项目 6.1　培养积极心态

项目导入

我的情绪自画像：

你知道情绪是有声音的吗？

你知道情绪是有颜色的吗？

你知道情绪是有形状的吗？

你知道情绪是有自画像的吗？

所有的回答都是肯定的。

请同学们回忆自进入大学以来让自己印象最深刻的一段经历。这段经历中你遇到了哪些人？处理了哪些事？处理这些事情时你的情绪变化是怎样的？你处理事情的方式方法是怎样的？这段经历给你的收获是什么？请同学们用不同形状、颜色绘画出自己的情绪自画像，并组内与同学进行分享。

知识储备

一、学会与他人相处

（一）与他人相处的原则

没有规矩，不成方圆，与他人相处也不例外。与他人相处的规矩既是人际交往中的心理原则，也是做人应具备的基本品质（如诚实、宽容等）。具有这些品质，我们才能被认可，才能与他人保持和谐融洽的关系。

1. 相互尊重

心理学研究表明，在人际交往中，人们都有明显地维护自尊的倾向。一个人的自我价值来自交往中别人对自己的反馈，别人的肯定使我们感到有价值、有尊严；别人的否定则使我们感到没有价值，觉得自尊受到伤害。根据这个原理，交往时肯定、接受他人，意味着肯定和支持他人的自我价值，维护了他人的尊严，使他人感到被尊重因而产生亲近的情绪。尊重别人可以引出他们的信任、坦诚、亲近等情绪，缩短交往距离。大学生的自尊心都比较强，在交往中应注意在态度上、人格上尊重同学，礼貌待人，语言文明，不损伤他人名誉，承认、肯定他人的能力和成绩，尊重他人的选择，尊重他人的隐私，维护他人的尊严。

2. 平等互敬

交往中的平等是指交往双方态度上的平等。每个人都有自己独立的人格和做人的尊严。交往中，若一方居高临下、颐指气使，很快就会被对方排斥。大学生年轻气盛又喜欢争论，有时会在一个小小的争论中，因为瞧不起对方甚至蔑视对方而演化成人身攻击，从而给人际关系带来极大的伤害。我们不能因为自己的某些优势而趾高气扬，对他人不屑一顾；也不能因为自己的某些劣势而低人一等，对他人曲意逢迎。有时候，主动示好、低位待人更容易到他人的重视。特别是当有了误解和人际冲突时，采取低位姿态更容易化解冲突。

3. 诚实可信

无论人际交往如何讲究技巧和方法，只有诚信才是最持久的处世之道。诚，即真心诚意，言行一致，不虚假。诚实是做人之本，是美好品德的体现。人与人以诚相待，才能双方建立信任。信，即信任，守信，诚实无欺。信任能从积极的角度理解他人的动机和行为，而不是胡乱猜疑，相互设防。在现代社会中，诚信不仅是一种品德，更是一种准则；不仅是一种道德，更是一种责任。只有以诚信为人际交往的信条，才会有双赢的选择与合作。

4. 互助互利

人际关系以能否满足交往双方的需要为基础，如果交往双方的心理需要都能获得满足，关系就会继续发展。著名社会心理学家霍曼斯指出，人际交往在本质上是一个社会交换的过程，只有当一种关系对人们来说是值得的，人们的交往行为才会出现。这与中国古代墨家思想提出的人际交往中"交相利"的理论不谋而合，都要求人与人在交往时应当相爱互利，对等互报，即"投我以桃，报之以李"。

5. 求同存异

在人际交往中，相似性因素是人际关系互相吸引，建立良好人际关系的重要因素。彼此的一些相似之处会让双方产生一些共鸣，从而更容易相处。求同固然重要，也要学会存异，因为，每个人都是一个独立的人。大学生在人际交往中应该学会求同存异，把共同处摆在主要位置，把彼此的差异和距离放在次要位置。

6. 宽以待人

宽容是一种美德，人与人相处需要宽容。宽容表现为对非原则性问题不斤斤计较，能够以德报怨，宽容大度。大学生都年轻气盛，个性较强，产生误解和矛盾在所难免。这要求我们在交往中不要斤斤计较，而要谦让大度，克制忍让，不计较对方的态度，不计较对方的言辞，勇于承担自己的行为责任。"宰相肚里能撑船"，他吵，你不吵；他凶，你不凶；他骂，你不骂。只要我们胸怀宽广，容纳他人，发火的一方也会渐渐自觉无趣而冷静下来。宽容克制并不是软弱、怯懦的表现，相反，它是有度量的表现，是建立良好人际关系的润滑剂，能帮助我们化干戈为玉帛，赢得更多的朋友。

（二）与他人相处的艺术

与他人相处的艺术是对人际交往原则的灵活掌握和具体运用。与他人建立良好的人际关系不仅需要遵循上述基本的原则，还要能根据实际情况，灵活地运用这些原则，即掌握与他人相处的艺术。

1. 认知的艺术——知己知彼

人际交往能否顺利与交往者在交往中的态度、行为直接相关，而交往者的态度和行为是具有选择性的，正确的态度和行为的选择必定是建立在对自己的正确认识和对当时的交往对象、交往情境的正确认识的基础之上的。片面的了解会让人际交往产生偏差甚至误解。

（1）知己。知己就是要认识自己，可以从社会比较、他人评价和社会成就等方面来了解自己。一个人对自己的价值认识是通过与他人的能力和条件进行比较而实现的。大学生自我认知就是通过社会比较而不断完善的。大学生喜欢与自己的同辈进行比较，在比较中看到自己的价值，也看到自己的不足，从而建立客观的自我评价。同时，他人的评价也是自我认知的一面镜子，大学生可以通过他人评价不断修正认知上的偏差，力争达到自我评价与他人评价的统一，从而使自我意识不断完善。此外，凭借自身的社会成就了解自己可以更加客观地认识自我。总之，大学生在校园中通过与他人相处学会正确、客观地评价自我，是走向成熟的重要标志。在与他人相处过程中，正确的自我认知也是人们选择正确的态度和行为去回应外界环境需要的前提条件之一。

（2）知彼。对他人的认知就是在交往过程中对他人的认识和了解。通过一定时间的交往，大家往往会对交往的对象形成一定的看法，并选择和确定与其交往的态度和行为。当然，了解他人并不是易事，不是一朝一夕可以完成的，而是需要相当长时间的交往，"路遥知马力，日久见人心"就是最好的注解。对他人认知的意义就在于对他人的认知将决定我们与他人相处的态度和行为方式是否适合与得体。

2. 交谈的艺术——会说也会听

交谈是与他人相处过程中最主要的沟通方式之一，把握好交谈的艺术可以让我们在人际交往中更加游刃有余。

（1）会说。"良言一句三冬暖，恶语伤人六月寒。"交谈的效果不仅取决于交谈的内容，也取决于交谈的方式和方法。

①说话得体，恰如其分。交谈时注意语言分寸，合乎尺度。话说到什么地步，要求提到什么程度，应视交往对象而定，不超过双方的心理承受范围，不引起对方的反感。任何夸大其词、言过其实或词不达意都会影响交往顺利进行。

②利用幽默感营造轻松氛围。幽默来自拉丁文的音译，原意为植物中起润滑作用的汁液。在交谈出现阻碍时，幽默可以减少尴尬，多点欢笑。一位艺术家说过："幽默能让人们在快乐的境界中交流思想与观点，就像音乐那样，它能使陌生人走到一起并成为朋友。"幽默的人一般都善解人意而且随和，给人以亲近感，反之，就难免让人感觉枯燥乏味。

③赞美他人，拉近距离。"赠人玫瑰，手有余香。"每个人都希望得到他人的注意和肯定，而赞美和欣赏正是满足这种需求的一种最直接的方式。在交往过程中，我们应抱着欣赏的态度对待每个人，时时留心身边的人或事，多去发现别人的优点和长处。一句真诚的赞美往往可以给他人带去好心情。在大学里，有些学生由于家境、容貌、见识等而有一种自卑感，他们需要得到认同与鼓励。这时，一句由衷的赞美很可能会让他们重拾自信，给他们的生活带去阳光，甚至改变他们的命运。

（2）会听。"凡是见过他的人几乎都不会忘记他。他身上焕发着一种吸引人的力量。他长得英俊固然是一个原因，但是给人留下第一印象的是他的眼睛。你会感到他在全神贯注地看着你，他会记住你和他说过的话。他是一个让人一见就倍感亲切的人，他有人际交往的天赋。"这是一位美国资深外交官对周恩来总理的中肯评价。学会倾听，是尊重他人的重要表现。一位心理学家说过："聆听，而不是单纯地复述，可能是最诚挚的奉承。"每当你听别人讲话不专心时，就会传达出这样一个信息——你不看重他；反之，当你洗耳恭听时，会让他感受到你的真诚和尊重。对于大学生而言，学会倾听，就是要学会在与人交谈的过程中克服浮躁之气和轻慢之举，做到认真而仔细地听他人讲话。在神情专注的同时，还应有点头之类的回应，以表示非常重视对方的谈话。这不仅会给他人留下良好而深刻的印象，还会因为提高了他人的自信心而有利于建立良好的人际关系。

3. 应变的艺术——进退自如

环境在变，时势在变，事态在变，生活也在变。若想要适应环境和时势的更迭，应对事态和生活的变化，就要学会应变。现代社会飞速发展，生活日新月异，人们更需要学会应变、善于应变。现代经济及其相关领域的竞争日益激烈，给人们的应变能力提出了更多的要求。

（1）学会善待他人。在与他人相处的过程中，要想有个好人缘，学会善待他人是至关重要的，善待他人就是善待自己。你在帮助别人的同时，无形之中就已经投资感情，别人会把你的帮助永远记在心中，只要一有机会，他们会主动报答你。善待他人就是在他人有难时能主动给予帮助，在他人落难时能给予鼓励和支持，在他人知错能改时能给予宽恕。

> **🔑 案例链接**
>
> #### 价值一杯牛奶的医药费
>
> 一个贫穷的小男孩为了攒够学费挨家挨户地推销商品。劳累了一整天的他十分饥饿，摸遍全身却只有一角钱。怎么办？他决定去一户人家讨口饭吃。当一位美丽的女孩打开房门时，这个小男孩却有点不知所措，他没有要饭，只乞求女孩给他一口水喝。这个女孩看到他饥饿的样子，就拿了一大杯牛奶给他。男孩喝完牛奶问道："我应该付多少钱？"女孩回答："不要一分钱。妈妈教导我们，施以爱心，不图回报。"男孩说："那么，就请接受我由衷的感谢吧！"说完，男孩离开了。此时，他不仅感到浑身是劲儿，而且仿佛看到妈妈正朝他点头微笑。其实，男孩本打算退学的，但是现在他放弃了这个念头。
>
> 数年之后，那位美丽的女孩得了一种罕见的怪病，当地医生对此束手无策。最后，她被转到大城市，由专家会诊治疗。当年那个小男孩如今是大名鼎鼎的霍华德·凯利医生了，他就在专家之列。当他看到病历上病人的资料时，一个奇怪的念头闪过他的脑海，他马上起身直奔病房。来到病房，凯利医生一眼就认出床上躺着的病人正是那位曾经帮助他的恩人。他回到办公室，决心一定要竭尽所能治好这个病人。经过艰辛努力，手术成功了。
>
> 凯利医生要求医院把医药费的账单寄到他那里，并在账单上签了字。当账单返回病人手里时，她不敢看，因为她确信治疗的费用可以让她倾家荡产。最终，当她鼓起勇气去看那个账单时，账单上旁边的一排手写的小字引起她的注意，她不禁念出声："医药费，一杯牛奶——霍华德·凯利医生。"

（2）学会微笑。微笑是最自然、最真诚的情感表达，没有人会拒绝真心的微笑。"相逢一笑泯恩仇"就体现了微笑的力量。微笑不仅是自信的象征，还是礼貌的表现。在现实生活中，如果人人脸上都带着微笑，就会使置身其中的人感到融洽、平和。微笑就是一种磁力，能够使人的心灵相通、相近、相亲。

（3）学会拒绝。拒绝就是取消、否决，是一种个人选择，如同接受一样是一种权利。古语"有所不为才能有所为"中的"不为"就是拒绝。不会拒绝是现代大学生正常生活和人际交往的一大弊病。同学要你帮忙走后门，老乡向你推销产品，明明想说"不"的你，却因碍于面子而不拒绝，过后又悔不当初，陷入不安与沮丧中，最终只会伤害自己。

（4）学会保持界限。界限是指在人际关系中，清楚地知道自己和他人的责任和权力范围，既保护自己的个人空间不受侵犯，也不侵犯他人的个人空间。在一个多元社会里，我们需要承认彼此的不同，尊重彼此的不同，在保持各自独特性的情况下和谐共处。人与人之间的边界不像皮肤那样看得见、摸得着，但是这个边界在我们每个人的心里。我们每个人在与他人交往时，都能感知自己和他人的边界。但是，这种感知能力的个体差异很大，有的人能明确地知道自己的边界在哪里、他人的边界是什么，但还有很多人不是很清楚，尤其是在比较亲近的关系（好朋友、男女朋友等）里更是如此。处理不好人际交往的界限，往往会给自己和别人带来很多麻烦。

二、学会学习和处事

（一）学会学习

美国著名心理学家伯尔赫斯·F.斯金纳说："如果我们将学过的东西忘得一干二净，最后剩下来的东西就是教育的本质。"所谓"剩下来的东西"，其实就是自学的能力，也就是举一反三或无师自通的能力。事实上，在知识大爆炸的时代，学校不可能保证教给我们的知识都是有用的，甚至有可能我们在大学里学就是已经被淘汰的知识。但是在大学里我们可以学会独立思考并掌握学习的方法，这个"剩下来的东西"会让我们不论面对怎样的知识变更和激烈竞争都能游刃有余，得心应手。李开复先生2005年在《给中国学生的第四封信：大学四年应是这样度过》中曾说到一件他亲身经历过的事情。在哥伦比亚大学任助教时，曾有位中国留学生的家长向他抱怨："你们大学里到底在教些什么？我孩子读完了大二计算机系，居然连VisiCalc软件都不会用！"李开复当时回答道："电脑的发展日新月异，我们不能保证大学里所教的任何一项技术在5年以后仍然管用，我们也不能保证学生可以学会每一种技术和工具。我们能保证的是，你的孩子将学会思考，并掌握学习的方法。这样，无论5年以后出现什么样的新技术或新工具，你的孩子都能游刃有余。"

大学不是职业培训场，而是一个让学生学会适应社会、适应不同工作岗位的平台。在大学期间，学习专业知识固然重要，但更重要的还是要学习独立思考、解决问题的方法，掌握自修之道。只有这样，大学毕业后才能跟上瞬息万变的未来世界。许多同学可能总是抱怨老师教得不好，懂得不多，学校课程的安排也不合理。"与其诅咒黑暗，不如点亮蜡烛。"大学生不应该只会跟在老师的身后亦步亦趋，而应当主动走在老师的前面，培养自己的自学能力。而要掌握自修之道，就需要我们在学习过程中能够做到自主学习，学会创造，要从课堂、书本、交往、实践等方面进行全方位的学习，还要终身学习。

（二）学会处事

有德无才会误事，有才无德会坏事，无德无才干不了事，有才有德方能成就大事。做人做事是分不开的。学会做事，是联合国教科文组织国际21世纪教育委员会提出的21世纪教育的四大支柱之一。简单地说，学会做事就是掌握做事的本领，或者说具备胜任某种工作的特征。做事的本领不仅包括硬技能，还包括软素质。

1. 职业技能

（1）专业技能。

专业技能是从事任何一项工作必须具备的能力，其主要靠专业学习获得。在培养专业技能的问题上，我们应该重点把握以下几个方面。

①学什么与学成什么。学什么问的是专业名称的问题，而学成什么问的是专业技能的问题。有的学生可能会错误地认为在一个就业前景好的专业里学习，将来肯定能找到一份满意的工作。心存这种想法的学生简单地将专业名称与专业技能等同起来，但实际上在一个专业里学习不会让我们自动拥有从事与该专业相关工作的能力。现实社会中，我们也常常听到非专业的毕业生抢走了专业毕业生的工作岗位。原因就在于，用人单位更注重的是专业名称背后的专业技能。

②可通过多种途径培养专业技能。有的学生可能因为没有机会进入自己感兴趣的专业学习，就怨天尤人、自怨自艾，甚至自暴自弃。这样的人视野太狭窄，没有看到培养专业技能途径的多样性。除了进入自己感兴趣的专业进行系统的学习，其实还有很多其他的选择，比如，辅修、有目的地选修感兴趣专业的课程，向相关专业人士请教，等等。

③专业基础知识要扎实。能力是以知识为基础的，专业技能是以专业基础知识为基础的。在大学期间，我们一定要学好本专业要求的基础课程，因为在科技发展日新月异的今天，应用领域里很多看似高深的技术在几年后就会被新的技术或工具取代，只有专业基础知识能受用终身。而且，如果没有打好基础，我们也很难真正理解高深的应用技术。

（2）办公软件使用技能。

只要留心一下，无论走到什么工作场所，都会看到在工作人员的桌上摆放着一台电脑，然后工作人员在电脑前敲敲打打处理各种工作，这就是现在的办公情形。如今，随着计算机的普及，以计算机为核心的办公自动化正在覆盖大多数的工作场所，办公自动化大大提高了工作效率。因此，无论是计算机专业的学生还是非计算机专业的学生，学会使用办公软件都是非常有必要的。Word、Excel 和 PowerPoint 是人们使用最多的文字处理、电子表格制作和电子文稿演示工具。学会使用 Word 可以提高我们的写作速度，使我们的写作过程清晰明了，并且可以帮助我们对自己的文章进行编辑、校对和修改；"一幅图能代替千言万语"，使用 Excel，我们可以制作出各种各样的图（如柱状图、饼图）和表格来显示数据之间的相互关系；使用 PowerPoint 进行演说，对我们的受众不仅有听觉刺激，还有视觉刺激，从而使我们的演说更加出色。

（3）信息获取能力。

现代社会是一个信息社会，没有必要的信息，我们就无法顺利地开展学习和工作。因此，懂得如何收集自己想要的信息对于任何学习和工作而言都是至关重要的。一位企业家认为，信息是谋求发展的关键。他曾这样说道："要么去狩猎，要么被猎取。我大部分的成就源自我拥有被人需要的信息。第一步，要了解别人需要什么。第二步，要拥有足够的资源，以便知道去哪里能迅速地获取这些信息。速度是我着重强调的一点——企业需要速度，而在收集信息时，你必须做到有条不紊。"处在信息社会的大学生，应该懂得到正确的地方去获取想要的信息，而不是等着信息自动找上门。现在各个大学都有各种含大量信息的平台，如图书馆、网络、论坛、校园公告等，我们应该善于利用这些信息平台获取我们想要的信息。总之，信息获取能力是信息社会背景下一个人才必备的基本能力。

（4）沟通技能。

沟通技能是指我们发送和接收信息的能力。具体来说，沟通技能是指通过书写、口头与肢体语言的媒介，有效与明确地向他人表达自己的想法、感受与态度，也能较快、正确地解读他人的信息，从而了解他人的想法、感受与态度。说到沟通技能，我们往往首先想到口头沟通技能。其实，在当今这样一个科技快速进步和工作节奏加快的时代，书面沟通技能的作用已经越来越明显。对个人而言，随着职务级别的上升，书面沟通也变得越来越重要。因为，当你有一个想法时，如果只在口头上做出说明，那么你的影响范围仅限于说话的对象。但是，一页说明清晰的备忘录可以在整个公司内被传阅。现在，知识管理（knowledge management，KM）越来越成为企业培育核心竞争力的一种手段。简单地说，知识管理就是指通过知识共享，运用集体的智慧实现企业显性知识和隐性知识的共享，从而提高企业的应变和创新能力。而要实现知识的共享，除了要通过口头的方式将知识表达出来，更重要的是要通过书面的形式将有价值的知识保存下来，从而能够在企业内部广泛共享，甚至一代一代传递下去。

要进行良好的书面沟通，我们必须具备良好的写作能力。为了培养和提高写作能力，大学期间应该尽可能地选修一些要求学生写日志、计划书和评估报告等结论论文的课程，认认真真地完成这些课程，会有助于提高写作能力。有些大学还专门开设了旨在培养大学生写作能力的课程，如公文写作等，这样的课程对于培养专门的写作技能帮助非常大。另外，还可以尝试撰写各种形式的论文，如学术论文、通信稿等，这种方式对于培养写作能力更加直接和有效。总之，无论学习什么专业都需要具备良好的写作能力，大学也为大学生提供了各种练习与培养写作能力的机会。

2. 职业精神

职业精神是人们在从事某项工作时所表现出来的一种态度或精神风貌。美国研究人员调查发现，在失业者或无法获得晋升者中，共有87%的人并非因为缺乏职业知识或技能，而是因为有不恰当的工作习惯和态度导致失业或无法晋升。因此，职业精神对一个人的职业生涯发展是非常重要的。职业精神主要包括以下四方面。

（1）积极主动。

案例链接

布罗与艾洛

布罗和艾洛同时受雇于一家店铺，他们拿同样的薪水。一段时间后，艾洛又是升职又是加薪，而布罗仍在原地踏步。布罗不满意老板的"不公正待遇"，终于有一天他到老板那儿发牢骚了。老板说："布罗，你到集市上去看看今天有什么正在卖？"一会儿工夫，布罗回来向老板汇报："今早集市上只有一个农民拉了一车土豆在卖。""有多少？"老板问。布罗又跑到集市上，回来告诉老板："一共40袋土豆。""价格呢？"老板继续问他。"您没有叫我打听价格呀。"布罗委屈地申明。

于是老板把艾洛叫来，吩咐他说："艾洛，你现在到集市上去看看今天有什么正在卖。"艾洛也很快就从集市上回来了，他向老板汇报说："今天集市上只有一个农民在卖土豆，一共40袋，价格是两毛五分钱一斤。我看了一下，这些土豆的质量不错，价格也便宜，于是顺便带回来一个让您看看。"艾洛边说边从提包里拿出一个土豆，"我想这么便宜的土豆一定可以赚钱，根据我们以往的销量，40袋土豆在一个星期左右就可以全部被卖掉，所以我把那个农民也带来了，他现在正在外面等您回话呢。"这时老板转向了布罗，说："现在你知道为什么艾洛的薪水比你高了吧？"

案例中，同样的起点，后来之所以出现这么大的差距，是因为艾洛能积极主动地做事，布罗则是被动地做事。被美国《时代周刊》誉为"思想巨匠""人类潜能的导师"并入选影响美国历史进程的 25 位人物之一的史蒂芬·柯维在《高效能人士的七个习惯》一书中指出，积极主动是高效能人士的第一个习惯。人性本质是主动而非被动的，人不仅能消极选择反应，更能主动创造有利环境。采取主动并不表示要强求、惹人厌或具有侵略性，只是不逃避为自己开创前途的责任。在现在的市场竞争中，企业的发展最终要靠全体人员发挥积极性、主动性、创造性。拥有良好的心态，积极主动，充满热情，灵活、自信的人更容易得到领导的信任和支持，并更有能力带领团队完成既定任务和开拓事业。要做一名优秀的员工，不能只是被动地等待别人说应该做什么，而应该主动去了解自己要做什么，并且认真地规划它们，然后全力以赴地去完成，因为没有人比我们更在乎我们自己的事业。

（2）独立自主。

从进入大学的第一天开始，大学生就必须从依赖他人转向独立，必须成为自己未来的主人，必须积极地管理自己的学业和将来的事业。独立自主是个人开创事业的前提条件之一。《中国青年报》曾经报道过这样一个案例。有一个高中生学习成绩十分优异，但从小生活在父母的溺爱下。高考时，他考上了名牌大学，然而，多年来衣来伸手、饭来张口的生活让他失去了独立生活的能力。在学校里，他几乎不能生活自理，不会到食堂打饭，不会洗衣服，只能不停地向家里诉苦。结果，不到半个月，他就偷偷跑回家，再也不肯到学校去了。他的父母也没有办法，只好让他退学。像上述主人公一样缺乏生活自理能力的大学生在大学校园里可能并不多。这样的学生即使读完大学，也根本不可能在社会上立足，更别提为社会做贡献了。不能自立的人，不仅会成为家庭的负担，还会成为社会的累赘。

自立分为五个层次：身体自立、行动自立、心理自立、经济自立和社会自立。身体自立是指个体无须扶助而能直立行走；行动自立是指个体具备生活自理能力，如会自己洗脸刷牙、洗衣服；心理自立是指个体能独立思考，独立判断，自己做决定；经济自立是指不依赖父母或他人的经济援助而能独立生存；社会自立是指能够按照社会所规定的行为规范责任和义务而行动。进入大学后，我们离开了父母，面对的环境也更加复杂，而这正是我们培养自立能力、学会独立自主的好时候。

（3）团队协作。

拓展学习

《西游记》中的团队精神

唐僧团队是一支优秀的团队。为了完成西天取经任务，唐僧、孙悟空、猪八戒、沙和尚组成了取经团队。其中，唐僧是项目经理，孙悟空是技术核心，猪八戒和沙和尚是普通员工，这个团队的高层领导是观音。

这个团队的组成很有意思，唐僧作为项目经理，有很坚韧的品性和极高的原则性，不达目的不罢休，又很得上司的支持和赏识（直接得到唐太宗的任命，既给袈裟，又给紫金钵盂；又得到以观音为首的各路神仙的广泛支持和帮助）。沙和尚言语不多，任劳任怨承担了项目中挑担这种粗笨无聊的工作。猪八戒，看起来好吃懒做、贪财好色，又不肯干活，最多牵下马，好像留在团队里没有什么用处，但其实他的存在还是有很大用处的。因为他性格开朗，能够接受任何批评而毫无负担、压力，在项目组中承担了润滑油的作用。最关键的还是孙悟空，孙悟空是这个取经团队里的技术核心，但是他的性格极为桀骜，回想他大闹天官的历史，恐怕没有人会让这种人待在团队里，但是取经项目要想成功实在缺不了这个人，团队领导只好采用些手段来收服他。孙悟空毕竟是很厉害的人，承担了取经项目中降妖除魔的绝大多数重要任务，虽然是个难于管束的主儿，但又不能只用手段来约束他，这时猪八戒的作用就显出来了，在孙悟空苦恼的时候，上司不能得罪，沙和尚这种老实人又不好伤害，只好通过戏弄猪八戒来排除心中的郁闷，反正猪八戒是个乐天派，任何的指责他都不会放在心上。

《西游记》是一部值得品读的巨著，书中描述了由四种不同性格的成员组成的一支团队如何克服重重困难，最终取回真经的艰苦历程。这本著作让人更加深刻地理解：团队的进步与个人的前程是如此紧密地联系在一起。当一个团队实现既定目标的时候，每一位成员都会从中获得个人的成功。现代社会是一个强调专业分工的社会，既然分工就必然需要协作。任何单打独斗的想法和行为在现代社会是根本行不通的。我们必须融入一支优秀的团队，得协同作战，而不是一味追求个人成就。

（4）手、脑、心并用。

用手做事是指扎扎实实地做工作，脚踏实地干事业；用脑做事是指勤于观察、善于思考，用正确的方式做正确的事情；用心做事是指负责任、认认真真地做事。做事手到而脑不到，则是机械重复地做事，结果事倍功半；脑到而手不到，则是想法很好，但缺乏执行力，结果是空想一大堆，没有任何结果；手到而心不到，则是行动常常跑偏，效果不佳。一个小和尚担任撞钟一职，每天都能按时撞钟，但半年下来主持很不满意，就调他到后院劈柴挑水，说他不能胜任撞钟一职。小和尚很不服气地问："我撞的钟难道不准时、不响亮？"老主持耐心地告诉他："你撞的钟虽然很准时，也很响亮，但钟声空泛、疲软，没有感召力。钟声是要唤醒众生的，我却没有听到这样的声音。"小和尚撞钟，只不过是做一天和尚撞一天钟而已，并没有用心去撞钟，更没有用一颗唤醒众生的心去撞钟，其结果当然是不能把这看似最简单的事情做好。我们做事时只有手、脑、心并用，才能放飞心中的理想，把事情做好。

三、塑造积极心态的方法

（一）积极心态的表现

1. 自尊自信

自尊自信的心态，是大学生丰厚精神力量的重要支撑。尊重自我、爱护自我、相信自我是积极心态的主要表现。大学生具备自尊自信的心态，可以对自身发展能力和价值进行清晰认知，将自身的发展与国家的发展紧密结合，能够对未来的生活、国家的发展充满信心，积极践行社会主义核心价值观，为祖国的发展贡献自己的力量。

2. 理性平和

理性平和的心态主要表现为在求职、就业过程中遇到困难或挑战时，能够沉着冷静地分析和处理问题，能够以一个平和的心态看待求职过程和结果。同时，能够理性地分析和处理问题，避免不恰当的言论和行为。

3. 开放包容

当前的国际形势与职业世界更迭迅速，衍生出各类新的就业形态和就业岗位。

开放包容的心态能够使大学生接纳各种就业形态，灵活就业，不局限自己的发展道路与空间，以更加开放、包容的就业观念顺利就业。

4. 脚踏实地

当前的职业世界高速发展，机遇与挑战并存。在求职与就业的过程中，大学生需要具备脚踏实地、务真求实的心态，切忌好高骛远、急功近利、眼高手低等现象。认真严谨地把握当下的机会，从一点一滴做起，积累经验，蓄势待发。

5. 积极乐观

积极乐观的心态对每个人来说都非常重要，它能够使你以更加正向的心态看待生活中的事物和问题。在求职过程中，一定会有很多困难和阻碍，要以积极的方式应对，对未来的发展、社会的发展、国家的发展充满信心。

案例链接

微笑的桑兰

桑兰，著名体操运动员，被誉为中国的"跳马王"。在一次赛前训练中，桑兰的一个没有做完的手翻转体动作，结束了她的体操生涯。桑兰的伤势异常严重，第五节至第七节颈椎呈开放性、粉碎性骨折，中枢神经严重损伤双手和胸以下失去知觉……桑兰苏醒后，从没有流下一滴眼泪，那时年仅17岁的她用积极的心态征服了全世界……

伤势稳定后的桑兰，重新学习，练习基本的生活动作，这些平时轻而易举可以完成的动作，对于现在的她来说却异常艰难，在后面的日子里，桑兰完成了自己的求学梦想，创办了基金会，同时收获了爱情，有了自己的孩子。她用行动证明，即使遭受巨大苦难，依旧能够向阳而生。

马斯洛曾说过："心态若改变，态度跟着改变；态度改变，习惯跟着改变；习惯改变，性格跟着改变；性格改变，人生就跟着改变。"

（二）塑造积极心态的方法

1. 发现自己的优势

彼得·德鲁克（Peter F. Drucker）曾经说过："唯有依靠优势，才能实现卓越。"心理学认为，积极因素是人与生俱来的，同时主张从人的积极方面出发，看重人的优势，发掘人的潜力。人的积极心理品质都是相互关联、相互影响的，发现自己的一种优势，就有可能会影响、培养其他优势。

在平时我们总说要发现自己的劣势与短处，补足短板，其实发现自己的优势更加重要。发现自己的优势，发挥自己的优势，从以往的问题视角转变为优势视角，探索自己的优势，在就业过程中寻找与自己优势相匹配的岗位，尽可能地发挥出自己的优势，达到事半功倍的效果。做自己擅长的事情，不仅能够达到更高的职业目标，也能够有更高的职业满意度。

2. 获取积极的情感体验

在以往生活和学习的过程中，每一个人都经历过困难与阻碍，那些困难与阻碍都是人生中的宝贵经历。积极的体验让人们勇于突破舒适圈，提升了自己在生活中的满足感，而消极的体验也会让人们越挫越勇，是一笔重要的精神财富。当然，也有人可能会一蹶不振。这是由于人与人之间的差异所造成的。

培养积极的情感体验是促进个体成长的重要保障，可以通过情绪 ABC 理论来培养这种积极情感体验。通常，人们认为，某件特定的事情是引发人们情绪的根源，但心理学家埃利斯认为是人们的信念和想法，决定了人们的情绪。简单来说，我们的许多烦恼并不是事物本身引起的，而是因为我们看待这个事情的方式和态度所引起的。情绪 ABC 理论是指，外界事件是 A，人的认知态度是 B，情绪和行为反应是 C，同一件事，不同的信念与想法可能会导致不同的情绪和行为结果。例如，求职过程中笔试未通过，有些人会认为自己的能力有问题，感到沮丧，就此放弃；而有些人会认为借此机会可以发现自己笔试中的薄弱环节，努力练习，攻克薄弱环节，在其他岗位的笔试中取得成功。通过情绪 ABC 理论的练习，可以帮助我们纠正不合理信念，培养乐观积极的信念，获得更多的积极情感体验。

3. 提升自我效能感

想要顺利就业，减少求职过程中的消极情绪，最重要的是要对自己有信心，相信"我能行"，也就是自我效能感。一般来说，自我效能感可以通过以下四种途径获得。

第一，直接经验，也就是我们过往的一些成功经验。这些成功经验是一个人所获得的最直接的感受，因此对于自我效能感的影响也是最大的。

第二，替代经验。当一个人看到与自己能力相近或行为相近的人获得成功时，自己也会受到鼓舞，从而提升自己的自我效能感。

第三，言语劝说。当受到重要他人的表扬和鼓励时，自我效能感也会提高。

第四，情绪和生理状态。当一个人的情绪积极，身体状况良好时，也能够有信心完成当下的任务。

4. 提升适应能力

党的十九届五中全会的召开以及全面建设社会主义现代化国家新征程的开始，大学生作为国家发展的主力军，对其有着更高的要求。毕业大学生面临着身份与环境的巨大转变，需要具备一定的适应能力来面对身份与环境的变化。

首先，要做到积极关注，关注各类就业信息、就业政策等，增加对就业这一事情的关注与好奇。

其次，要主动寻求机会、积极探索，多多参与与就业求职相关的活动、培训，广泛探索自己感兴趣的职业领域。

最后，要进行自我反思，适时对这一时期的自我发展进行反思，理性思考未来的发展规划。通过提高适应能力，来完成校园到职场的过渡和学生到职场人的转变。

5. 培养积极的意志品质

意志是可以在后天的培养与训练当中所产生的。积极的意志品质体现在以下四个方面。

第一，自觉学习。

第二，克服困难。

第三，自控能力强。

第四，坚强勇敢。

大学生要树立崇高的理想信念，通过实际行动预防和消除不良情绪所带来的困扰和影响。在平时的学习与生活中，锻炼和培养自己的意志品质。寻找自己的人物榜样，以人物榜样的坚韧品质鞭策自己。只有具备积极意志品质的大学生，才能成为优秀的建设者和接班人，不忘初心、砥砺前行，争做"有理想、有道德、有文化、有纪律"的"四有"青年。

项目反馈

请完成下面的项目反馈内容。

发现问题
改正措施
经验心得

项目 6.2 强化工作执行力

《学姐学长说》活动：以小组为单位，每组采访三位学校社团负责人或班级干部，请他们分享在实际学习、工作中如何制订目标、规划时间、解决问题，以及克服困难的经验和策略。以视频方式记录采访过程并上传到课程学习平台。

知识储备

一、学校社团分类

社员们常在一起议论和研究一些新思潮，打破封建习俗，在广泛交流中探求真理。如今，高校社团较之以前发生了天翻地覆的变化，但是其本质并没有改变：学生社团是大学生进行"自我教育、自我管理、自我服务"的一种实践形式。社团活动不仅可以加强学生之间的交流与合作，还能锻炼学生做事的本领。优秀的社团和丰富的社团活动对大学生的成长和成才起着非常重要的积极作用。

现在，大学里的学生社团种类繁多。大学生社团大致可以分为以下七种基本类型。

1. 理论学习型

理论学习型社团是一种以理论学习为主要内容，以思想宣传为主要目标的学生组织，如马列主义研究会、"三个代表"重要思想研究会、科学发展观研究会等。

2. 人生发展型

人生发展型社团主要通过开展有关心理健康、职业生涯规划、创业、模拟招聘等与学生自身发展密切相关的活动来促进学生的身心发展，如心理协会、职业生涯规划协会、创业协会、情商协会等。此类社团与大学生的自身发展密切相关，因而对很多学生有比较大的吸引力。

3. 知识普及型

知识普及型社团主要是通过开展各种活动来普及某一领域知识，如图片社、英语协会、读书会、集邮协会等。这些社团开展的活动不仅可以让学生获得某一领域的知识，还兼具娱乐的性质，因此深受广大学生的喜爱。

4. 专业实践型

专业实践型社团旨在通过专业实践活动加深学生对课堂所学理论知识的理解和应用，提升学生的专业技能，如建模协会、人力资源管理协会、法律协会、市场营销协会、农村发展研究会、陶行知教育思想研究会等。

5. 文体娱乐型

文体娱乐型社团创立的主要目的在于丰富大学生的业余生活，娱乐身心，陶冶情操，让大学生学会某种文体活动技能，提高文化艺术修养和身体素质，如书法协会、轮滑协会、吉他协会、足球协会等。文体娱乐型社团集中了一大批有各种兴趣爱好和特长的学生，涉及范围较广，大学生的参与兴趣较强。

6. 社会公益型

社会公益型社团是以服务社会，传递爱心为宗旨的团体，如红十字会、爱心社、绿色协会、大学生服务社、青年志愿者协会等。社会公益型社团对大学生了解社会，服务社会，培养服务他人的意识具有十分重要的意义。

7. 游览旅游型

游览旅游型社团主要是指在业余时间尤其是在寒暑假，以游览参观的形式使大学生增加见闻阅历、丰富知识面的学生社团，如自行车协会、登山协会等。此类社团在增加大学生见闻阅历的同时，还可以让大学生直接接触大自然，更深刻地感受自然界的美好。

二、参与社团的前期准备

社团活动虽然可以带来众多好处，但是我们的时间和精力毕竟是有限的。只有合理选择、真情投入相应的社团活动，才能充分锻炼自己，提高自身的综合素质，否则会事与愿违，不仅得不到锻炼，还可能会影响正常的学习。那么，应该如何选择社团呢？

1. 明确目标

在选择社团前，一定要问自己这样一个问题：自己身上最欠缺的是什么？参加社团是为了满足我们的兴趣和爱好，但仅仅满足于此是不够的，一定要学会把社团当作一个锻炼自己、提高自己的地方。不同社团的建立目标是不一样的。有些是为了普及某一科学文化知识，有些是为了帮助学生了解职场、明确职业发展目标……因此，在参加社团前，一定要明确自身的需求，千万不要随波逐流，更不要被他人忽悠。

2. 不能只看名称

有些社团为了吸引学生加入，往往会取一些好听的名字，其实名不副实。有的社团在创办之初，活动开展得有声有色，但是后来出现虎头蛇尾，甚至出现有始无终的现象。针对这两种情况，我们一定要擦亮眼睛，不要仅凭名称或招新同学的一面之词就草率地加入。损失一点会费是其次，更重要的是浪费时间和精力。为选择到能满足自己需要的社团，我们可以从三个方面着手去了解某个社团：一是要看社团的活动安排；二是向学长了解，初到大学的学生对多数校园社团知之甚少，这就需要向有经验的学长请教，然后再慎重选择；三是对于有固定场所的社团，我们要亲自前往观察与交流，以求深入了解其内部情况。

3. 不要贪多

🔑 **案例链接**

贪多，得不偿失

马雯在一所语言类职业技术大学学习法语，学了两年，算不上特别精通，法语的烦琐发音让她很烦。高中的时候，马雯的英语很好，特别是口语，让很多人被折服。但是，进入大学两年后，她的英语基本荒废了。现在她的英语和法语都是半吊子，她很着急。她想如果当初她能选择英语，现在应该可以称得上精通英语了。

马雯个性开朗，也很积极。大一的时候她曾参加了15个社团，整天忙得不亦乐乎。她现在回想起来，觉得这对她的学习可能产生了一些影响。后来，马雯选择了继续留在

3个社团里，但是由于不能把精力完全集中在某一个社团上面，她在社团里都不是领头羊。

她想，假如现在让她回到大一，她会从一开始就搞清楚她到底要什么，确定目标。她的人生，很没有成就感。如果一开始有个人能稍微给她指一下路就好了，她就不会走这么多弯路还不知道路在何方，一事无成了。

面对琳琅满目的社团，有的学生充满热情，见一个报一个，在各种社团之间来回奔波，忙得不亦乐乎。可到头来精疲力竭，不但没能好好体会一下社团，还耽误了课程的学习。在大学里，学习永远是第一的。社团活动虽然丰富多彩，但要尽量避免与正常学习发生冲突。学有余力的学生可以参加2~3个社团。一般而言，选择1个最能满足自身发展需求的社团就足够了，否则会顾此失彼，甚至严重影响学业，得不偿失。

4. 不要为了加分

为了鼓励学生到社团去锻炼和成长，各个高校会在综合测评、学生评优评先等方面给参加社团的学生一定的加分。高校制定这类措施的初衷是好的，但有些学生显得过于功利，参加社团为了加分胜过为了锻炼自己。抱着这种功利主义思想加入社团，不仅不能提高自己，还会让社团丧失"自我教育、自我管理、自我服务"的本质。因此，加入社团的态度一定要端正，不能有功利主义思想，更不能抱着打发无聊时间的态度加入。

三、如何在社团中脱颖而出

一旦选择了能满足自己发展需求的社团，就要努力让自己成为社团里的活跃分子。无论是社团的核心成员，还是普通成员，都要扮演好自己的角色，没有付出就不会有收获。

1. 积极融入社团

学生社团虽然在组织上比较松散，结构上也不是那么严密，每个人都可以自由加入和放弃，但是，既然是自己经过精心选择而加入的，就一定要试着积极融入这个新的集体。有的学生老是站在城墙外边，以一个局外人的心态看待社团，当然会觉得社团活动没什么意思，最终没有收获也是再自然不过的。那么，如何积极融入社团呢？第一，从内心深处要认同这个新集体，接纳这个新集体。第二，从行动上要积极融入新集体，比如，在社团开展活动时，一定要积极配合和参与。第三，不管是作为社员还是负责人，都要经常以主人翁的身份思考社团建设的问题。社团的建设不能仅靠负责人，而要依靠所有成员的齐心协力才能取得成效。

2. 争做社团负责人

参与学生社团当然不是为了谋取一官半职，但是从客观上讲，社团负责人和普通社员从社团里获得的收获是不一样的。负责人要经常负责开展各类社团活动，而为了开展活动又经常需要与校内外各种人打交道。一方面，落实场地、联系老师、拉赞助、组织学生等，能起到锻炼人的作用；另一方面，社员遇到困难可以选择放弃，但是负责人不可以轻言放弃，身在其位，必须谋其政，职位会迫使负责人去解决困难，在解决困难的过程当中就会有所成长。

3. 认真做事，通过社团历练自己

参加社团不仅是为了丰富自己的履历，还应该通过参与和组织社团活动历练自己，获得

成长。所以，同学们在参与社团活动时，要积极投入，多从活动的组织者角度思考问题，把关注点放在自己承担的每一项工作中，当成自己历练和成长的机会。

项目反馈

请完成下面的项目反馈内容。

发现问题
改正措施
经验心得

项目 6.3　职业生涯规划书的撰写

我的职业生涯规划书 1.0 版：完成自我分析及职业分析表填写，形成个人职业生涯规划书 1.0 版。

知识储备

当我们有了方向和目标，也选择了合适的道路，还需要制订行动计划，并坚决地执行计划，否则，职业规划就只是空想，目标也永远无法达成。为自己设计一份书面的生涯发展规划，是管理自己人生规划的极为重要且有效的手段。我们都应该对自己负责，拥有一份属于自己的职业生涯规划书，并将此作为自己的行动指南。

➤ 一、制订我的职业生涯规划书

为了更好地对我们职业生涯进行规划，接下来，我们可以结合自己的实际情况，制订一份属于自己的职业生涯规划书。

（一）自我评估

自我评估见表 6-1。

表 6-1　自我评估

	项目		分析结果	
	兴趣、爱好特长			
自我分析	情绪、情感状况			
	意志力状况			
	已具备的经验			
	已具备的能力			
	现学专业的学习情况			
	现有外语、计算机水平			
社会中的自我评估	对我人生发展影响最大的人	称谓	姓名	职业、职务
		父母		
		亲戚		
		朋友		
		老师		
	他人对我的看法与期望	父亲		
		母亲		

做自我分析首先要对自己进行全方位、多角度地分析，然后进行自我评估总结。

职业兴趣——喜欢干什么。

职业能力——能够干什么。

个人特质——适合干什么。

职业价值观——最看重什么。

胜任能力——自身优势、劣势是什么。

（二）环境与职业分析

环境与职业分析见表6-2。

表6-2　环境与职业分析

人际关系分析		
校园环境对你成才的影响	学校	
	学院（系）	
	专业	
	班级	
	寝室	
描述参加体验的职业的状况	人才供需状况与就业形势分析	
	对人才素质的要求	
	对人格特质的要求	
	对知识的要求和学校中哪些课程对从事该项职业有帮助	
	对能力的要求	
	对技能训练的要求	
	对资格证书的要求	
	每天的工作状况（即工作内容、工作伙伴及感受）	
	岗位的收入状况	
	行业人士对所从事工作的满意与不满意之处	
描述参加体验的职业的状况	职业的发展前景	
	建议学校增设哪些课程	
	其他	

该部分环境分析主要有以下内容。

（1）学校环境分析：如学校特色、专业学习、实践经验等。

（2）社会环境分析：如就业形势、就业政策、竞争对手等。

职业分析主要有以下内容。

（1）行业分析：该行业的现状及发展趋势、人和行业的匹配分析。

（2）职业分析：该职业的工作内容、要求、发展前景、人和岗位匹配分析。

（3）企业分析：单位类型、企业文化、发展前景、发展阶段、产品服务、员工素质、工作氛围、人和企业匹配分析。

（4）地域分析：工作所在的城市的发展前景、文化特点、气候水土、人际关系、人和城市匹配分析。

最后进行职业分析小结。

（三）职业方向定位

综合前两部分的主要内容，可以初步确立个人的职业发展方向，见表6-3。

表6-3　初步确立目标

描述初步职业理想	职业类型		职业名称		具体岗位	
	职业地域		工作环境		工作时间	
	工作性质		工作待遇		工作伙伴	
	职业发展期望					
SWOT 分析	实现目标的优势					
	实现目标的劣势					
	实现目标的机会					
	实现目标的威胁					

（四）职业生涯实施

初步确立职业目标后，需要对具体的实施方式、实现的时间跨度、执行计划进行分析和规划，见表6-4。

表6-4　职业生涯实施

步骤		目标分解	提高途径和措施	完成标准
大学期间自我规划	大学总体目标			
	第一学期			
	寒假			
	第二学期			
	暑假			
	第三学期			
	寒假			
	第四学期			
	暑假			

步骤		目标分解	提高途径和措施	完成标准
大学期间 自我规划	第五学期			
	寒假			
	第六学期			
	暑假			
	第七学期			
	寒假			
	第八学期			
大学毕 业以后				

（五）职业生涯评估与反馈

职业生涯规划评估是一个动态的过程，必须根据评估结果及变化进行及时的评估与修正，见表6-5。

表6-5　职业生涯评估与反馈

自我评估	测评	学习成 绩排名		素质拓 展总分		身体 素质	
	发展性素质测评						
	获奖情况						
	自我规划 落实情况						
	经验与教训						
父母评价与建议							
同学、朋友评价与建议							
教师评价与建议							
成才外因评估							
职业目标修正							
规划步骤、途径及 完成标准的修订							

二、撰写职业生涯规划书的注意事项

职业生涯规划书除了内容要完整以外，在细节上也应把握重点、注意规范，使自己的规划更严谨、更科学、更合理。

（一）树立正确的生涯发展信念

"志不定，天下无可成之事。"生涯发展的信念是事业成功的基本前提。在制订生涯规划时，首先要确立人生志向，树立积极向上的信念，将个人目标与组织发展、社会需要结合起来，期望人生取得更大的发展，这是个人职业生涯规划的关键，也是职业生涯规划书的立意所在。

（二）自我评估部分

自我评估的目的是认识自我、了解自我。只有认识了自己，才有可能对自己的未来生涯进行有针对性的规划。因此，自我评估是生涯规划的第一步，其撰写要点有如下几点。

第一，把握自我分析的四个主要方面，即性格、职业兴趣、职业价值观和职业能力。

第二，综合运用自我分析的多种方法，如自我反思法、职业测评法、360度评估法等。

以下几点值得注意。

（1）自我评估关注的是个人的职业倾向，其他无关的自我分析内容无须赘述。此外，在每项分析后面都应有一个明确的归纳小结，突出自己各方面的特点。

（2）使用自我分析法得出的结果不是绝对正确的，特别是职业测评的结果仅供参考，不要盲目迷信和依赖。测评是一种辅助工具，测评报告的描述能够帮助人们拓展思路，接受更多的可能性，而不是限制人们的选择。报告结果没有"好"与"差"之分，但不同特点对于不同的工作存在"适合"与"不适合"的区别，从而表现出具体条件下的优势、劣势。个人的特点由遗传、成长环境和生活经历等多种因素决定，不要想象去改变它，但可以通过对测评报告的有效利用，扬长避短，更好地发挥个人潜力。

（3）如果认为测评报告的描述并不正确，可以用以下的方法分析：回想自己答题时的状态，是否有意或无意地回避了个人的真实情况；阅读一下每个维度的另一个方面，看是否更适合自己；咨询专业人士，获取更多的帮助。如有必要，可以通过自我反思、成就回顾等方法，重新审视自己，澄清测评报告中与自我认知结果不相符的疑惑。

（三）环境与职业分析部分

环境与职业分析是对生涯机会的分析，主要是分析各种环境对个人生涯发展的影响。离开了特定职业生涯规划环境，个人便无法生存与成长。因此，环境与职业分析同个人的职业生涯规划息息相关，其撰写要点有如下两点。

（1）把握职业机会分析的四个主要方面：就业城市、行业、职业、单位。

（2）综合运用环境分析的多种途径，如互联网、报刊、职业搜索引擎、供需见面会、实习兼职、生涯人物访谈等。

以下两点值得注意。

（1）应突出对组织环境和具体职业的认知分析。这是大学生普遍存在的不足。

（2）确保信息的时效性和可靠性。职业环境无时无刻不在变化发展之中，要确保自己掌握的职业信息是最新的、有价值的。互联网虽然方便快捷，但大量的过期和失真职业信息无法反映真实的职场状态。建议多采用生涯人物访谈或其他较为直接、可信度高的信息渠道。

（四）职业方向定位部分

通过自我评估及环境与职业分析，结合生涯发展愿望，即可初步确立个人的职业发展方向，如具体的行业或领域、职业、职位、希望发展的高度等，选择合适自己的职业目标，并确定相应的职业发展路径。其撰写要点有以下两点。

（1）把握职业方向定位的四个主要方面：定就业城市、定行业、定职业、定单位。

（2）明确职业发展的具体路径。在学习、比较、思考的基础上，确定可行性高的个人职业生涯发展路线、策略和阶梯。

此部分主要有如下三个注意点。

（1）人职匹配是确定职业目标的重要依据。在进行职业方向定位时，不应只盯住大城市、大企业、大机关以及高收入、高福利、高地位的单位，一定要与自身的情况相匹配。

（2）职业发展方向因人而异。每个人的职业路径并非完全一样，盲目模仿是有害的。

（3）个人职业发展路径不是唯一的。如果为实现职业目标选择了两种以上的发展路径，这些路径之间应存在内在联系，否则，发展方向和路径的模糊不清，势必导致在实际选择中的犹豫不决，不利于核心职业目标的实现。

（五）职业生涯实施部分

确定了生涯目标后，行动则成为关键的环节。所谓行动，是指落实目标的具体措施，主要包括学习、培训、实践、工作等方面的措施。围绕职业目标的实现制订具体计划时的要点有如下两项。

（1）把握计划制订的三大原则，即计划须有针对性、明确性与可行性。

（2）制订缩短差距的实施方案。找出与目标的差距所在，围绕缩短差距采取针对性的措施。

此部分主要有如下两点要注意。

（1）计划要特别具体，便于定时检查。

（2）制订计划时要注意区分轻重缓急，学会时间管理和应对干扰。

（六）职业生涯评估与反馈部分

即使再完美的规划，都几乎可以肯定会与未来的实际情况产生偏差。因此，一定要做好风险预判和应对策略，根据自我发展、社会变迁及其他不可预测的因素，主动适应各种变化，及时评估，灵活调整，不断修正，从而优化自己的职业生涯规划。其撰写要点有如下三点。

（1）制订评估标准，监控行动的进程和结果。

（2）拟定备选方案，包括备选的职业目标和路径。

（3）制订调整修正的原则，包括风险应对方案。

值得注意的有以下三点。

（1）反馈评估的重点是目标计划的完成情况，要将注意力放在结果上。

（2）反馈修正不是职业规划的最后环节，而应贯穿整个职业规划的始终。

（3）注意备选方案与主目标之间的关联度，以及备选方案的可行性。

（七）其他注意事项

在职业生涯规划书的写作方面，还要注意以下几个问题。

（1）突出条理性与逻辑性。在内容完整的基础上，要注意各项分析、描述之间的内在关联，应做到结构合理、结论分明、思路清晰、逻辑严谨、环环相扣。

（2）应有自己的风格和特色。无论是行文的风格、叙述的方式、文案的设计，还是职业目标的选择、职业路线的设计等，都应该融入自己的见解，彰显个性与特色。

（3）避免流水账式的空泛。职业生涯规划书切忌"假、大、空"，不要过于煽情、缺乏理性分析，或者死气沉沉、没有朝气，更不要文法不通、错别字连篇。

（4）抛开模板的束缚。职业生涯规划是非常个性化的体验。网站、学校提供的职业规划书模板，是为了帮助大学生更好地了解规划的内容和步骤，过度地模仿或抄袭模板，则失去了职业生涯规划的原本意义。规划者应该本着对自己负责的态度认真写下个人对未来美好生涯的憧憬，以及为此所需要付出的努力。

项目反馈

请完成下面的项目反馈内容。

发现问题
改正措施
经验心得

项目 6.4　职业生涯规划书的调整优化

项目导入

我的职业生涯规划书 2.0 版：从行动计划、行动支持资源、个人状态等方面评估职业生涯规划书 1.0 版的可行性，并进行调整优化，形成个人职业生涯规划书 2.0 版本。

知识储备

一、职业生涯规划的评估标准

在推进职业生涯规划的过程中，必须认真考虑并解答以下关键问题，以便对规划进行准确评估。

（1）人生价值观的探索：深入探索自己认为生命中最核心的价值是什么，这关乎你追求的生活质量和长远目标。

（2）个人能力和资质的审视：客观分析自己所掌握的技能、资质及可以利用的资源，这包括你的教育水平、专业技能和任何可能影响职业发展的个人优势。

（3）兴趣和热情的识别：识别那些能够激发你热情和兴趣的活动或领域，因为兴趣是持续投入和努力的重要驱动力。

（4）个性和性格特征的了解：清楚地了解自己的性格特点和行为倾向，这有助于找到与个人性格相匹配的工作环境。

（5）现实目标与期望的校准：评估自己是否设定了不切实际的目标，确保职业抱负与个人能力和现实情况相匹配。

（6）就业信息网络的构建：考虑是否已经建立起一个有效的就业信息网络，这个网络可以帮助你获取行业动态、职业机会和市场趋势。

如果在评估后发现你的职业目标与当前进展之间存在差异，可能的原因通常包括：目标设定不合理，过高或过低；虽然目标适宜，但执行的行动计划不匹配；或者目标和计划都适宜，但执行力度不足。

二、职业生涯规划的调整策略

在大学生的职业生涯规划旅程中，难免会遇到预料之外的变化，这些变化可能源自个人兴趣的转移、市场需求的波动、技能的提升或下降，或者其他外部环境的变动。这些不确定性因素有可能导致实际的职业生涯路径偏离最初的规划。因此，大学生需要不断地关注个人成长和外部环境的动态，进行自我审视和自我调整，以确保职业生涯规划的持续适应性和实现性。这种持续的反馈、自我修正和目标调整是职业生涯规划不可或缺的一部分，它涉及个人对自身及社会环境的深入理解，是提升规划有效性的关键步骤。

（一）调整时间

（1）毕业前的调整：在毕业前，大学生通过求职实践获得宝贵的经验和信息。这时，他们可以根据求职过程中的体验、所面临的挑战以及新获得的就业信息和市场需求，在求职阶段对职业规划进行必要的调整。

（2）从业 3~5 年后的调整：工作几年后，随着对行业的深入了解和个人职业素养的提升，大学生对自身职业发展的认识将更加成熟。此时，根据从业经验、个人条件的变化，以及对职业环境的适应情况，可以进行更深层次的职业规划调整，这可能包括转换职业跑道或在当前领域内进行更专业的发展。

（二）调整方法

在大学生的职业生涯规划中，面对不断变化的个人情况和外部环境，采取合适的调整方法是至关重要的。

（1）自我能力的新评估：重新分析自己的能力和技能，诚实地回答"我能够胜任什么工作？我在哪些领域表现出色？"的问题。这有助于识别自己的核心竞争力。

（2）生涯机遇的新评估：审视当前市场和行业提供的机会，思考在当前环境下，可行的职业选项，这包括对行业趋势、职位需求和个人职业兴趣的再评估。

（3）职业目标的重新定向：反思并调整自己的职业目标，思考"我追求职业成功的动机"，确保职业目标与个人价值观和长远愿景保持一致。

（4）生涯规划的具体实施：制订或更新具体的行动计划，回答"为了实现我的职业目标，我需要采取哪些步骤？"的问题。这应包括短期和长期的行动计划。

（三）调整内容

（1）职业选择的重新决策：基于自我评估和市场分析，可能需要重新选择职业道路。

（2）职业路径的重新规划：根据个人兴趣和职业发展前景，选择或调整自己的职业发展路径。

（3）阶段目标的调整：对短期和中期的职业生涯目标进行必要的调整，确保它们与当前情况相适应。

（4）人生目标的再定义：根据生活经验和新的自我认识，重新定义个人的长期人生目标。

（5）行动计划的更新：对实现职业目标所需的具体措施和计划进行更新，确保它们切实可行。

（四）调整目的

（1）自信地认识个人优势：明确自己的优势所在，并对此充满信心。

（2）清晰了解个人发展机会：认识到自己需要改进的领域，并了解如何实现这些改进。

（3）识别关键改进领域：找出对个人职业发展最为关键的改进点。

（4）制订具体的改进行动计划：为每个需要改进的领域制订详细的行动步骤。

（5）对反馈表示感谢：以适当的方式回应那些提供反馈的人，并对他们的帮助表示感谢。

（6）执行行动计划：贯彻行动计划，确保在职业道路上取得显著进步和成功。

项目反馈

请完成下面的项目反馈内容。

发现问题
改正措施
经验心得

综合项目6 我的职业规划启航书

基于前期的学习，相信同学们对自我及外部职业世界已经有了更深刻的认识，并且对自己的大学生涯有了自己的规划，接下来，就请同学们将自己对大学的生活、学习、工作的规划落在笔上吧，完成属于你的大学生职业规划启航书。

项目实施

大学生职业生涯规划书格式多样，常见的有表格式、条列式、复合式和论文式。表6-6为给同学们呈现的表格式模板，大家可以根据个人规划需要进行格式调整。

表6-6 大学生职业生涯规划表

一、自我评估

职业规划 自测结果	内容	结果
	气质	
	性格	
	兴趣	
	能力	
	价值观	

自我分析	内容	结果
	个人形象	
	情绪情感状况	
	意志力状况	
	已具备经验	
	已具备能力	
	所学专业及学习程度	
	现有外语、计算机水平	

社会中的 自我评估	对你人生发展 影响最大的人	称谓	姓名	单位、职业、职务
		父亲		
		母亲		

续表

社会中的 自我评估	他人对你的 看法与期望	称谓	看法与期望
		父母	
		其他家 庭成员	
		朋友	

二：环境与职业分析

人际关系分析		

校园环境对你 的成才影响	具体环境	影响内容
	学校	
	系	
	专业	
	班级	
	寝室	

描述参加体验 的职业状况	具体内容	实际状况
	人才供应状况与就业形势分析	
	对人才素质的要求	
	对知识的要求及学校中的 哪些课程对从事该 项职业有帮助	
	对能力的要求	
	对技能训练的要求	
	对资格证书的要求	
	每天工作状况	
	该岗位收入状况	
	该行业人士对所从事工作有 何满意及不满意之处	
	该职业发展前景	
	建议学校增设哪些课程	
	其他	

三、建立初步目标

描述初步 职业理想	职业类型		职业名称		具体岗位	
	职业地域		工作环境		工作时间	
	工作性质		工作待遇		工作伙伴	
	职业发展期望：					

SWOT 分析	实现目标的优势	
	实度目标的弱势	
	实现目标的机会	
	实现目标的障碍	
职业目标修正		
规划步骤、途径及评估标准修正		

项目反馈

请完成下面的项目反馈内容。

发现问题
改正措施
经验心得

参 考 文 献

[1] 肖俭伟. 职业生涯规划 [M]. 3 版. 北京：北京出版社，2021.

[2] 肖长春. 大学生学业与职业生涯规划 [M]. 北京：企业管理出版社，2021.

[3] 鲁学军. 大学生职业生涯规划 [M]. 南京：南京大学出版社，2020.

[4] 夏雨，陈伟，王苇. 点亮未来：大学生职业生涯发展与规划 [M]. 上海：上海交通大学出版社，2019.

[5] 王尧，叶莹. 大学生职业生涯规划 [M]. 北京：首都师范大学出版社，2022.

[6] 金树人. 生涯咨询与辅导 [M]. 北京：高等教育出版社，2007.

[7] 盖笑松. 生涯规划指导 [M]. 长春：东北师范大学出版社，2021.

[6] 乔志宏. 大学生职业生涯与发展规划教程 [M]. 北京：清华大学出版社，2023.

[7] 任荣伟. 引领未来：大学生职业生涯规划指导与实践 [M]. 北京：中国民主法制出版社，2024.

[8] 胡苏姝，罗旭，贺玉兰. 高职大学生职业生涯规划 [M]. 北京：人民邮电出版社，2020.

[9] 戴月波. 学涯　职涯　生涯：大学生职业生涯规划与就业指导 [M]. 南京：南京大学出版社，2021.

[10] 陈芳，陈凯乐，柳红蛟. 职业生涯规划与职业素养提升 [M]. 北京：机械工业出版社，2022.

[11] 史小英，侯晓方，孙超. 大学生职业生涯规划 [M]. 北京：人民邮电出版社，2023.

[12] 刘宇，柯梁，罗晨. 大学生职业生涯规划 [M]. 北京：电子工业出版社，2022.

[13] 谢宝国. 大学生涯规划与职业发展 [M]. 2 版. 北京：教育科学出版社，2021.

[14] 黄淑敏，吕闽. 大学生职业生涯规划与就业指导 [M]. 2 版. 北京：航空工业出版社，2021.

[15] 张福仁，孟延军，杨彬. 大学生就业指导（微课版）[M]. 4 版. 北京：人民邮电出版社，2023.

[16] 周敏娟，李振涛，董静，等. 大学生就业指导 [M]. 北京：中国铁道出版社有限公司，2023.

[17] 曹鑫. 大学生职业生涯规划与就业指导 [M]. 北京：中国传媒大学出版社，2023.

[18] 苏华. 新时代大学生职业生涯规划与就业创业指导 [M]. 长沙：湖南师范大学出版社，2019.

[19] 葛俊杰. 心·行·动未来：大学生生涯规划与求职手册 [M]. 南京：南京大学出版社，2020.

[20] 博内特，伊万斯. 人生设计课：如何设计充实且快乐的人生 [M]. 周芳芳，译. 北京：中信出版社，2022.

[21] 博内特，伊万斯. 设计你的工作和人生：如何成长、改变，在工作中找到快乐和新的自由 [M]. 徐娟，徐娥，译. 北京：中信出版社，2021.

［22］徐俊祥，黄欢，余卉．幸福密码—生涯建构与发展体验式教程［M］．天津：天津人民出版社，2021．

［23］王廷，王楠，郭贝贝．大学生职业生涯规划［M］．北京：中国纺织出版社有限公司，2021．

［24］夏懿娜，吴娟．大学生职业生涯规划［M］．上海：上海交通大学出版社，2023．

［25］余凯，乔宇沫．大学生职业生涯规划与管理［M］，南昌：江西科学技术出版社，2020．

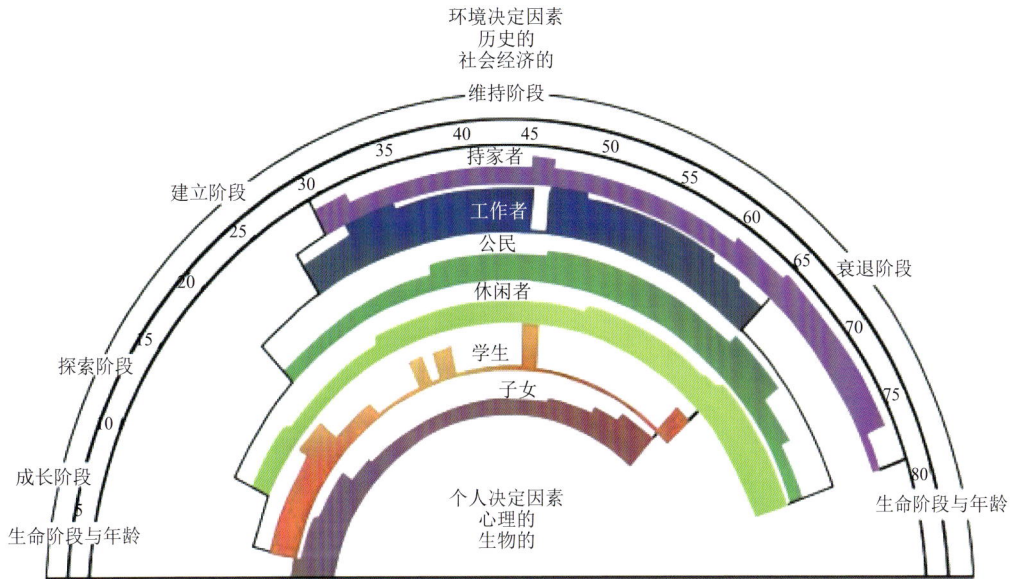

图 1-1　生涯彩虹图

大学生职业生涯发展规划学生手册

主　编　宋俊骥　周　玮

主　审　晏　斌

北京理工大学出版社
BEIJING INSTITUTE OF TECHNOLOGY PRESS

同学们好，欢迎步入大学生活，走进职业生涯规划课堂，在这里，你将获取对自己更新的认识，挖掘自我的更多潜能；在这里，你将了解更多职业世界，掌握职业发展前沿；在这里，你将探索自我与职业的碰撞，开启属于自己的职业生涯之旅。

开篇："遇见"才能"预见"

——生涯团队组建

项目目的

在课堂教学中利用分组，可以快速实现打造学习型团队的目的，打破熟人格局及寝室小团队交流模式，为初入大学的同学们创造更多与其他同学交流的机会。团队成员间通过相互交流，进行思想碰撞，产生新的火花，从而提升团队协作能力。此外，在课堂教学中创造一个竞争的学习氛围，促进生生互学，也为课程进度有序推动做好铺垫。

项目准备

（1）教师可根据分组活动需要提前准备相关教具，如扑克牌、白纸、彩笔等。

（2）教师要向学生说明分组目的及要求，尽量做到小组成员在性别上男女搭配、人数上 5~6 人为宜。

项目实施

1. 分组与角色

按照随机分组方式分组，分配角色分工，如课堂资料整理人员、课程汇报总结人员、PPT 设计人员等。

组名			组长	
组训			小组标识	
团队成员	学号	分工	职责	

2. 团队展示汇报

小组快速团建，相互认识，每组进行 3 分钟的团队展示，展示内容如下。

❖ 我们的组名是_____。

❖ 我们的口号是_____。

❖ 我们的组训是_____。

❖ 我们的队形是_____。

❖ 我们对课程的期待是_____。

项目总结

小组进行团队组建活动的感受分享：小组成员通过这次分组及团建，认识了哪些新朋友，发现了小组其他成员的哪些优点，在今天的课程结束后还会进行怎样的团队活动来提升团队凝聚力。

综合项目1 绘制《我的大学九宫格》

生涯九宫格是很好的量化工具，可以帮助同学们评估自身在大学期间的综合发展情况，引导自己找到现阶段的不足，制订下一阶段的目标，采取相应行动，实现目标，成就自我。生涯九宫格包含大学生在大学阶段的主要角色和主要任务，能让同学们从多个角度去规划自己的生活，从而做到角色兼顾，全面发展。生涯九宫格用来制订整个大学的生活规划，可以落实到每一年、每一月、每一周、每一天的规划，也可以用来评估以前规划的完成情况，还可以对未来进行计划，灵活多用。希望同学们在坚持使用生涯九宫格之后，能形成良好的习惯，受益终身。

项目准备

1. 收集素材与灵感

搜集关于大学生活的多样性和可能性的信息，包括学术追求、社团活动、实习经验等。

问题：在你理想的大学生活中，哪些领域是你最想探索或达成成就的领域？请列出至少三项。

_____

_____

2. 生涯九宫格填写示例

教师可以提前制作生涯九宫格卡片，也可以让同学们在白纸上绘制。下面是九宫格填写示例。

学业进修	职业发展	人际交往
• 最近一年，你个人有哪些学习计划？ • 基于自己未来的职业目标，你需要积累什么方面的经验？	• 实际工作中，哪些工作内容占据了你大部分的时间和精力？ • 目前，组织需求你工作的核心是什么？	• 你感觉自己难以应对的人有哪些？ • 哪些场合让你感觉不自在？
个人情感	**身心健康**	**休闲娱乐**
• 你为自己的亲密关系做了哪些事情？ • 你建立并维持亲密关系的能力如何？	• 你有没有坚持运动的习惯？ • 你如何保持自己的心情愉悦？	• 你有哪些兴趣爱好，用于平衡8小时工作以外的时间？ • 你业余时间会做哪些事情让自己感受到怎样的成就感？
财务管理	**家庭生活**	**服务社会**
• 你每个月的工资是如何支出的？ • 你有哪些个人或家庭的理财计划？	• 你是否从内心接纳并尊重你的父母？ • 你和父母的关系如何？	• 你参与过哪些公益活动？

项目实施

金树人老师在《团体辅导手册》中提出了生涯九宫格的概念，将人们的生涯发展概括为这 9 个方面：学业进修、职业发展、人际交往、个人情感、身心健康、休闲娱乐、财务管理、家庭生活、服务社会。生涯九宫格内容的具体解释是什么？我们一起来看看吧。

❖学业进修

（1）你是否对大学选择的专业感兴趣？

（2）你如何看待你大学的专业？

（3）你如何规划未来的学习？

❖职业发展

（1）此刻你希望大学毕业后升学、出国深造还是直接工作？

（2）你的职业理想是什么？

（3）你的家人对你的职业发展有什么建议和期望？

❖人际交往

（1）如果满分是 10 分，你给自己的人际交往能力打多少分？

（2）谁是你最信任的人？

（3）你期待在大学阶段你的人际交往能力得到哪些锻炼？

❖个人情感

（1）你如何看待友情？

（2）你认为大学阶段是否一定要有恋爱经历？

（3）你生命中的重要的人对你的影响有哪些？

❖身心健康

（1）如果满分是 10 分，你给自己的身心健康打多少分？

（2）如何让自己保持心情愉悦？

（3）你通常会怎样缓解自己的压力和焦虑？

❖休闲娱乐

（1）你的兴趣爱好是什么？

（2）在大学阶段你将如何安排自己的空余时间？

（3）进入大学，你特别希望发展的兴趣或者爱好是什么？

❖财务管理

（1）你每个月的生活费是如何计划管理的？

（2）如果你的每月支出超过了你的计划，你会怎么解决这个问题？

（3）进入大学后，你是否有为自己增加收入的计划，如果有，这个计划是什么？

❖家庭生活

（1）你和父母的关系怎么样？

（2）上大学后，你将以怎样的频次与父母保持联系？

（3）你印象最深的曾经为家庭做出贡献的一件事情是什么？

❖服务社会

（1）你是否曾经参加过志愿服务？

（2）你如何理解大学生的社会责任感？

（3）你希望自己在大学阶段参与哪些公益活动？

在了解生涯九宫格中每个部分的解释后，让我们一起来绘制自己的九宫格吧。

学业进修	职业发展	人际交往
个人情感	身心健康	休闲娱乐
财务管理	家庭生活	服务社会

九宫格填写完成后，请同学们思考以下三个问题。

（1）生涯九宫格中有哪些格子的内容是被自己忽略的？

_____

_____

（2）如果希望在未来能够提升自身能力，那么你希望主要在哪些方面做出改变？（建议不多于3个方面）

_____

_____

（3）如果从生涯九宫格中选择一个格子的内容着手，使相应能力有所提升，你会选择从哪方面开始呢？

_____

_____

项目总结

1. 个人反思

审视自己完成《我的大学九宫格》，思考它是否全面反映了自身的大学生活愿景，以及如何调整相应内容使其更贴近个人目标。

2. 小组分享与反馈

组织小组会议，分享各自的九宫格，听取小组其他成员的建议与鼓励，相互学习和启发。

提示：准备几个问题引导讨论，例如，"哪个格子的设计最吸引你？为什么？""有哪些实际步骤可以帮助实现某个格子中的目标？"

3. 总结与行动计划

基于小组其他成员的反馈，修订生涯九宫格并制订具体的行动计划，明确如何实现这些愿景具体步骤。

提示：设定短期（本学期）、中期（一年内）和长期（毕业前）的目标，并列出实现它们的具体步骤。

综合项目 2　撰写《职业心愿单》

项目目的

个体职业目标的确定是一个系统、复杂的过程，它与个体所处的时代背景及社会、政治、经济、文化等因素相关，也与个体所追求的价值观、所擅长的技能、个人的兴趣、性格相关。《职业心愿单》引导同学们全面地思考自我职业与社会外在宏观环境及自我内在特性的关系，使同学们更加客观理性地定位职业目标。

项目准备

《职业心愿单》设计之前先完成以下信息的整理。

1. 自我认知材料整理

（1）专业与兴趣分析。

回忆个人的专业学习经历，识别学科的优势与兴趣点。

问题：在你的专业学习中，哪些课程或项目让你感到特别有成就感或兴趣浓厚？为什么？

_____

_____

_____

（2）个人价值观与职业倾向总结。

探索个人价值观，思考它们如何影响你的职业选择。

问题：对个人而言，工作中最重要的是金钱回报、个人成长、工作稳定性，还是其他因素？为什么？

_____

_____

_____

2. 社会需求调研

（1）行业趋势研究。

调查当前及未来几年内，与个人专业相关行业的市场需求和发展趋势。

问题：通过查询网络资源或访谈行业专家，你发现哪些新兴职业或领域正在快速增长？这对你的职业规划有何启示？

_____

_____

_____

（2）社会贡献与价值思考。

思考如何将个人职业发展与服务社会相结合，在实现个人价值的同时促进社会进步。

问题：在你所选的职业领域内，你认为有哪些方式可以对社会产生积极的影响？

_____

_____

_____

3. 家庭期望整合

与家人深入交流，了解他们的期望和担忧，探讨如何在职业规划中考虑家庭期望。

问题：你的家人对你未来的职业道路有何期望？你如何平衡这些期望与个人志向之间的关系？

_____

_____

_____

项目实施

基于以上分析，撰写初版《职业心愿单》，明确相关内容。

心愿单结构设计：确定《职业心愿单》的结构，包括但不限于：社会对专业人才需求、家庭期望、我的期望、我所在城市的重点支柱产业、我所学专业人才需求的重点城市、家庭资源对我职业发展的支持等。

```
                      职业心愿单

  社会对专业人才需求        家庭期望              我的期望
  能力需求：           希望我从事的职业：      我希望从事的职业：

  素质需求：           希望我去往的城市：      我希望定居的城市：



  知识需求：           对我职业发展建议：      我希望习得的技能：


  我所在城市的重点支柱产业：


  我所学专业人才需求的重点城市：


  家庭资源对我职业发展的支持：
```

问题：在撰写《职业心愿单》时，你如何确保所设定的职业目标与你的个人价值观、社会需求及家庭期望相协调？

_____

_____

_____

项目总结

1. 教师与小组评审

向老师或同学展示你的《职业心愿单》，并征求反馈意见。

提示：关注反馈中的共性建议，思考如何将这些建议融入你的职业规划中。

2. 持续修订与实施计划

根据收到的反馈意见，修订《职业心愿单》，并制订详细的实施步骤与时间表。

提示：设定检查点，定期评估进度，适时调整策略以应对变化。

综合项目3 完成《职业生涯人物访谈报告》

职业生涯人物访谈，是通过与一定数量的职场人士（通常是自己感兴趣的职业从业者）会谈而获取关于一个行业、职业和单位"内部"信息的一种职业探索活动。通过访谈，了解该职业岗位的实际工作情况，获取相关职业领域的信息，进而判断你是否真的对该职业感兴趣，实际上是一次间接、快速的职业体验。为了帮助学生进行职业探索和职业环境认识，有效进行职业生涯规划，可以组织开展职业生涯人物访谈活动。对于没有工作经验和社会阅历的大学生来说，这是了解职业的一个比较好的方法。通过职业生涯人物访谈，还能正确认识自己的优势和不足，从而制订更加合理的大学学习、生活计划。

项目准备

访谈实施前，同学们须提前完成以下准备工作。

1. 做好团队成员分工

团队名称			
团队成员	学号	角色	职责
		联络官	负责联系访谈对象，安排访谈时间和地点
		访谈主持人	主导访谈过程，确保访谈问题得到充分讨论
		记录员	记录访谈内容，包括文字记录、音频记录或视频记录
		分析师	整理访谈记录，提炼关键信息，准备报告初稿
		报告编辑	负责最终报告的撰写和格式美化
		反馈整合者	汇总小组内部和外部（如老师、同学）的反馈，进行报告的最终调整

2. 确定访谈对象

选择你感兴趣的职业领域内的从业者，优先考虑具有丰富职场经验和事业有成的人士。

问题：你对哪些职业领域感兴趣？你希望通过访谈了解哪些具体内容？

_____

_____

3. 设计访谈提纲

研究职业领域，设计包含开放式问题和封闭式问题的访谈提纲，覆盖职业路径、日常工作内容、职业所需技能、行业挑战与机遇等方面。完成生涯人物访谈记录报告的填写。

生涯人物访谈记录报告					
姓名：		班级：		学号：	

访谈对象选择	访谈对象	工作单位	职业	工作年限	毕业院校

访谈大纲制订	访谈目的		访谈对象特点		
	开场白	核心问题		结束语	

问题：为了全面了解这个职业，你认为哪些问题是必须提出的？如何设计访谈问题以鼓励受访者分享更多经验？

_____

_____

_____

4. 预约访谈

通过电子邮件、社交媒体或电话联系潜在的访谈对象，礼貌介绍自己，说明访谈目的，并请求安排时间。

问题：在邀请函或通话中，如何表达访谈需求才能让对方感受到访谈的价值，从而提高接受访谈的意愿？

_____

_____

_____

项目实施

1. 进行访谈

访谈前，准备录音设备或详细的笔记工具，确保访谈过程中的重要信息不被遗漏。

问题：在访谈过程中，如果遇到受访者不愿透露某些信息的情况，你应该如何灵活调整访谈策略？

_____

_____

_____

2. 记录与观察

认真倾听，同时观察受访者的非语言行为，如表情、语气，这些往往能提供更多职业态度和氛围的线索。访谈内容记录至生涯人物访谈记录表中。

生涯人物访谈记录	
姓名： 班级： 学号：	
主持人	
受访者	
主持人	
受访者	
主持人	
受访者	
主持人	
受访者	
主持人	
受访者	

问题：除了语言信息，你如何从访谈者的非语言反应中获取有价值的职业洞察？

_____

_____

3. 访谈分析与整理

（1）整理访谈资料。

将访谈录音转录为文字，结合笔记，归纳整理关键信息和职业洞见。

问题：在整理访谈内容时，如何区分哪些信息对你的职业规划来说是最为关键的，哪些信息对你的职业规划来说可能是次要的？

_____

_____

（2）撰写访谈报告

撰写一份详细的访谈报告，包括职业简介、访谈亮点、个人反思及对自身职业规划的启示，并完成生涯人物访谈报告的填写。

生涯人物访谈报告		
姓名：	班级：	学号：
报告内容		

问题：在撰写报告时，如何有效地结合访谈内容和个人职业规划，展现访谈对你未来职业发展的影响？

_____

_____

_____

项目总结

1. 分享与反馈

在班级或小组内分享你的访谈报告，接收同学和老师的反馈。

提示：准备好接受建设性的批评，思考如何进一步完善你的职业规划。

2. 制订行动计划

基于访谈的收获，修订个人职业规划，设定短期目标和长期目标，规划如何提升相关技能和知识来满足自身职业发展的需求。

提示：制订实际可行的步骤，包括参加培训、寻找实习机会、建立专业网络等。

综合项目 4　完成《我的自画像》

项目目的

《我的自画像》包括个体对自我性格、兴趣、能力、价值观的全面剖析，能够帮助同学们获得一个全面认识自我、展示自我的机会。正确认识自我，是个体做职业规划的前提；正确认识自我与职业需求之间的差距，是个体制订生涯行动路径的基础。

项目准备

仔细研讨以下自画像示例，了解自画像绘制及整理要点。

兴趣性格
对所从事的专业兴趣浓厚，在枯燥乏味的科研工作中能够耐住寂寞、持之以恒。

学历背景
取得相关专业博士学位。

综合素质
有团队精神，擅长沟通协调各方力量完成科研工作目标。有大局观和组织领导能力，对科研工作方向有整体的把握，可以胜任实验室日常管理工作。

创新能力
富有创新精神，对知识探索充满好奇，乐于挑战新的知识领域。

专业能力
具备较强的学科专业能力，逻辑性强，熟稔科学研究的思维方法，在专业领域有较丰富的学术研究成果公开发表。

我的自画像

项目实施

1. 自我兴趣探索

参考霍兰德职业兴趣测试或其他职业倾向测评工具，识别个人兴趣类型。

问题：你的兴趣类型是什么？这些兴趣如何与你目前考虑的职业岗位相匹配？

_____

_____

2. 能力与技能盘点

列出你在校期间所学的专业技能、通过实践获得的能力以及个人特质。

问题：你认为哪些技能或个人特质是你在职场上最突出的优势？这些优势如何帮助你在目标职业岗位上脱颖而出？

_____

_____

_____

3. 完成《我的自画像》

我的自画像		
姓名：	班级：	学号：

4. 成果展示

每位成员介绍自己的自画像，向他人展示当前的自我。同时，听取他人的建议，了解别人眼中的我，对自己的自画像进行修订和完善。

项目总结

1. 个人反思

每位成员总结学习要点、情感体验、对自我认识的新见解，反思报告中需要包含对自画像的自我评价和未来改进方向。

2. 小组间互评

在自画像分享过程中加强对他人的认识和了解，学习他人的长处，同时也为团队成员的共同进步提供建议。

3. 持续跟进

建立反馈机制，鼓励成员在未来学习生活中持续地自我反思和调整规划。

综合项目 5　完成职业连连看

项目目的

前期项目中，同学们已经对自我进行了剖析，了解了自己的价值观、能力、兴趣及个性特征；同时，也通过生涯人物访谈等多种途径加强了对外部职业世界的了解。为使同学们的行动计划更明确，行动路径更合理，我们可以对目标职业所需的能力等信息与自我特性进行对应，查漏补缺，更好地完善自己。

项目准备

1. 岗位信息汇总

对前期生涯人物访谈及其他相关渠道（网络、校友、企业、教师等）获取的职业相关信息收集并整理，完成岗位信息汇总表。

岗位信息汇总表					
姓名：		班级：		学号：	
序号	岗位名称	所属行业	所在区域	工作内容	薪酬情况

问题：你在收集岗位信息时，遇到了哪些挑战？你是如何克服这些挑战的？

_____

_____

_____

2. 自我特质回顾

回顾之前项目中自我职业兴趣、价值观的分析结果。

问题：在职业能力、职业价值观、个人兴趣、个人特质中，你最看重哪些方面？它们如何影响你的岗位选择？

_____

_____

_____

项目实施

步骤1：在前面的内容中，我们已经对自己的职业兴趣、价值观等方面有了全面的了解，分析汇总的岗位是否和你的这些特质相符，你可以选择保留（在表中勾选"是"）或者舍弃（在表中勾选"否"）。

岗位名称	是否保留在备选岗位中	
1.	□是	□否
2.	□是	□否
3.	□是	□否
4.	□是	□否
5.	□是	□否

步骤2：进一步对你保留下来的岗位进行探索。首先，请结合前期对自身优势探索的结果，将自己的素质能力优势列在左边；接着，将相应岗位的招聘要求/能力要求列在右边，并与你自身的能力相对比；最后，来做一个"连连看"的小游戏，将左右两边相符合的能力连到一起。

我的能力　　　　　岗位要求

以"互联网运营岗"为例。

我的能力　　　　　岗位要求

我的能力	岗位要求
学习能力强	学习能力强
擅长沟通演讲	喜欢新事物
文字表达能力强	创意策划能力强
动手能力强	对内容敏感
擅长C++	熟悉热点事件
	文字功底扎实
	熟悉传播渠道

步骤3：通过"连连看"，你是否发现一些岗位和你的能力素质优势比较匹配？请你将它们写下来，并结合自己的实际情况，对自己能力和岗位要求的匹配度进行评估。以0～10

分为评分范围，每个岗位的匹配度分别打多少分？

岗位1：_____ 匹配度：_____

岗位2：_____ 匹配度：_____

岗位3：_____ 匹配度：_____

问题：在你列出的高度匹配的岗位中，哪一个岗位你觉得最有挑战性？为什么给它这样的评分？

_____

_____

_____

项目总结

（1）汇总分析匹配度高的岗位，思考这些岗位之间的共性及你个人的适应性。

（2）基于匹配度评估，朝着这个职业目标前进，你打算在校期间如何提升自己的能力以更好地适应这些岗位呢？与小组同学分享。

（3）教师可利于SMART原则对学生所制订的职业目标达成计划进行评估指导，并引导学生做好行动计划调整。

综合项目6 撰写《我的职业生涯规划启航书》

一份有效的职业生涯规划将有助于个人更深入了解自己，引导个人正确认知自我特性及潜在的资源优势，帮助个人在求职途中避免或少走弯路。同时，帮助个人进行价值定位，并且持续提高个人核心竞争力，在对自己进行优势及劣势对比分析时，引导个人客观评估自身目标与现实的差距。最终帮助个人将目标与实际相结合，增强人员和岗位匹配度，提升就业的成功率。

项目准备

（1）职业生涯规划书结构，基本包括引言、自我认知、职业认知、职业目标设定、职业规划的制订与实施、职业评估与调整机制、结束语7部分，同学们可根据需求进行模块筛选并适当调整。

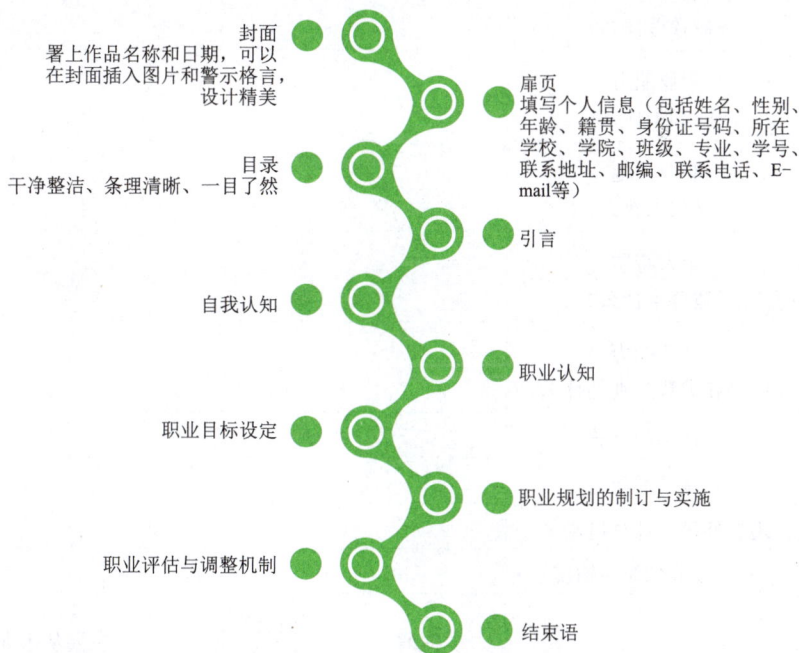

署上作品名称和日期，可以在封面插入图片和警示格言，设计精美 —— 封面

扉页 填写个人信息（包括姓名、性别、年龄、籍贯、身份证号码、所在学校、学院、班级、专业、学号、联系地址、邮编、联系电话、E-mail等）

干净整洁、条理清晰、一目了然 —— 目录

引言

自我认知

职业认知

职业目标设定

职业规划的制订与实施

职业评估与调整机制

结束语

（2）职业生涯规划书中的职业目标需基于个体对自我及外部世界的认知来确定，前期同学们已对这两个部分做了充分的了解，为了后期职业目标的制订更加合理，我们可以先对职业目标进行如下整理。

①设定短期（大学期间）、中期（毕业后5年内）、长期（长远）的职业目标。

问题：你的短期职业目标是什么？它如何为你的中期和长期目标奠定基础？

_____

_____

②制订技能提升计划。

根据岗位需求，制订提升专业技能、通用技能的计划。

问题：为了达到中期职业目标，你计划在未来一年内重点提升哪些技能？如何实施这些技能提升计划？

_____

_____

_____

项目实施

大学生职业生涯规划书格式多样，常见的有表格式、条列式、复合式和论文式。以下给同学们呈现表格式模板，大家可以根据个人规划需要进行格式调整。

我的职业生涯规划启航书				
姓名		专业		
一、自我评估				
	项目	分析结果		
自我分析	职业价值观 （最看重什么）			
	职业能力 （能够干什么）			
	职业兴趣 （喜欢干什么）			
	个人特质 （适合干什么）			
	胜任能力 （优势和劣势分别是什么）			
	已具备的经验			
	已具备的能力			
	现有外语、计算机水平			
	现学专业的学习情况			
社会中的 自我评估	对你人生发展 影响最大的人	称谓	与自己的关系	主要从事职业
		父亲		
		母亲		

社会中的自我评估	他人对你的看法与期望	称谓	看法与期望	
		父母		
		其他家庭成员		
		榜样人物		

二、环境与职业分析

环境分析	具体环境	影响内容
	家庭环境	
	学校环境	
	专业环境	
	学姐、学长的影响	

职业分析	具体内容	实际状况
	近三年人才供需形势分析	
	对人才素质的要求	
	对知识的要求及学校中的哪些课程对从事该项职业有帮助	
	对能力的要求	
	对技能训练的要求	
	对资格证书的要求	
	每天工作状况	
	岗位收入状况	
	行业人士对所从事工作有何满意及不满意之处	
	职业发展前景	
	建议学校增设哪些课程	
	其他	

三、建立初步目标

描述初步职业理想	职业类型		职业名称		具体岗位	
	目标地域		工作环境		工作时间	
	工作性质		工作待遇		工作伙伴	
	职业发展期望:					

SWOT分析	实现目标的优势:
	实现目标的弱势:
	实现目标的机会:
	实现目标的障碍:

		专业学习	资格证书	校园实践	人际资源	社会实习	其他
行动规划	大一						
	大二						
	大三						
	大四						
职业目标修正							

项目总结

1. 审阅与优化

自我审阅，邀请同学、老师或职业生涯规划师提供反馈，进行必要的修改。

提示：重视反馈，特别是针对行动计划的可行性和目标设定的合理性的反馈。

2. 寻求指导与支持

确定导师、职业规划顾问或榜样人物，定期寻求反馈和建议，不断修订职业生涯规划书，并落实实际行动。